"十三五"江苏省高等学校重

编号：2017-

会计学

——管理会计基础综合

主　编　章之旺　仲怀公

微信扫码
申请课件等相关资源

南京大学出版社

图书在版编目(CIP)数据

会计学——管理会计基础综合 / 章之旺,仲怀公主编.
— 南京:南京大学出版社,2018.9
ISBN 978-7-305-20690-0

Ⅰ. ①会… Ⅱ. ①章… ②仲… Ⅲ. ①会计学 ②管理会计 Ⅳ. ①F230 ②F234.3

中国版本图书馆 CIP 数据核字(2018)第 174067 号

出版发行	南京大学出版社	
社　　址	南京市汉口路 22 号	邮　编　210093
出 版 人	金鑫荣	

书　　名　会计学——管理会计基础综合
主　　编　章之旺　仲怀公
责任编辑　张亚男　武　坦　　　编辑热线　025-83597482
照　　排　南京理工大学资产经营有限公司
印　　刷　常州市武进第三印刷有限公司
开　　本　787×1092　1/16　印张 17.75　字数 442 千
版　　次　2018 年 9 月第 1 版　2018 年 9 月第 1 次印刷
ISBN　978-7-305-20690-0
定　　价　46.00 元

网　　址:http://www.njupco.com
官方微博:http://weibo.com/njupco
微信服务号:njuyuexue
销售咨询热线:(025)83594756

* 版权所有,侵权必究
* 凡购买南大版图书,如有印装质量问题,请与所购
　图书销售部门联系调换

教材编写委员会

主　任　董必荣

副主任　李德威　　殷俊明
　　　　黄中生　　章之旺
　　　　曾晓虹　　Lim Gin Chuan John
　　　　苏欣怡

前　言

我国财务会计从业人数已达到2 000万,处于严重饱和的状态,但管理会计人才严重缺失。2014年11月,财政部《关于全面推进管理会计体系建设的指导意见》正式出台,标志着我国管理会计建设全面进入快车道。2016年6月财政部发布《管理会计基本指引》,标志着管理会计建设从顶层设计正式走向落地实施。同年10月财政部发布《会计改革与发展"十三五"规划纲要》,将管理会计列为"行业急需紧缺人才",明确提出"到2020年培养3万名精于理财、善于管理和决策的管理会计人才"的任务目标。至此,管理会计体系建设正式上升到国家战略层面。为了适应管理会计发展的战略需要,特编写了《会计学——管理会计基础综合》教材。

虽然管理会计的知识体系涵盖会计、财务、管理、业务、市场等诸多领域,但毋庸置疑的是其基础是财务会计。本教材编写的直接目的正是为管理会计学习者奠定坚实的财务会计基础。

作为2017年江苏省高等学校重点教材立项建设项目,本教材具有三方面特点:其一,基于会计信息使用者视角组织每章内容,管理会计决策所需的财务会计信息的生产和报告做到了全覆盖;其二,每章提供了基于本土情境的引导案例(第13章除外),便于学习者建立对该章理论知识的感性认识;其三,每章后提供了题型较为丰富的课后习题,多做多练有助于巩固每章所学的知识。

本教材共14章,由章之旺教授和仲怀公副教授共同主编,各章分工如下:

第1章由章之旺教授和仲怀公副教授编写;第2章和第13章由程丽丽副教授编写;第3章和第4章由王璐老师编写;第5章由郑唯和王璐老师编写;

第 6 章、第 7 章由章之旺和郑唯老师编写；第 8 章、第 9 章和第 10 章由林晟瑶老师编写；第 11 章和第 12 章由杨帆老师编写；第 14 章由仲怀公副教授编写。本教材最后的审校和修改工作由章之旺教授完成。

非常感谢新加坡特许科技学院苏欣怡老师为本教材的编写提供了 CIMA 考试大纲和详实的参考资料。同时也感谢南京大学出版社编辑武坦为本教材的立项和出版所付出的努力。

因编写时间有限，书中难免存在错漏之处，敬请广大读者批评指正。

编　者
2018 年 8 月

目　　录

第 1 章　会计信息论 ……………………………………………………………（1）
1.1　基于使用者视角的会计 ………………………………………………（2）
1.2　会计系统概述 …………………………………………………………（2）
1.3　现代会计的分类 ………………………………………………………（9）
1.4　会计人员职业道德 ……………………………………………………（16）
1.5　会计信息的规制者——会计职业组织 ………………………………（17）
课后习题 ……………………………………………………………………（18）

第 2 章　基本财务报表 …………………………………………………………（21）
2.1　财务报表概述 …………………………………………………………（22）
2.2　基本财务报表概述 ……………………………………………………（25）
2.3　财务报表之间的关系 …………………………………………………（27）
2.4　企业的组织形式 ………………………………………………………（28）
2.5　财务报表列报的基本要求 ……………………………………………（29）
课后习题 ……………………………………………………………………（30）

第 3 章　会计循环：经济事项的识别 …………………………………………（33）
3.1　会计循环 ………………………………………………………………（34）
3.2　分类账 …………………………………………………………………（34）
3.3　账户的使用 ……………………………………………………………（34）
3.4　借方和贷方分录 ………………………………………………………（35）
3.5　复式记账法 ……………………………………………………………（36）
3.6　日记账 …………………………………………………………………（36）
3.7　分类账 …………………………………………………………………（38）
3.8　资产负债表交易的记录 ………………………………………………（39）
3.9　什么是净利润 …………………………………………………………（40）
3.10　股利 …………………………………………………………………（43）
3.11　收入与费用的记录 …………………………………………………（43）
3.12　会计循环 ……………………………………………………………（45）

3.13　试算平衡表………………………………………………………(45)
　　课后习题………………………………………………………………(46)

第4章　会计循环：应计与递延……………………………………(54)

　　4.1　调整分录…………………………………………………………(55)
　　4.2　调整分录和会计原则……………………………………………(63)
　　4.3　调整后试算表……………………………………………………(64)
　　课后习题………………………………………………………………(65)

第5章　会计循环：报告财务结果…………………………………(71)

　　5.1　编制财务报表……………………………………………………(72)
　　5.2　财务报表附注……………………………………………………(76)
　　5.3　必须要披露的信息类型…………………………………………(76)
　　5.4　结　账……………………………………………………………(77)
　　5.5　结账后试算平衡表………………………………………………(80)
　　课后习题………………………………………………………………(82)

第6章　商业活动……………………………………………………(89)

　　6.1　商业企业…………………………………………………………(90)
　　6.2　永续盘存制………………………………………………………(92)
　　6.3　定期盘存制………………………………………………………(94)
　　6.4　两种存货会计系统的比较………………………………………(96)
　　6.5　商业企业其他交易的会计处理…………………………………(97)
　　6.6　特种日记账及其用途……………………………………………(100)
　　6.7　商业企业业绩的衡量……………………………………………(101)
　　课后习题………………………………………………………………(102)

第7章　金融资产……………………………………………………(109)

　　7.1　现　金……………………………………………………………(110)
　　7.2　短期投资…………………………………………………………(115)
　　7.3　坏　账……………………………………………………………(117)
　　7.4　应收票据和利息收入……………………………………………(121)
　　7.5　评价应收账款的流动性…………………………………………(122)
　　课后习题………………………………………………………………(122)

第8章　存货和销售成本……………………………………………(129)

　　8.1　存货的确认………………………………………………………(130)

8.2 存货成本的流动 …………………………………………………… (131)
8.3 存货的计价方法 …………………………………………………… (132)
8.4 永续盘存制下存货成本的核算 …………………………………… (134)
8.5 定期盘存制下的发货计价 ………………………………………… (140)
8.6 实地盘存下的损耗记录 …………………………………………… (142)
8.7 成本与可变现净值孰低法 ………………………………………… (142)
8.8 交易的年末分割 …………………………………………………… (143)
8.9 存货计价的影响 …………………………………………………… (143)
8.10 存货的估价 ………………………………………………………… (144)
8.11 对于存货流动性的评估 …………………………………………… (146)
课后习题 ………………………………………………………………… (147)

第9章 固定资产、无形资产和自然资源 …………………………… (154)

9.1 外购固定资产 ……………………………………………………… (155)
9.2 折 旧 ……………………………………………………………… (158)
9.3 无形资产 …………………………………………………………… (164)
9.4 自然资源 …………………………………………………………… (168)
9.5 固定资产交易与现金流量 ………………………………………… (169)
课后习题 ………………………………………………………………… (169)

第10章 负 债 …………………………………………………………… (175)

10.1 负债的含义及本质 ………………………………………………… (176)
10.2 流动负债 …………………………………………………………… (177)
10.3 长期负债 …………………………………………………………… (180)
10.4 预计负债、或有损失和承诺 ……………………………………… (190)
课后习题 ………………………………………………………………… (191)

第11章 股东权益：缴入资本 …………………………………………… (197)

11.1 公 司 ……………………………………………………………… (198)
11.2 公司的缴入资本 …………………………………………………… (199)
11.3 股票市价 …………………………………………………………… (202)
11.4 库存股 ……………………………………………………………… (204)
课后习题 ………………………………………………………………… (206)

第12章 利润和留存收益的变动 ………………………………………… (212)

12.1 报告经营成果 ……………………………………………………… (213)
12.2 影响留存收益的其他交易 ………………………………………… (218)

课后习题…………………………………………………………………(224)

第 13 章　现金流量表……………………………………………………(230)

　13.1　现金流量表概述……………………………………………………(230)
　13.2　现金流量表的编制…………………………………………………(233)
　　课后习题…………………………………………………………………(241)

第 14 章　财务报表分析…………………………………………………(248)

　14.1　财务分析方法………………………………………………………(249)
　14.2　财务分析内容………………………………………………………(252)
　14.3　财务综合分析………………………………………………………(267)
　　课后习题…………………………………………………………………(269)

参考文献……………………………………………………………………(274)

第 1 章　会计信息论

学习目标

1. 了解会计信息的使用者有哪些人以及他们倾向于如何利用会计信息。
2. 了解会计系统应具备的基本功能。
3. 了解会计信息的分类及其用途。
4. 了解几个重要的、与会计相关的职业组织。

引导案例

"乐视网"的报表迷局

在 2017 年的中国资本市场上,乐视网绝对是"浓墨重彩"的传奇。这一年,乐视体系的财务危机和信用危机不断加深,公司创始人贾跃亭突然辞去乐视网一切职务,并于 2017 年 7 月 4 日美国国庆日出走美国,滞留至今未归。在 7 月 21 日以电话会议形式召开的乐视网董事会上,拥有美国国籍的孙宏斌当选为乐视网董事长。公司发布的 2017 年上半年度业绩预告,预亏约 6.4 亿元,乐视神话破灭。

乐视网成立于 2004 年 11 月北京中关村高科技园区,享有国家级高新技术企业资质,致力于打造基于视频产业、内容产业和智能终端的"平台+内容+终端+应用"完整生态系统,被业界称为"乐视模式"。2010 年 8 月 12 日乐视在创业板上市,是行业内全球首家 IPO 上市公司,中国 A 股最早上市的视频公司。乐视网影视版权库涵盖 100 000 多集电视剧和 5 000 多部电影,并向影视自制、体育、综艺、音乐、动漫等领域发力。曾连续三年获得"中国高科技高成长 50 强""亚太 500 强",并获中关村 100 优高新技术企业、2013 福布斯潜力企业榜 50 强、互联网产业百强、互联网进步最快企业奖等一系列奖项与荣誉。2014 年 12 月,贾跃亭宣布乐视"SEE 计划",将打造超级汽车以及汽车互联网电动生态系统。

乐视网自 2010 年上市以来就备受争议。一位国际投资家谈及乐视时说,他看不懂为什么中国资本市场对乐视这样明显存在业绩美化倾向的公司有那么高的估值,用那么多的关联交易支持其利润扶摇直上。因大股东贾跃亭不断大额减持,早在 2015 年 6 月,中央财经大学教授刘姝威公开提出异议并呼吁证监会加强监管,但遭到一些人士的攻击;刘姝威进一步发表《乐视网分析报告:烧钱模式难持续》,从乐视网董事会结构、乐视网主营业务、乐视网盈利能力下降原因及扭亏潜力、乐视网的优势几个方面,质疑长期以来乐视网是靠"讲故事""玩概念"营造一种想象空间吸引外界投资,支撑乐视网的发展,并对其未来发展和业绩的可持续性表示怀疑。虽然乐视网的成长速度与盈利能力令人生疑,但是从报表来看,乐视网的财务报表无懈可击。

(资料来源:第五届中国MPAcc学生案例大赛初赛案例,《"乐视网"的报表迷局与会计"财技"》。)

1.1 基于使用者视角的会计

会计作为一种国际通用的商业语言,服务于两个目标:其一,报告管理者履行受托责任(Accountability 或 Stewardship)的情况;其二,提供对决策有用的信息。[①] 比较而言,前者是较低层次的目标,后者更能体现会计的价值。营业额、销售量、成本、价格、利润、投资报酬率等计量指标对于投资者、债权人、管理者、供应商等在企业拥有财务利益的会计信息使用者具有重要的决策价值。当经济事项发生时,会计人员对此进行分析、归类和记录,并定期编制财务报表,会计信息使用者依据财务报表做出决策。图1-1描述了会计是如何将经济信息转换为会计信息并传递给使用者的。

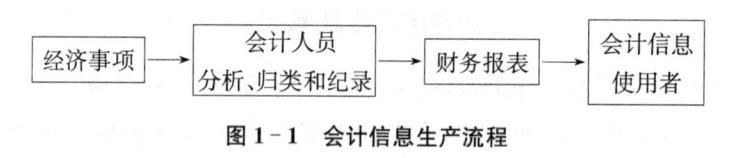

经济事项 → 会计人员 分析、归类和纪录 → 财务报表 → 会计信息使用者

图1-1 会计信息生产流程

1.2 会计系统概述

1.2.1 会计的定义

会计是适应生产力的发展和经济管理的需要而产生与发展的,"经济越发展,会计越重要"。经济的发展促进了会计理论、方法和技术的进步,会计方法、技术的发展又推动了社会文明的进程。尽管会计从产生到现在已有几千年的历史,但是对于会计的含义这一基本问题,古今中外却一直没有一个明确、统一的说法。究其原因,关键在于人们对会计的本质有着不同的认识,从而出现了不同的会计定义。下面将回顾国内外会计学界针对会计本质问题所形成的两种主流学派观点,并在此基础上给出会计的定义。

[①] 分别对应财务会计目标理论的"受托责任观"和"决策有用观"。

1. 会计管理活动论

会计管理活动论认为会计的本质是一种经济管理活动。将会计作为一种管理活动并使用"会计管理"这一概念,在西方管理理论学派中早已存在。古典管理理论学派代表人物法约尔把会计活动列为经营的六种职能活动之一,美国人卢瑟·古利克把会计管理列为管理化功能之一,20世纪60年代以后出现的管理经济会计学派则认为进行经济分所和建立管理会计制度就是管理。我国会计学者在20世纪80年代完善了这一观点,认为无论从理论上还是从实践上看,会计不仅仅用于提供数据信息,其本身就具有管理的职能作用,是人们从事管理的一种活动。

2. 会计信息系统论

会计信息系统论认为,会计是一个以提供财务信息为主的经济信息系统。会计是企业中的一个服务部门,会计人员居于参谋和顾问地位。会计工作就是处理数据、提供信息及为管理服务。会计信息系统论,就是把会计理解为提供信息以供决策的一个系统。会计信息系统论的思想起源于美国会计学家 A. C. 利特尔顿。他在1953年编写的《会计理论结构》一书中指出:"会计是一门特殊门类的信息服务,会计的显著目的在于对一个企业的经济活动提供某种有意义的信息。"20世纪60年代后期,随着信息论、系统论和控制论的发展,美国会计学界和会计职业界倾向于将会计的本质定义为会计信息系统。我国会计学者在20世纪80年代引入该观点。他们认为会计是为提高企业的经济效益、加强经济管理而建立的一个以提供财务信息为主的经济信息系统。

会计管理活动论可以理解为与"受托责任观"的会计目标相一致,而会计信息系统论又与"决策有用观"的理念相吻合。所以本教材将会计管理活动论和会计信息系统论加以综合,对会计做出如下定义:会计是经济管理的重要组成部分,是以货币为主要计量单位,并利用专门的方法和程序,对企业和行政、事业单位的经济活动进行连续、系统、全面的核算和监督,提供以财务信息为主的经济信息,为外部有关各方的投资、信贷决策服务,是为强化内部经济管理和提高经济效益服务的一个经济信息系统。由上述定义可知:

(1) 会计是一种经济计算。会计要以货币为主要计量尺度对经济过程进行连续、系统、全面、综合的计算。经济计算是指人们对经济资源、经济关系和经济过程所进行的数量计算的总称。经济计算既包括对经济现象静态状况的存量计算,也包括对其动态状况的流量计算,既包括事前的计划计算,也包括事后的实际计算。会计是一种典型的经济计算,经济计算除包括会计计算外,还包括统计计算和业务计算等。

(2) 会计是一个经济信息系统。会计将一个企业分散的经营活动转化成一组客观的数据,提供与企业相关的资金、所有权、收入、成本、利润、债权、债务、业绩等信息。任何人都可以通过会计所提供的信息了解企业的基本情况,并作为其决策的依据。可见,会计是提供财务信息为主的经济信息系统,是企业经营的计分牌。

(3) 会计是一项经济管理工作。如果说会计的本质是一个信息系统,主要是对企业外部的有关信息使用者而言的;如果说会计是一个经济管理活动,则主要是对企业内部来说的。会计作为社会生产发展的一定阶段的产物,是适应生产发展和管理需要而产生的,要求通过管理对经济活动进行核算和监督。同时,会计的内容和形式也在不断地完善和变化,由单纯的记账、算账和报账发展为参与事前经营预测、决策,对经济活动进行事中控制、监督,开展事后分析和检查。

1.2.2 会计的职能

职能是指某一事物本身所固有的功能。会计的职能是指会计在经济管理中所具有的功能和地位。马克思在《资本论》中指出:"过程越是按社会的规模进行,越是失去纯粹个人的性质,作为对过程控制和观念总结的簿记就越是必要。"这段话包括两个意思:一是搞经济离不开会计,经济越发展,会计越重要;二是会计的基本职能是对再生产过程的控制和观念的总结。从会计产生与发展的历程来看,会计对任何社会的生产过程都具有反映和监督的职能,也就是说,对生产过程的反映和监督是会计最基本的职能(见图1-2)。

```
                    ┌─────────┐      以货币为主要计量单位,运用会计的
                 ┌─→│ 会计核算 │─→  专门方法,对各会计主体所发生的经济业
   ┌───────┐     │  └─────────┘      务进行确认、计量、记录和报告济业务进
   │会计的基│────┤                    行确认、计量、记录和报告
   │ 本职能 │────┤
   └───────┘     │  ┌─────────┐      按照一定的目的和要求,利用会计核
                 └─→│ 会计监督 │─→  算所提供的信息,对会计主体的经济活动
                    └─────────┘      进行控制、监察和督促,使之达到预期的
                                      目标
```

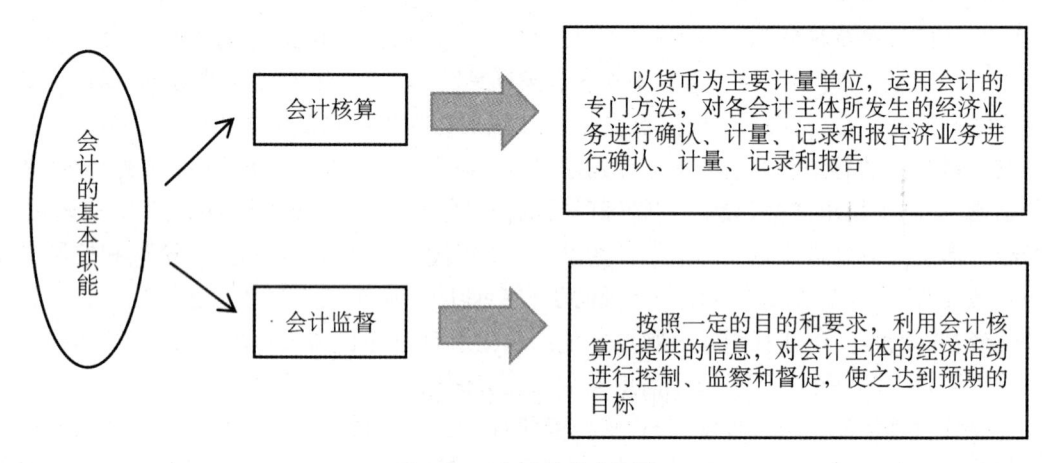

图 1-2 会计的基本职能

1. 会计核算

会计核算职能,是指以货币为主要计量单位,运用会计的专门方法,对各会计主体所发生的经济业务进行确认、计量、记录和报告,以便提供全面、系统、可靠和相关的会计信息。会计核算贯穿会计工作的全过程,是会计最基本的职能。会计核算职能具有以下特征:

(1) 会计以货币为主要计量单位,从价值量上反映各单位的经济活动情况。人们不可能单凭观察和记忆掌握经济活动的全面情况,也不可能简单地将不同类别的经济业务加以计量、汇总。只有通过一定程序进行加工处理后生成以价值量表现的会计数据,才能掌握经济活动的全过程及其结果。会计上可以采用的计量单位有三种量度,即货币量度、实物量度和劳动量度。但是在商品经济条件下,人们主要利用货币计量,通过价值量的核算来综合反映经济活动的过程和结果。所以,会计核算以货币为主要量度,以实物量度和劳动量度作为辅助量度。

(2) 会计核算主要是对已经发生的经济活动进行事后的记录、核算、分析,通过加工处理大量的信息资料,反映经济活动的现实状况及历史状况,这是会计核算的基础工作。只有在每项经济业务发生或完成以后,才能取得该项经济业务完成的书面证明。这种凭证具有客观性和可验证性,据以登记账簿,才能保证会计提供的信息真实可靠。

(3) 会计核算具有完整性、连续性和系统性。所谓完整性,是指凡属会计反映的内容

都必须加以记录,不能遗漏;所谓连续性,是指会计对每笔经济业务所做的反映,必须按照发生的时间顺序,自始至终不可间断;所谓系统性,是指进行会计核算时,必须采用一整套科学的核算方法,对会计信息进行系统的加工、整理和汇总,以便提供系统化的数据和资料,从而可以揭示客观经济活动的规律性。

(4) 会计核算的方式从手工簿记系统逐步发展为电子数据处理系统。随着电算化引入会计领域,极大增强了会计获取多种经济信息的能力和传递各种信息的能力,使会计信息变得更为完善,更加及时、灵敏、准确,更能满足多方面、多层次信息使用者的需求。

2. 会计监督

会计监督是按照一定的目的和要求,利用会计核算所提供的信息,对会计主体的经济活动进行控制、监察和督促,使之达到预期的目标。会计监督职能就是监督经济活动按照有关的法规和计划进行,其具有以下特征:

(1) 会计监督主要是利用会计核算职能所提供的各种价值指标进行货币监督。会计核算职能主要是通过货币计量,提供一系列综合反映企业经济活动的价值指标。会计监督就是依据价值指标进行的。

(2) 会计监督是在会计反映各项经济活动中同时进行的,包括事前监督、事中监督和事后监督。事前监督是指会计部门在参与制订各种决策以及相关的各项计划费用预算时,对各项经济活动的可行性、合理性、合法性和有效性进行审查;事中监督是指在日常会计工作中对已发现的问题提出建议,促使有关部门采取措施,使其按照预定的目标和要求来进行;事后监督是指通过分析与取得的会计资料,对已进行的经济活动的合理性、合法性和有效性进行考核和评价。

(3) 会计监督必须以国家的财经法规和财经纪律为依据。财经法规和财经纪律是保证财经工作顺利进行的重要保证。为此,应做到会计监督依据的合法性和合理性。合法性的依据是国家颁布的财经法律、法规、规章和制度;合理性的依据是客观经济规律及经营管方法的要求。会计监督的目的就是保证企业经济活动的合理、合法,即保证企业的会计核算按照国家的有关法律、法规及相关的会计准则、会计惯例来进行,尽可能保证经济活动的真实性。

核算和监督是会计的两大基本职能。核算职能是监督职能的基础,没有核算职能提供的信息,就不可能进行会计监督。因为如果没有核算提供完整、可靠的会计信息资料,会计监督就失去了基础。同时,会计监督又是会计核算的保证,没有会计监督就不能为会计信息的使用者提供可靠的会计信息,也就不能保证会计信息的质量。离开了会计监督,会计核算就毫无意义。因此,会计的这两个基本职能是密切结合、相辅相成的。

1.2.3 会计报表

1. 会计报表概述

财务报表(Financial Statement)是提供会计信息的一种重要手段。企业财务报表也称会计报表,是指企业对外提供的、以日常会计核算资料为主要依据,反映企业某一特定日期财务状况和某一会计期间经营成果、现金流量的文件。企业编制财务报表,对于改善企业外部有关方面的经济决策环境和加强企业内部经营管理具有重要作用。具体来说,财务报表的作用体现在以下几个方面：

（1）企业的投资者（包括潜在的投资者）和债权人（包括潜在的债权人）为了进行正确的投资决策和信贷决策，需要利用财务报表了解有关企业财务状况、经营成果及现金流量情况的会计信息。

（2）企业管理者为了考核和分析财务成本计划或预算的完成情况，总结经济工作的成绩和存在的问题，评价经济效益，需要利用财务报表掌握本企业有关财务状况、经营成果和现金流量情况的会计信息。

（3）国家有关部门为了加强宏观经济管理，需要各单位提供财务报表资料，以便通过汇总分析，了解和掌握各部门、各地区经济计划（预算）完成情况、各种财经法律制度的执行情况，并针对存在的问题，及时运用经济杠杆和其他手段，调控经济活动，优化资源配置。

财务报表分为年度、半年度、季度和月度财务报表。月度、季度财务报表是指月度和季度终了提供的财务报表；半年度财务报表是指在每个会计年度的前6个月结束后对外提供的财务报表；年度财务报表是指年度终了对外提供的财务报表。半年度、季度和月度财务报表统称为中期财务报表。

企业的财务报表至少应当包括资产负债表、利润表、现金流量表、所有者权益（股东权益）变动表和附注。

2. 资产负债表

资产负债表（Balance Sheet）是总括反映企业在一定日期的全部资产、负债和所有者权益的报表。由于该表反映一个企业在特定日期的财务状况，因而又称为财务状况表（Statement of Financial Position）。

资产负债表是根据"资产＝负债＋所有者权益"这一会计基本等式编制的。它所提供的是企业一定日期的财务状况，主要包括以下内容：

（1）企业所拥有的各种经济资源（资产）。

（2）企业所负担的债务（负债），以及企业的偿债能力（包括短期与长期的偿债能力）。

（3）企业所有者在企业里所持有的权益（所有者权益）。

3. 利润表

利润表（Income Statement）是用来反映企业在某一会计期间的经营成果的一种财务报表。在利润表上，要反映企业在一个会计期间的所有收入（广义）与所有费用（广义），并求出报告期的利润额。利用利润表，可以评价一个企业的经营成果和投资效率，分析企业的盈利能力以及预测未来一定时期内的盈利趋势。

4. 现金流量表

编制现金流量表的目的，是为会计信息使用者提供企业一定会计期间内有关现金流入和流出的信息。企业在一定时期内的现金流入和流出是由企业的各种业务活动产生的，如购买商品支付价款，销售商品收到现金，支付职工工资等。首先要对企业的业务活动进行合理的分类，据此对现金流量进行适当分类。我国《企业会计准则第31号——现金流量表》将企业的业务活动按其性质分为经营活动、投资活动与筹资活动，为了在现金流量表中反映企业在一定时期内现金净流量变动的原因，相应地将企业一定期间内产生的现金流量分为经营活动产生的现金流量、投资活动产生的现金流量和筹资活动产生的现金流量。

对于企业日常活动之外不经常发生的特殊项目，如自然灾害损失、保险赔款、捐赠等，应当归并到现金流量表的相关类别中，并单独反映。

财务报表的分类，如图1-3所示。

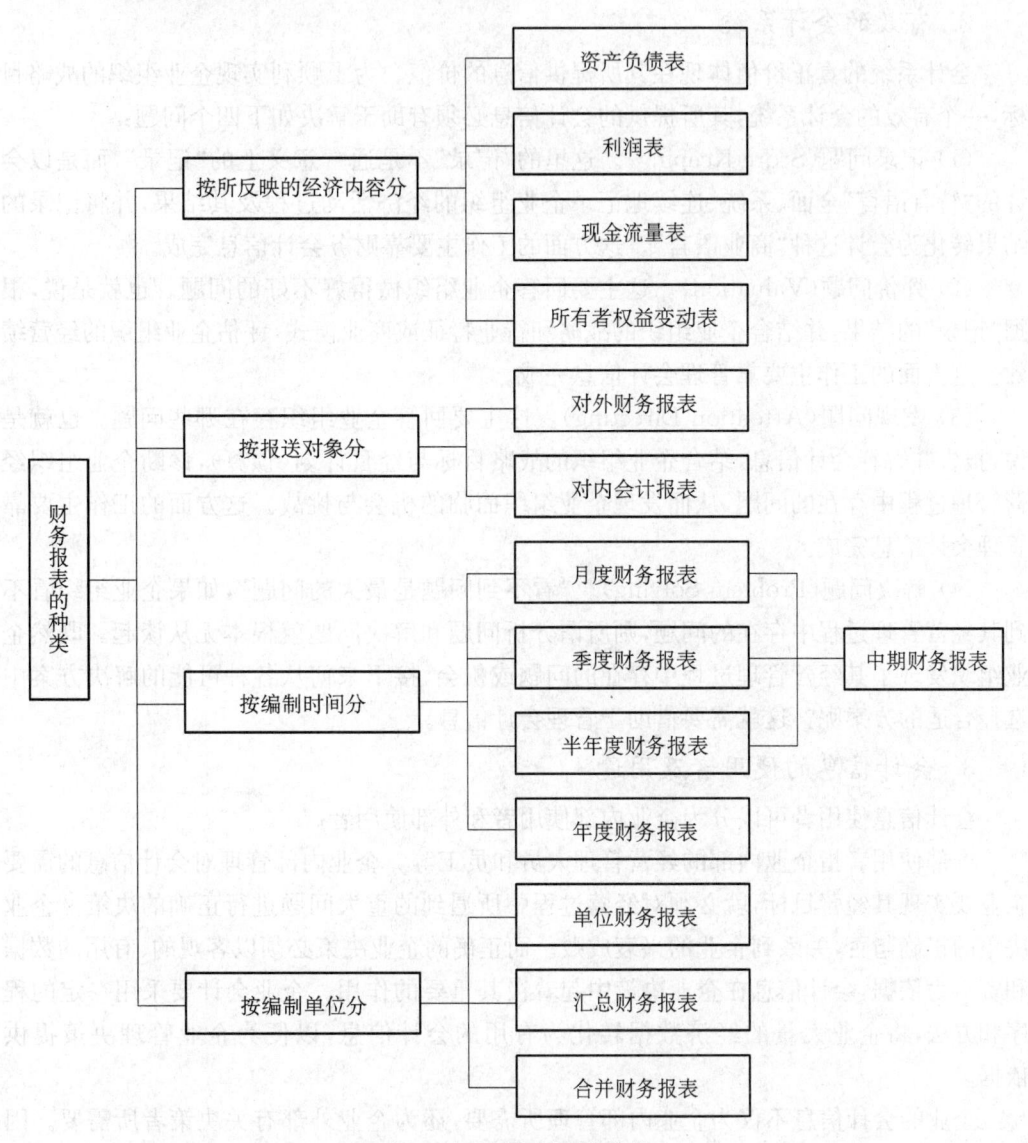

图1-3 财务报表的分类

1.2.4 会计系统的设计

1. 会计系统的基本目标

人们通常认为会计既是企业组织的一个信息系统(Information System)，也是企业组织的一个决策支持系统(Decision Support System, DSS)。会计系统的基本目标包括促进决策(Decision Facilitating)与影响决策(Decision Influencing)。

（1）促进决策。促进决策既包括为企业组织的利益相关者提供有助于决策的相关信息，又包括为企业组织的经营决策与管理控制提供相关信息。

（2）影响决策。影响决策指参与企业组织的战略制定与实施，并通过提供相关信息，激励与引导企业组织的各层次经理人努力实现企业组织的目标。

2. 有效的会计系统

会计系统的真正价值体现在其所提供信息的价值。为了顺利实现企业组织的战略目标，一个有效的会计系统，其所提供的会计信息必须有助于解决如下四个问题：

（1）记录问题(Score Keeping)。这里的"记录"不是通常意义上的"记录"，而是以会计的"特有语言"全面、系统、连续地记录企业组织的经济活动过程及其结果，并将记录的结果转化为会计这种"商业语言"。这方面的工作主要靠财务会计信息完成。

（2）评价问题(Valuation)。这主要回答企业组织做得好不好的问题。也就是说，根据"记录"的结果，并结合企业组织的战略和行业特征或商业模式，评估企业组织的经营绩效。这方面的工作主要靠管理会计信息完成。

（3）发现问题(Attention Directing)。这主要回答企业组织存在哪些问题。也就是说，报告并解释会计信息，结合企业组织的战略目标与经营计划(预算)，诊断企业组织经营管理过程中存在的问题，从而发现企业组织面临的机会与挑战。这方面的工作主要靠管理会计信息完成。

（4）解决问题(Problem Solving)。"看不到问题是最大的问题"，如果企业组织看不到其经营管理过程中存在的问题，则所谓分析问题和解决问题就根本无从谈起。既然企业组织发现了其经营管理过程中存在的问题或机会，接下来何从各种可能的解决方案中选择合适的方案呢？这就需要借助于管理会计信息。

3. 会计信息的使用者及用途

会计信息使用者可以分为企业内部使用者和外部使用者。

内部使用者指企业内部的经营管理人员和员工等。企业内部管理对会计信息的需要企业要实现其经营目标，就必须对经营过程中所遇到的重大问题进行正确的决策。企业决策的正确与否，关系到企业的兴衰成败。而正确的企业决策必须以客观的、有用的数据和资料为依据，会计信息在企业决策中起着极其重要的作用。企业会计要采用一定的程序和方法，将企业大量的经济数据转化为有用的会计信息，以便为企业管理决策提供依据。

企业的会计信息不仅为企业内部管理所需要，还为企业外部有关决策者所需要。因为企业不是孤立存在的，它必然要与外界发生各种各样的联系，进行信息交流。外部使用者是指企业的利益相关者，主要包括投资者、债权人、政府监管机构、社会公众等。他们通常关心企业的盈利能力和发展能力，需要借助会计信息等相关信息来决定是否调整投资、更换管理层和加强企业的内部控制等。

不同的信息使用者经济决策的目标不同，对会计信息的需求也不同。会计信息的使用者及用途如表1-1所示。

表 1-1　会计信息的使用者及会计信息的用途

使用者	做出的决策或判断
企业管理者	需要分析会计信息,评价企业的经营业绩,并对经营活动中存在的问题和薄弱环节提出改进的措施。同时,制定出企业未来的发展战略和经营目标,提升企业的核心竞争力
投资者	在考虑是否对一家公司的普通股进行投资时,投资者用会计信息来帮助其评价投资的金额、时间和未来现金收益的不确定性
债权人	在决定收到款项之前向客户发多少货时,债权人要评估收款的可能性和延迟付款的风险
公司员工	较高的奖金和劳动报酬会提高职工的劳动积极性。为了得到较高的劳动报酬,职工就会积极地、不断地为降低企业的生产经营成本而努力
其他有关机构、组织和人员	指除上述财务会计信息使用者以外的各方面信息使用者,如财务分析家、证券承销商等。会计信息对这些使用者也产生广泛的影响

1.3　现代会计的分类

1.3.1　财务会计信息

1. 财务会计概述

财务会计(Financial Accounting)主要是立足企业组织,面向金融市场,通常是以编制和报告会计主体的财务报表为企业组织的利益相关者服务,从而履行所有者与经营者的受托责任。财务报表说明一个会计主体在某一时点的财务状况、在某时期的经营结果、同一时期的现金流量活动,以及其他有关该主体财务资源义务、所有者权益和经营的信息。

财务会计主要是对外的。财务报表针对的是那些并不了解会计主体日常财务和经营活动的人。财务会计主要涉及会计主体经营情况的历史结果。财务报表反映的是过去发生过什么,很多公司的年报会专门强调财务会计信息的历史性,了解这一点对报表使用者是非常重要的。

财务会计是历史的记录者,它并不面向将来。虽然将来的情况不可知,但它很可能受到过去的影响,由于会计信息为评价过去业绩提供了一个很好的基础,因此这些信息可能有助于对企业的未来前景进行评估。但是,财务报告并非企业相关信息的唯一来源。例如,一位可能被公司雇佣的人想知道有关员工变动率的信息,但这一信息在财务报告中不会披露。财务会计报告的信息主要与能以货币计量的过去交易或事件有关。财务会计信息的产生和使用是有成本的,因此,会计信息使用者能获得的收益应当超过提供这些信息的成本。

企业的投资者、债权人、政府部门和社会公众等基于不同的需求,可能需要不同的会计信息。但是,从总体上来说,财务会计通过提供企业财务状况、经营成果和现金流量方面的信息,基本上可以满足不同财务报告使用者的需求。

2. 财务会计目标

当"会计本质上是一个信息系统"的观点为人们所接受后,会计目标就成为财务会计概念框架的逻辑起点。由于在不同的社会经济环境里,信息使用者有差别,而财务会计的目标又密切依存于使用者的信息需要,因此,财务会计并不存在一个完全一致的目标。综合各国的财务会计目标,主要涉及这样几个问题:① 谁是会计信息的使用者;② 会计信息使用者需要什么样的信息;③ 哪些信息可以由财务会计来提供;④ 为了提供这些会计信息需要什么样的框架。

在回答上述问题的过程中曾经出现过两个具有代表性的观点,即受托责任观和决策有用观。了解这两种观点从对立到相互融合的过程可以进一步了解会计目标的发展和演变。图1-4为财务会计目标结构图。

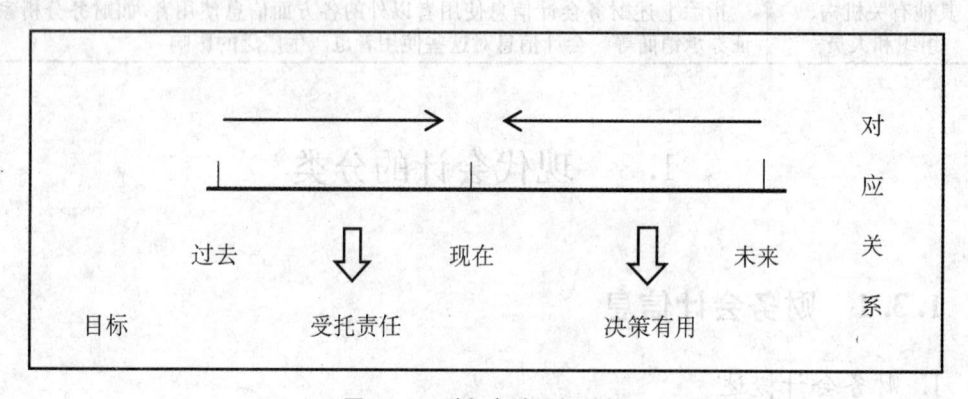

图1-4 财务会计目标结构

(1) 受托责任观。

从历史方面来看,受托责任观的出现早于决策有用观。其最早产生于两权分离、委托代理关系明确、稳定的经济背景下。受托责任观认为在所有权与经营权分离的背景下,为企业资源的提供者创造尽可能多的财富是企业管理者的受托责任,会计目标应主要定位在提供经管责任完成情况的信息上,对会计信息质量的首要要求是可靠性。进而可靠性又会对概念框架中的会计确认、计量以及会计要素的界定等方面产生相应的要求。例如,对于会计确认,可靠性要求采用交易观,即只确认已经发生交易的经济业务,而对于具有不确定性的尚未交易的业务则不予确认。至于会计计量,可靠性要求以历史成本为主,而现行价值或未来价值因其具有不确定性而被限制使用。

(2) 决策有用观。

决策是面向未来的,决策有用观认为会计目标应定位在向会计信息使用者(包括现有和潜在投资者、信贷者、企业管理者和政府)提供有关未来现金流量的金额、分布和不确定性的信息,以帮助他们在预测未来时能制定有差别的决策。如果会计信息能够帮助投资者评价资产未来现金流的流量和风险,那么会计信息将有助于提升资源配置的效率。目前,这一观点已经成为研究财务会计目标的主流观点。决策有用观对会计信息的质量除了要求具有可靠性外,更强调相关性。不同于受托责任观下的会计确认和计量手段,该模式要求会计确认采用事项观,即会计要对包括尚未发生交易的资产价值变动在内的全部经济业务加以确认,而会计计量则强调采用相关资产的公允价值。

受托责任观和决策有用观并不是相互对立的两种观点,后者是前者的继承与发展。可以看出,满足决策有用会计目标的信息需求也能满足受托责任会计目标,早期受托责任观对企业利润的关注也已经被决策有用观对企业未来现金流量能力的关注所替代。

3. 财务会计信息质量特征

财务会计信息质量特征是联结会计目标和财务报告的桥梁,在整个概念框架中居于枢纽地位,这在各国的财务会计概念框架或类似的文件中都有所提及。美国财务会计准则委员会(简称FASB)认为,对会计信息质量特征的界定具有以下作用:① 为制定与财务报告目标相一致的会计准则提供指南;② 为会计信息提供者在选择表述经济事项的不同方法时提供指南;③ 增加会计信息使用者对会计信息有用性和局限性的把握,以便做出更好的决策。

美国在研究概念框架方面的领先地位使其研究成果成为各国的相关方面的研究背景。下面以 FASB 对会计信息质量特征要素的界定作为参考,对几种主要的会计信息质量特征的内涵进行说明。

(1) 相关性。

相关性是指会计系统提供的会计信息应该与使用者的决策相关。基于决策有用性的会计目标,对决策最为有用的信息是"能够帮助信息使用者在预测未来时能导致决策差别"的信息,因此相关性成为保证会计信息质量的重要特征。会计信息的相关性还必须具有预测价值、反馈价值和及时性三个基本质量特征。其中,预测价值是指会计信息要能够帮助投资者预测企业以后的财务状况、经营成果和现金流动情况;反馈价值是指投资者获得会计信息后,能够据以修正以前的某些认识;会计信息的及时性是要求必须及时收集会计信息,及时对会计信息进行加工和处理,并且及时传递会计信息。

(2) 可靠性。

所谓可靠性,是指会计信息应如实表述所要反映的对象,尤其需要做到不偏不倚地表述经济活动的过程和结果。可靠性具体可分为三个方面,即可核性、真实性和中立性。可核性是指不同的人依据相同的信息输入、遵循相同的会计准则,可以从会计信息系统中输出相同或相似的结果;真实性是指会计信息应该反映实际发生的经济活动,通常所指的会计信息失真就是指会计信息没有能够真实反映企业的经济活动;中立性要求会计人员处理会计信息时应保持一种不偏不倚的中立态度,避免倾向于预定的结果或者某一特定利益集团的需要。

(3) 可比性。

广义的可比性是指财务会计信息在同一会计主体不同期间之间和不同会计主体同一期间之间可以进行比较,从而使用户能够比较某两个时点或某两个期间的交易或事项,以及财务业绩的相似之处及其差异的质量属性。其中,同一会计主体不同期间之间的会计信息的可比又称为一致性,按照一致性的要求,会计方法的选择在前后期应保持一致;而不同会计主体之间的可比性又被称为狭义上的可比性,要求不同会计主体之间的会计政策具有相同基础,会计信息所反映的内容基本一致。

(4) 可理解性。

可理解性是指能够为信息使用者所理解,这是针对会计信息用户的质量特征。具体而言,它是要求财务信息应当为那些对商业活动和经济活动拥有合理理解能力,并且愿意花精力去研究这些信息的人士所理解。可理解性可以分为两类,即与特定的决策者相关、与广大的各类决策者相关。

(5) 透明度。

由于20世纪90年代的美国上市公司存在严重的盈余管理现象,美国证券交易委员会(简称SEC)非常关注这一现象,希望从多个角度提高上市公司的信息质量。1996年4月11日SEC在其声明中提出3项评价"核心准则"的要素,其中第二项是高质量。其对高质量的具体解释是可比性、透明度和充分披露。其后,在1997年,前美国SEC主席Levitt在关于"高质量会计准则的重要性"的演讲中明确提出将透明度纳入准则高质量的特征体系中。

由于透明度适用的领域很广,迄今为止对透明度的定义并没有统一。从会计的角度看,它可以理解为是对会计信息质量标准和一般意义上的会计信息披露要求的发展。可以这样认为,会计透明度是一个关于会计信息质量的全面要求,包括会计准则的制定和执行、会计信息质量标准、信息披露与监管等。可见,会计信息质量的透明度要求仅仅是其中的一个部分。

除了上述介绍的内容外,还有其他一些会计信息质量特征也是比较重要的,如重要性、稳健性、公允性、充分披露等。

目前,世界各国都高度重视会计信息特征体系的建立。我国也顺应这一大趋势,在2006年2月15日出台的《企业会计准则基本准则》(修订)中第一次明确提出了"会计信息质量要求"的形式,包括了对会计信息质量在真实性(含可靠性)、相关性、明晰性、可比性(含一致性)、实质重于形式、重要性、谨慎性和及时性方面的要求。不过由于我国并没有财务会计概念框架,所以这些质量特征还没有一个完整的理论支持。今后还需要对质量特征体系所涉及的约束条件、总体质量特征、限制性标准、关键质量特征、次级(及次要)质量特征等内容做深入的研究。

1.3.2 管理会计信息

1. 管理会计概述

管理会计可以从狭义和广义两个方面来理解。狭义的管理会计又称微观管理会计,是指在当代市场经济条件下,以强化企业内部经营管理、实现最佳经济效益为最终目的,以现代企业经营活动及其价值表现为对象,通过对财务等信息的深加工和再利用,实现对经济过程的预测、决策、规划、控制及责任考核评价等职能的一个会计分支。广义的管理会计,是指用于概括现代会计系统中区别于传统会计,直接体现预测、决策、规划、控制和责任考核评价等会计管理职能的对应部分内容的一个范畴。

管理会计所提供的信息往往是为满足内部管理的特定要求而有选择的、部分的和不定期的管理信息。它们既包括定量资料,也包括定性资料,其计量单位既可以使用货币单位,又可以使用实物量单位、时间量单位和相对数单位。管理会计的信息载体大多为没有统一格式的各种内部报告,对这些报告的种类也没有统一的规定。

2. 管理会计的目标

管理会计的目标是指管理会计活动应达到的境地或标准,它是管理会计职能的具体化。在确立管理会计目标的过程中,必须解决三个问题:第一,管理会计为谁提供信息;第二,管理会计提供何种信息;第三,管理会计如何提供信息。

管理会计的目标在管理会计理论与方法体系中处于最高层次,它是管理会计的本质、对象、假设、原则、要素和方法的基础。管理会计的目标可以分为两个层次:第一层次为管理会计的基本目标,即提高企业的经营管理水平和经济效益;第二层次为管理会计的具体目标,即采用各种专门方法向企业内部各级管理人员提供有利于实现管理会计基本目标的各种有用信息,并参与企业的经营管理过程。

管理会计的具体目标主要包括以下几个方面:

(1) 正确规划未来。

要在科学的经营预测基础上进行正确决策,并通过方案优选来实现代企业资源的合理配置。将选定的最优方案进行分工落实,形成企业的全面预算;全面预算的落实和具体化又形成了责任预算,从而使各部门明确各自的目标和任务,共同努力,保证企业总目标和任务的实现和完成。

(2) 有效控制现在。

要根据企业总体目标制定各责任中心的控制目标和标准,记录各责任中心的执行情况,并将实际执行情况与具体目标相对比,计算分析产生差异的原因,通过信息反馈及时纠正偏差或防止偏差的可能发生,这是实现基本目标的重要保障。

(3) 合理考核评价业绩。

要依据责、权、利相统一的原则,合理划分各部门的责任,形成不同的责任中心,并给予相应的权力,正确制定各中心的考核指标,定期考核各责任中心的业绩与效果,进行合理的奖惩,使各部门挖掘潜力不断改善经营管理,促进企业整体效益的提高。

3. 管理会计信息的质量特征

每一家企业的管理会计信息系统是否能有效地履行自身所具有的预测、决策、预算、控制、考核等重要职能,完全取决于其管理人员所提供的管理会计信息是否对使用者有效用,也就是取决于管理会计信息是否具备相关的质量特征与质量要求,相关内容如表1-2所示。

表1-2 管理会计信息的质量特征及其解释

特 征	内涵说明	备 注
相关性	管理会计信息应是对决策或预期结果有用的信息、与特定目标相关、与公司整体目标及个体目标均保持一致	有效性 特定性 和谐性
准确性	管理会计信息在相关范围内必须正确反映客观事实	准确性/精确性
一致性	管理会计信息处理在不同的时期应使用相同的规则、程序和方法,保证内部各年度的管理会计信息相互可比	稳定性 连续性
客观性	管理会计信息应保持中立、无偏向,反映业务活动的实际情况	真实性 可靠性
灵活性	提供不同类型/内容管理会计信息服务于不同管理目的	多指标 多形式

续 表

特 征	内涵说明	备 注
及时性	管理会计信息必须是最新业务、最新资金、最新成本信息	缩短处理时间
明晰性	所提供的管理会计信息应简单明确、易于理解、便于使用	重要信息要详细 非重要信息要简化
经济性	管理会计信息处理前需对其代价与支持决策效果相权衡	成本与效益比较

4. 管理会计与财务会计的联系

（1）管理会计与财务会计同属于现代会计。

从结构关系看，管理会计与财务会计两者源于同一母体，都属于现代企业会计，它们共同构成了现代企业会计系统的有机整体。两者相互依存、相互制约、相互补充。

（2）管理会计与财务会计的最终目标相同。

从总的方面看，管理会计与财务会计所处的工作环境相同，都是现代经济条件下的现代企业；两者都以企业经营活动及其价值表现为对象；它们都必须服从现代企业会计的总体要求，共同为实现企业和企业管理目标服务。因此，管理会计与财务会计的最终奋斗目标是一致的。

（3）管理会计与财务会计相互分享部分信息。

在实践中，管理会计所需要的许多资料都来源于财务会计系统，它的主要工作内容是对财务会计信息进行深加工和再利用，因而受到财务会计工作质量的约束。同时，部分管理会计信息有时也作为对外公开发表的范围。例如，现金流量表，最初只是管理会计长期投资决策使用的一种内部报表，后来陆续被一些国家（包括我国）列为财务会计对外报告的内容。

5. 管理会计与财务会计的区别

管理会计与财务会计既有联系又有显著区别，两者的主要区别见表1-3。

表1-3 管理会计与财务会计的区别

	管理会计	财务会计
目的	内部会计，其目的是加强管理、参与决策	对外报告会计，其目的是提供信息，反映情况
主体	着重于部分，个别产品、个别部门、个别责任中心均可作为会计主体	着重于整体，以整个经济核算制企业或财务收支单位等作为主体
计算依据	经济决策和管理的需要	必须依据公认的会计准则和法定的会计制度
资料时效	预计将要发生或者评价应当发生的经济活动	反映已发生的经济活动
计量单位	除了货币单位外，还包括实物量、比例数、指数等	以货币为主要计量单位
信息特征	提供的经济信息是特定的、部分的和有选择性的	提供的经济信息是全面的、系统的、连续的和综合的
核算程序	不固定，可自由选择，它所使用的账、证、表均可根据需要自行设计	固定，带有强制性，它所使用的账、证、表都有规定的格式

1.3.3 税务会计信息

1. 税务会计概述

税务会计是以现行税法为准绳,以货币为计量单位,运用会计的理论和方法,连续、系统、全面地核算、报告纳税人税款的形成、计算和缴纳的一门专业会计。税务会计是随着社会经济的发展,因会计准则、会计制度与税法的目标不同而产生的。它是从传统的财务会计中分离出来的,并将会计的基本理论和基本方法与企业纳税活动相结合而形成的一门边缘学科,是融税收制度和会计核算为一体的特种专业会计。

税务会计与财务会计都属于会计学科体系。税务会计是从财务会计中分离出来的,它植根于财务会计之中;财务会计是税务会计形成的前提和基础,两者的会计基本假设、核算方法和程序是一致的。在实际工作中,财务会计只需按照企业会计准则的要求设置一套会计凭证、会计账簿和财务报表,进行会计核算;税务会计则是借助于财务会计的凭证、账簿和财务报表以及会计核算方法,按现行税收制度进行各种税务上的处理。两者之间相互补充、相互配合,共同对纳税人的生产经营活动进行核算和监督。

2. 税务会计与财务会计的区别

(1) 目标不同。

财务会计所提供的信息,除为综合部门及所有者等有关经济利益者服务外,也为企业本身的生产、经营服务;税务会计则要按现行税收法规规定计算应纳税额,向税务机关等信息使用者提供税务会计信息,正确履行纳税人的纳税义务,充分享有纳税人的权利。

(2) 对象不同。

企业财务会计核算和监督的对象是企业以货币计量的全部经济事项,包括资金的投入、循环、周转、退出等过程,而税务会计核算和监督的对象只是与计税有关的经济事项,即与计税有关的资金运动。这就是说,原来在财务会计中有关税款的核算、申报、解缴的内容,划归税务会计,并作为税务会计的核心内容,企业财务会计只对这部分内容做必要的提示即可。

(3) 核算依据不同。

财务会计核算是依据《企业会计准则》及其应用指南、《企业财务通则》等各种法规处理发生的各项经济业务,要求会计信息的真实完整。而税务会计核算必须以税法为准绳,接受税收制度的约束,同时也遵循会计的准则制度。在处理经济业务时,当企业会计准则与国家现行税收制度不一致时,必须按照税收制度的规定进行调整,以保证应纳税款核算的准确性。

(4) 核算基础不同。

财务会计核算应当以权责发生制为基础进行会计确认、计量和报告。而税务会计核算是以收付实现制与权责发生制相结合为基础的,以保证税款的及时缴纳,并兼顾企业税款的支付能力。这种差异,导致两者在收入、费用和利润的确认、计量上的不同。

(5) 核算计量要求不同。

财务会计核算通常采取按历史成本计量,但在企业的资产发生减值时,可采用成本与可变现净值孰低法计提资产减值准备,采取按市场现行价值计量。而税务会计必须采取历史成本计量为核算基础。

3. 税务会计与管理会计的区别

财务会计是传统会计的主要继承者,在受托责任下,需要向投资者、债权人等提供财务报告,这是财务会计的主要职能,而现代会计还要为企业管理服务。因此,会计在借鉴管理学的基础上,产生了管理会计。管理会计更多是用管理学、统计学中的方法,其资料来源除财务会计外,还有业务资料、统计资料等。尽管税务会计与管理会计都与财务会计有密切关系,但从密切程度看,税务会计与财务会计的关系,要远远比管理会计密切得多。管理会计不必做会计分录,即管理会计提供的资料只为管理服务,不会再融入财务会计之中。

1.4 会计人员职业道德

人们对职业道德的关注从来没有像今天这么多。全球最大的会计师事务所安达信在审计活动中弄虚作假,美国住房抵押贷款公司被指控欺诈,安然、世通、雷曼兄弟会计造假,这些都严重损害了公众对企业的信任度。无论是直线管理还是参谋式管理,公司员工都必须符合企业乃至社会对于他们的职业准则的期望。

美国管理会计师协会(Institute of Management Accountants,IMA)发布了对会计师的道德准则的规定。图1-5显示了该协会关于会计师能力、保密、正直以及可靠性的准则。

管理会计和财务管理从业人员有义务对公众、职业、所在组织以及自身保持道德行为的最高标准。正是意识到这一义务,管理会计师协会发布了以下职业道德实践标准。无论在国内还是在国际,坚持这些标准都是达到管理会计目标的组成部分。管理会计和财务管理从业人员不应做出违背这些标准的行为,也不应允许其组织中的其他人做出有违标准的行为。

管理会计师协会职业道德实践公告

管理会计和财务管理从业人员的行为应该合乎道德,职业道德行为承诺包括表达我们的价值观的原则和指导我们的行为的准则。

原则

管理会计师协会的道德原则包括:诚实、公正、客观和负责任。从业人员应该按这些原则行事,同时鼓励组织中的其他人遵守这些原则。

准则

从业人员不遵守下列准则可能会受到惩戒。

能力

每一位从业人员有责任做到:
- 通过不断丰富知识和提高技能来保持适当水平的专业能力。
- 按照相关法律、法规和技术标准履行职责。
- 提供准确、清晰、简洁、及时的决策支持信息和建议。
- 确认那些可能妨碍做出可靠判断或妨碍活动顺利进行的职业限制或其他约束,并就此加强沟通。

保密

每一位从业人员有责任做到:
- 除非法律要求或经授权,禁止披露在工作中获取的机密。
- 告知所有相关方正确使用保密信息,并且监督下属的活动以确保得到遵守。

● 禁止使用保密信息获取不道德的或非法的利益。
正直
每一位从业人员有责任做到：
● 减少实际利益冲突,定期与企业合作伙伴非正式沟通,避免表面的利润冲突,告知各方任何潜在的冲突。
● 禁止从事各种可能会妨害其合法地履行职责的活动。
● 禁止从事或支持各种有损本职业名誉的活动。
可靠性
每一位从业人员有责任做到：
● 公正、客观地传达信息。
● 披露所有能合理预见到的会影响使用人理解报告、分析和建议的相关信息。
● 根据组织政策和适用的法律披露信息的延迟或不足、及时性、过程或者内部控制。

图 1-5　管理会计和财务管理从业人员道德行为准则

(资料来源：IMA Statement of Ethical Professional Practice, Institute of Management Accountants, www.imanet.org.)

1.5　会计信息的规制者——会计职业组织

1.5.1　英国会计职业组织的产生

苏格兰爱丁堡会计师协会产生于 1853 年,它开创了会计职业组织的先河,是英国第一个会计师职业团体,也是世界上第一个职业团体。1853 年,爱丁堡的 61 个会计师联合向维多利亚女王提出在爱丁堡建立会计师公会的请求。请求书中提到,公众利益是该组织关注的焦点,为此会计师必须组成一个团体,以确保他们的工作是由合格的会计师来完成的,以维护公众利益。1855 年,格拉斯哥的 49 个会计师以同样的理由提出了同样的请求。这两个格兰地区的会计师组织一经形成,就继续抵制破产法的修订,以维护会计师职业的利益。格兰地区会计师协会组成以后,他们对破产法修订案进行了的抵制,发动辩论以取得社会公众的信任,游说苏格兰法律界高层人士和国会议员,并最终取得了成功。

1880 年,苏格兰的皇家特许会计师职业团体在成员进入门槛、培训制度等方面采用相同的标准,并在 1893 年采取联考制度,在如何回应破产法修订和公司立法问题上进行了广泛磋商,在 1896 年发行了全国特许会计师名录,在 1897 年出版了合办的期刊 *The Accountants Magazine*,还组织了联合讲授课程等。最终,苏格兰地区各会计师团体在 1951 年完全合并。目前,英国有六大会计师职业团体,即英格兰和威尔士特许会计师协会(ICAEW)、苏格兰特许会计师协会(ICAS)、爱尔兰特许会计师协会(ICAI)、特许公认会计师公会(ACCA)、特许管理会计师协会(CIMA)、特许公共财务与会计协会(CIPFA)。其中只有前四家有权批准其会员从事独立审计业务并颁发执业执照。

1.5.2　美国会计职业组织的产生

19 世纪 80 年代初,美国也出现了会计职业组织。其产生的背景和原因虽不同于英国,但目的仍与英国相似。美国会计职业的产生与当时的经济和社会环境密切相关。其时工业化方兴未艾,铁路建设与竞争渐热,人口大量膨胀并从农村向城市迁移。英国公司大量到美国投资,苏格兰和英格兰会计师也相随而至。这些会计师不仅在美国设立会计师事务所,而且将英国会计职业的组织制度也带到了美国。

1887年,美国公共会计师协会在纽约成立,其目标是"增进和维护行业利益"。1896年纽约州最先通过法律,将公共会计师称为"注册会计师"(CPA),并规定由州会计师协会向符合注册条件的申请者颁发注册会计师执照。此后,各州纷纷效仿纽约州,成立会计师协会,监督和管理注册会计师。1897年,全美注册会计师协会成立,其宗旨是:提高职业水平;联合全国的注册会计师,建立统一的会计职业组织;通过授课方式交流职业知识;建立行业图书馆;确保注册会计师这一称号被各州法律所承认。1899年,美国公共会计师协会与全美注册会计师协会合并成立了新的美国公共会计师协会。1902年,美国公共会计师联合会成立。1905年,美国公共会计师联合会并入美国公共会计师协会。1917年,该协会改名为美国会计师协会。1957年再次改名为美国注册会计师协会(AICPA)。至此,美国通过形成统一的会计职业组织,形成了全美统一市场的垄断,从而更加有利于保护会计职业的整体利益。

1.5.3　中国会计职业组织的产生

中国注册会计师制度创建于1918年,1956年实行全面计划经济后曾中断过一段时间,于1980年恢复重建。改革开放后,国务院于1986年7月颁布《注册会计师条例》,中国注册会计师协会是在财政部领导下,经政府批准成立的注册会计师的职业组织,成立于1988年。一方面,它对会计师事务所和注册会计师进行自我教育和自我管理;另一方面,它又是联系政府机关和注册会计师的桥梁和纽带。中国注册会计师协会作为一个独立的社会团体,对外发展与外国和国际会计职业组织之间的相互交往,为我国注册会计师步入国际舞台发挥了重要作用;对内拟订会计师事务所管理制度和注册会计师专业标准,组织注册会计师业务培训和考试等方面的工作。

1993年10月,八届全国人大四次会议通过《注册会计师法》,并于1994年1月1日实施,将中国注册会计师行业的管理和发展纳入法制化、规范化的轨道。1999年年底,根据国家发展社会中介机构的产业政策和有关要求,注册会计师行业率先在中介服务机构中完成脱钩改制,会计师事务所由原来挂靠政府部门、企事业单位的下属机构,脱钩改制为由执业人员发起设立的自主经营、自我管理、自我约束、自担风险的独立中介机构。

课后习题

A.　自测选择题

1. 会计的本质是(　　)。
   A. 一个经济管理目标　　　　　　　　B. 一项经济管理活动
   C. 一个经济信息系统　　　　　　　　D. 一项货币资金管理工作

2. 会计的基本职能一般包括( )。
   A. 会计计划与会计决策   B. 会计预测与会计监督
   C. 会计控制与会计决策   D. 会计核算与会计监督
3. ( )是会计工作的基础。
   A. 会计记录   B. 会计分析   C. 会计核算   D. 会计检查
4. 下列关于会计监督职能的表述中,不正确的是( )。
   A. 会计监督是指对特定对象经济业务的合法性、合理性进行审查
   B. 会计监督可以分为事前、事中、事后监督
   C. 会计监督是会计核算的基础
   D. 会计监督是会计核算的质量保障
5. 会计目标的两种主要学术观点是( )。
   A. 决策有用观与受托责任观   B. 决策有用观与信息系统观
   C. 信息系统观与管理活动观   D. 管理活动观与决策有用观
6. 同一会计主体在不同会计期间尽可能采用相同的会计处理方法和程序,这一信息质量要求称为( )。
   A. 可比性   B. 谨慎性   C. 客观性   D. 相关性
7. 管理会计的服务对象主要是( )。
   A. 税务部门   B. 企业经营管理者
   C. 企业的债权人   D. 企业的投资者
8. 下列哪些选项属于管理会计和财务会计的区别内容( )。
   A. 会计主体不同   B. 核算依据不同
   C. 法律效力不同   D. 最终目标不同
9. ( )对会计职业道德进行自律管理与约束。
   A. 财政部门   B. 会计行业组织   C. 税务部门   D. 工商部门
10. 下列各项中属于会计职业组织作用的有( )。
    A. 联系会员与政府的桥梁作用
    B. 充分发挥协会等会计职业组织的作用
    C. 改革和完善会计职业组织自律机制作用
    D. 有效发挥自律机制在会计职业道德建设中的促进作用

B. 概念回顾与思考

1. 什么是会计？你对会计有何理解？
2. 何谓财务会计和管理会计？两者有何区别与联系？
3. 会计信息的使用者有哪些人？他们倾向于如何利用会计信息？
4. 会计的基本职能是什么？它们之间有什么关系？

C. 案例分析

资料1：日本著名的企业家稻盛和夫在《经营与会计》一书中说道:"如果把经营比喻

为驾驶飞机,会计数据就相当于驾驶舱仪表上的数字,机长相当于经营者,仪表必须把飞机时时刻刻变化着的高度、速度、姿势、方向正确及时地告诉机长。如果没有仪表,就不知道飞机现在所在的位置,就无法驾驶飞机。所以,会计不能仅仅在事后反映经营的结果,无论结算处理得多么正确,如果不能及时报告,经营者就无法下手协调经营。会计数据如果不能简洁并即时表达企业当前的经营状况,对于经营者来说就没有任何意义。"

资料2: 有记者曾经向"股神"巴菲特请教,选股有什么诀窍?巴菲特说,第一是去学会计,做一个聪明的投资人,而不要做一个冲动的投资人。因为通过会计财务报表,聪明的投资人会发现企业的内部价值,而冲动的投资人看重的只是股票的外部价格。第二是阅读技能,只投资自己看得明白的公司,如果一个公司的年报让你看不明白,很自然就会怀疑这家公司的诚信度,或者该公司在刻意掩藏什么信息,故意不让投资者明白。第三是耐心等待,一个人一生中真正投资的股票也就四五只,一旦发现了,就要大量买入。可见,其中两招都跟会计有关。

讨论: 通过上述两个小故事,你认为什么是会计?会计有哪些作用?

第 2 章 基本财务报表

学习目标

1. 掌握财务报表对会计信息使用者的意义、其包含的信息内容以及编报的基本要求。
2. 利用会计等式理解会计要素及其逻辑关系。
3. 理解四大主要对外报送财务报表之间的钩稽关系。
4. 掌握利润表、所有者权益变动表和资产负债表的结构和数据来源。
5. 掌握现金流量表中现金的含义及现金流量的分类。

引导案例

葛兰素史克

葛兰素史克(GSK)是一家以研发为基础的药品和保健品公司,年产药品40亿盒,产品遍及全球市场。葛兰素史克由葛兰素威康和史克必成合并而成,于2000年12月成立。近三年主要财务指标列示如下:

盈利指标 \ 报告日期	2017-12-31	2016-12-31	2015-12-31
总资产收益率(%)	2.64	1.62	18.07
净资产收益率(%)	304.26	27.50	181.13
营业毛利率(%)	66.54	66.11	62.73
营业利润率(%)	26.42	24.30	18.45
净利润率(%)	5.08	3.27	35.2

根据葛兰素史克2015—2017年度的财务报表数据进行分析计算,可以得出结论:2017年度葛兰素史克在中国的销售额有所增长,但恢复较缓慢。受累于中国市场的影响,其国际营收也是萎靡不振。

(资料来源:葛兰素史克官方网站,http://www.gsk-china.com。)

2.1 财务报表概述

2.1.1 财务报表要素

财务会计的目标是运用会计原理与方法,通过核算和监督,将企业的经济信息转换为会计信息并向会计信息使用者报告。财务报告是指企业对外提供的用以反映企业在某一特定日期的财务状况和某一会计期间的经营成果、现金流量等一系列信息的文件,是财务会计的最终成果。财务报告通常由财务报表、报表附注及审计报告构成,其中财务报表是最核心内容,包括资产负债表、利润表、现金流量表和所有者权益变动表。报表附注内容是对财务报表中已列示项目所做的具体说明及不需要或不能够包含在报表中的重要信息的补充说明,报表附注有助于加深会计信息使用者对财务报表信息的理解,提高会计信息的相关性(有用性)。

1. 资产

资产是由企业过去的交易或事项形成的、由企业拥有或者控制的、预期会给企业带来经济利益流入的资源。例如,企业拥有的厂房、设备及办公物料等。应收账款是由于企业以赊销的方式提供商品或劳务而产生的未来收款的权利,能够引起未来经济利益的流入,因而也是企业的资产。

2. 负债

负债是指企业过去的交易或事项形成的现时义务,未来履行该义务会导致经济利益流出企业。例如,企业应支付给员工的薪酬、应缴纳的税金及应支付给供货商的货款等。

3. 所有者权益

所有者权益是指企业资产扣除负债后由所有者享有的剩余权益,即所有者对企业净资产的要求权。企业所有者权益有两个来源:① 所有者的现金或其他资产投资;② 企业经营所获得的净收益。企业所有者权益减少有两个原因:① 向所有者支付现金或转移其他资产;② 企业经营所产生的净损失。

4. 收入

收入是指企业在日常活动中形成的、会导致所有者权益增加的、与所有者投入资本无关的经济利益的总流入。

5. 费用

费用是指企业在日常活动中发生的、会导致所有者权益减少的、与向投资者分配利润无关的经济利益的总流出。

2.1.2 会计等式

从资金流动的角度来看,可以将负债和所有者权益看作企业资金的来源,而资产则是资金各种具体的占用形式,三者之间的关系可以用下面的等式来表示:

$$资产=负债+所有者权益$$

在等式中,负债通常放在所有者权益的前面,因为债权人的求偿权要先于投资者的求偿权。将所有者权益做简单分解后,会得到扩展的会计等式:

$$资产=负债+所有者权益+(收入-费用)$$

下面将使用会计等式来分析企业发生的经济业务,即交易或事项。假设这些交易与事项均来自一家名为浦江公司的咨询企业的第一个月的业务。通过每笔业务在会计等式中的反映,会发现会计等式永远保持平衡,即资产永远等于负债与所有者权益之和。

业务1 2017年12月2日,丁先生出资50 000元现金成立独资企业——浦江咨询公司。这笔业务发生后,浦江公司的库存现金(资产)和所有者出资(所有者权益)同时增加50 000元,体现在如下会计等式上:

	资产	=负债	+所有者权益
	库存现金		丁先生出资
(1)	+30 000	=	+30 000
余额	30 000		30 000
等式总额	30 000	=	30 000

业务2 12月3日,采购办公物料,支付现金2 000元。这笔业务发生后,现金资产减少了2 000元,但是换来了另外一项资产——物料增加了2 000元。此项交易改变了资产的形式,从现金变成了物料,但是资产总额并没有发生变化,体现在如下会计等式上:

	资产		=负债	+所有者权益
	库存现金	+物料		丁先生出资
初始余额	30 000		=	30 000
(2)	-2 000	+2 000	=	0
新余额	28 000	+2 000		30 000
等式总额	30 000		=	30 000

业务3 12月5日,赊购一台设备,价款15 000元。与供货商约定2018年1月10还款。这笔业务使企业的设备(资产)增加了15 000元,同时对供应商的欠款(负债)也增加了15 000元,体现在如下会计等式上:

	资产			=负债	+	所有者权益
	库存现金	+物料	+设备	=应付账款	+	丁先生出资
初始余额	28 000	+2 000				30 000
(3)			+15 000	=+15 000		
新余额	28 000	+2 000	+15 000	=15 000	+	30 000
等式总额		45 000		=		45 000

业务4 12月10日,浦江公司向客户提供咨询服务,收到现金3 000元。此笔交易中,企业现金和收入同时增加1 000元。

	资产			＝负债	＋	所有者权益	
	库存现金	＋物料	＋设备	＝应付账款	＋	丁先生出资	＋收入
初始余额	28 000	＋2 000	＋15 000	＝15 000	＋	30 000	
(4)	＋3 000			＝			＋3 000
新余额	31 000	＋2 000	＋15 000	＝15 000	＋	30 000	＋3 000
等式总额		48 000		＝		48 000	

业务5 12月30日,用现金支付本月租金1 000元。此笔业务中,费用增加1 000元,企业库存现金减少1 000元。

	资产			＝负债	＋	所有者权益		
	库存现金	＋物料	＋设备	＝应付账款	＋	丁先生出资	＋收入	－费用
初始余额	31 000	＋2 000	＋15 000	＝15 000	＋	30 000	＋3 000	
(5)	－1 000			＝				－1 000
新余额	30 000	＋2 000	＋15 000	＝15 000	＋	30 000	＋3 000	－1 000
等式总额		47 000		＝		47 000		

业务6 12月31日,购买设备支付现金10 000元。此笔业务导致企业现金减少10 000元,设备增加10 000元。

	资产			＝负债	＋	所有者权益		
	库存现金	＋物料	＋设备	＝应付账款	＋	丁先生出资	＋收入	－费用
初始余额	30 000	＋2 000	＋15 000	＝15 000	＋	30 000	＋3 000	－1 000
(6)	－10 000		＋10 000	＝				
新余额	20 000	＋2 000	＋25 000	＝15 000	＋	30 000	＋3 000	－1 000
等式总额		47 000		＝		47 000		

通过以上业务可以看出,虽然每笔业务不尽相同,但业务处理结束后,会计等式仍然保持平衡。经济业务对会计等式的影响可以概括为以下四种情况:

(1) 等式左右两边同时增加,等式总额增加;
(2) 等式左右两边同时减少,等式总额减少;
(3) 等式左边一项增加,一项减少,等式总额不变;
(4) 等式右边一项增加,一项减少,等式总额不变。

利用会计等式可以编制如下业务汇总表:

	资产			=负债	+	所有者权益		
	库存现金	＋物料	＋设备	＝应付账款	＋	丁先生出资	＋收入	－费用
(1)	30 000			＝		30 000		
(2)	－2 000	＋2 000		＝				
余额	28 000	＋2 000		＝		30 000		
(3)			＋15 000	＝＋15 000				
余额	28 000	＋2 000	＋15 000	＝15 000	＋	30 000		
(4)	＋3 000			＝			＋3 000	
余额	31 000	＋2 000	＋15 000	＝15 000		30 000	＋3 000	
(5)	－1 000			＝				－1 000
余额	30 000	＋2 000	＋15 000	＝15 000		30 000	＋3 000	－1 000
(6)	－10 000		＋10 000	＝				
余额	20 000	＋2 000	＋25 000	＝15 000		30 000	＋3 000	－1 000

2.2 基本财务报表概述

2.2.1 反映企业经营成果的报表——利润表

利润表是对企业一定会计期间收入和费用交易的总结。理解利润表对企业所有者、债权人和其他利益相关者至关重要。企业最终的经营成果,取决于它赚取超过费用的收入的能力。收入是企业营利性活动带来的资产增加,这些活动一般会产生正的现金流量。费用是企业营利性活动带来的资产减少,这些活动一般会产生负的现金流量。一段特定时期内的净利润或净损失取决于收入与费用的差额,收入大于费用,会产生净利润;收入小于费用,会产生净损失。利润表样表如表2-1所示。

表2-1 浦江咨询公司利润表

2017年12月 单位:元

咨询收入	3 000
租赁费用	1 000
净利润	2 000

2.2.2 反映企业所有者权益变动状况的报表——所有者权益变动表

所有者权益变动表反映了某一特定期间内所有者权益的变动情况。表中列示了初始资本、增加所有者权益的事项(如所有者投资和净利润)以及减少所有者权益的事项(所有者收回投资和净损失)通过所有者权益变动表可以计算得出期末资本的余额,这一余额会反映在资产负债表中。所有者权益变动表样表如表 2-2 所示。

表 2-2　浦江咨询公司所有者权益变动表

2017 年 12 月　　　　　　　　　　　　　　　　　　　单位:元

2017 年 12 月 1 日	—
加:丁先生出资	30 000
净利润	2 000
减:所有者提取	—
所有者资本,2017 年 12 月 31 日	32 000

2.2.3　反映企业财务状况的报表——资产负债表

资产负债表是反映企业在某一特定时点上的财务状况(资产、负债和所有者权益的类型和金额)的报表。常用的资产负债表格式是账户式,即报表的左边列示资产项目,报表的右边列示负债和所有者权益项目,且负债列示于所有者权益的上方,因为债权人的求偿权优先于所有者。资产负债表样表如表 2-3 所示。

表 2-3　浦江咨询公司资产负债表

2017 年 12 月 31 日　　　　　　　　　　　　　　　　单位:元

资产		负债	
库存现金	20 000	应付账款	15 000
物料	2 000	负债合计	15 000
设备	25 000	所有者权益	
		丁先生出资	30 000
		净利润导致资本增加	2 000
		所有者权益合计	32 000
资产合计	47 000	负债与所有者权益合计	47 000

2.2.4　反映企业现金流量的报表——现金流量表

现金流量表是反映企业在某一特定期间内现金和现金等价物流入和流出情况的报表。通过现金流量表,可以提供企业一定时期内经营活动、投资活动和筹资活动产生的现金及现金等价物流入和流出的信息,使会计信息使用者了解和评价企业获取现金和现金等价物的能力。现金流量表样表如表 2-4 所示。

表 2-4　浦江咨询公司现金流量表

2017 年 12 月　　　　　　　　　　　　　　　　　　　　　　　　单位：元

项目	金额	合计
经营活动产生的现金流量		
咨询服务收到现金	3 000	
采购物料支付现金	(2 000)	1 000
经营活动产生的现金净流量		
投资活动产生的现金流量		
购买设备支付的现金	(10 000)	
投资活动产生的现金净流量		(10 000)
筹资活动产生的现金流量		
收到所有者出资的现金	30 000	
筹资活动产生的现金净流量		30 000
现金净增加额		21 000
2017 年 12 月 1 日现金余额		—
2017 年 12 月 31 日现金余额		<u>21 000</u>

2.3　财务报表之间的关系

资产负债表、利润表和现金流量表的编制方法虽然不同，但它们所依据的经济交易事项是相同的。这些报表只是为会计信息使用者观察公司提供了不同的视角而已。各财务报表之间的关系，如图 2-1 所示。

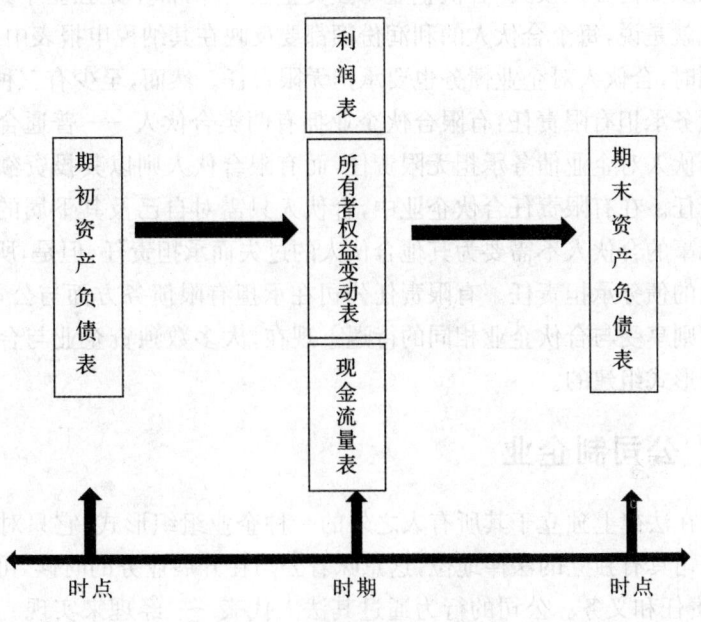

图 2-1　财务报表之间的关系

图中,横线代表时间,左边为期初资产负债表,右边为期末资产负债表。利润表、现金流量表和所有者权益变动表则是左右两个时点之间的期间会计报表,提供的是企业盈利、现金流量和权益变动的信息。显然,会计信息使用者关注的不仅是某一具体时点企业的财务状况信息,还包括该时点的财务状况是如何形成的这一过程性信息,或许后者更加有利于会计信息使用者做出有效决策。

2.4 企业的组织形式

企业的组织形式主要有独资企业、合伙制企业和公司制企业。

2.4.1 独资企业

由单独个人拥有的非公司化企业被称为独资企业。法律上对开办独资企业没有任何特殊要求。从会计核算的角度来看,独资企业是一个独立的主体,但从法律角度来看,独资企业并非一个独立于其所有人之外的法人实体。也就是说,法院有权要求独资企业的所有人变卖其个人财产来偿还企业债务。所有人必须对企业的债务承担无限责任是独资企业一大缺点。而优点是独资企业的收入不需要缴纳企业所得税,只要反映在其所有人的纳税申报表中,缴纳个人所得税即可。

2.4.2 合伙制企业

由两个或两个以上的所有人共同拥有的企业,这些共同所有人称为合伙人。同独资企业一样,法律上对开办合伙企业没有什么特殊规定,唯一要求是合伙人必须有共同经营企业的协议,协议可以是口头形式也可以是书面形式。通常,协议中会规定合伙人之间如何分配收入以及如何分担损失,合伙企业与独资企业一样,都不是独立于其所有人之外的法人实体。也就是说,每个合伙人的利润份额都要反映在其纳税申报表中,并且要缴纳个人所得税。同时,合伙人对企业债务也要承担无限责任。然而,至少有三种合伙企业的合伙人对企业债务承担有限责任:有限合伙企业拥有两类合伙人——普通合伙人和有限合伙人。普通合伙人对企业债务承担无限责任,而有限合伙人则以其投资额为限对企业债务承担有限责任。在有限责任合伙企业中,合伙人只需对自己及其下属的行为负责。这样可以保证无辜的合伙人不需要为其他合伙人的过失而承担责任,但是,所有合伙人仍需要对合伙企业的债务承担责任。有限责任公司在承担有限债务方面与公司制企业一致,而在税收方面则享受与合伙企业相同的待遇。现在,大多数独资企业与合伙企业都是按有限责任公司形式组建的。

2.4.3 公司制企业

公司是指在法律上独立于其所有人之外的一种企业组织形式,它只对自己的行为和债务负责。公司具有独立的法律地位,这意味着公司在开展业务的时候,可以像人一样享有权利、承担责任和义务。公司的行为通过其法人代表——经理来实现。独立的法律地位还有另外一层含义,即公司的所有人,也称为股东,对公司的行为和债务不需要承担责任。有限责任是公司的一大主要优点,而双重课税则是公司的一大主要缺点。所谓双重课税是指:① 公司需要缴纳企业所得税;② 公司以股利形式分配给其所有人的收入也要缴纳个人所得税。

各种企业组织形式的特点如表2-5所示。

表2-5 各种企业组织形式的特点

特 点	独资企业	合伙企业	公 司
是否可以只有一位所有人	是	否	是
是否需要缴纳企业所得税	否	否	是
是否承担有限责任	否	否	是
是否是企业个体	是	是	是
是否是法人实体	否	否	是
是否具有无限寿命	否	否	是

2.5 财务报表列报的基本要求

财务报表是用财务语言对认定为公允正确的企业信息的表述。它们描述了企业中对决策者特别是投资者(所有者)和债权人而言某些重要的特性。财务报表列报,是指交易和事项在报表中的列示和在附注中的披露。在财务报表的列报中,"列示"通常是指在资产负债表、利润表、现金流量表和所有者权益(或股东权益)变动表等报表中反映的信息,"披露"通常是指在附注中反映的信息。企业财务报表的列报至少应遵循以下几方面的要求:

2.5.1 企业应依据各项会计准则确认和计量的结果编制财务报表

企业应当根据实际发生的交易或事项,遵循基本会计准则和各项具体会计准则的规定进行确认和计量,并在此基础上编制财务报表。

2.5.2 企业应以持续经营(Going-Concern)为基础编制财务报表

持续经营是会计核算的基本前提之一,是会计确认、计量及编制财务报表的基础。企业会计准则规范的是持续经营条件下企业如何对所发生的交易或事项进行确认、计量、记录及报告;反之,若企业出现了可以预见的非持续经营状况,以持续经营为基础编制的财务报表就不再合理,需要采用其他基础编制财务报表。

2.5.3 遵循权责发生制

除现金流量表按照收付实现制编制外,企业应当按照权责发生制编制其他财务报表。

2.5.4 列报的一致性

可比性是会计信息质量的一项重要要求,其目的是使同一企业不同期间和同一期间不同企业的财务报表相互可比,即横向和纵向的信息可比。为此,财务报表项目的列报应当在各会计期间保持一致,不得随意变更。

2.5.5 重要性原则

财务报表是通过对大量的交易或事项进行处理而生成的,这些交易或事项按其性质或功能汇总归类而形成财务报表的具体项目。至于项目在财务报表中是单独列报还是合并列报,应当根据重要性原则来判断,若某项目单个看不具有重要性,则可将其与其他项目合并列报;如具有重要性,则应当单独列报。

课后习题

A. 自测选择题

1. ABC 公司在 2017 年度资产增加了 100 000 元,负债增加了 40 000 元,那么该年度该公司的所有者权益(   )。
   A. 增加 140 000 元   B. 减少 140 000 元
   C. 增加 60 000 元   D. 减少 60 000 元

2. 反映企业财务状况的报表是(   )。
   A. 利润表   B. 现金流量表
   C. 所有者权益变动表   D. 资产负债表

3. 不是以权责发生制为基础编制报表的是(   )。
   A. 现金流量表   B. 所有者权益变动表
   C. 资产负债表   D. 利润表

4. 可以在利润表中得到的信息是(   )。
   A. 本期所有者出资   B. 经营赚取的收入
   C. 偿还银行借款   D. 期末现金余额

5. 只能从现金流量表中获取,而不能从利润表和资产负债表中获得的信息是(   )。
   A. 期末现金余额   B. 投资活动付出的现金
   C. 净利润   D. 应收账款总额

6. 引起总资产和总负债同时减少 15 000 元的交易事项可能是(   )。
   A. 现金购入一辆价值 15 000 元的运输卡车
   B. 因火灾导致资产损失 15 000 元
   C. 偿还 15 000 元银行贷款
   D. 收回 15 000 元应收账款

7. 东恒商店花费12万元购入一辆卡车,即期支付了5万元现金,同时签署了60天期的7万元应付票据。该交易的结果导致( )。

A. 总资产增加12万元

B. 总负债增加7万元

C. 从短期债权人视角,该交易增强了企业的流动性

D. 该交易对所有者权益不会立即产生影响

8. 以下关于资产负债表的表述中,正确的是( )。

A. 列示了一定期间现金的来源与使用

B. 资产负债表是基本会计等式"资产=负债+所有者权益"的扩展

C. 资产负债表亦称财务状况表

D. 若已有利润表和现金流量表,则资产负债表的编制不是必需的

B. 概念回顾与思考

1. 为什么说会计术语和概念对于专业会计师之外的其他人也很重要?

2. 什么是基本会计等式?简要描述等式中的会计要素。

3. 为什么说持续经营假设对于理解财务报表非常重要?

4. 试举出满足以下条件的交易事项的例子:

(1) 引起一项资产增加,另一项资产减少,但不影响负债和所有者权益;

(2) 引起资产和负债同时增加,但不影响所有者权益。

5. 什么是充分披露原则?会计人员在编制财务报表时如何满足这一要求?

C. 业务处理

1. 格瑞公司赊购了一台价值10 000元的机器设备,简要描述该交易事项对公司基本会计等式的影响。

2. 伟新公司利润表显示当年费用总额为50万元。如果当年公司收入总额为125万元,年末现金余额为35万元,那么公司当年利润是多少?

3. 美津公司截至2017年12月31日的资产负债表项目随机排列如下。请按照资产负债表项目的正确顺序重新归类排列。留存收益数字未直接提供,需计算得到。

资产负债表

单位:元

土地	90 000	办公设备	12 400
应付账款	43 800	建筑物	210 000
应收账款	56 700	股本	75 000
库存现金	36 300	应付票据	207 000
		留存收益	?

4. 2017年10月,加迪亚公司发生以下交易:

(1) 赚取现金收入10万元;

(2) 偿还银行贷款2万元;

(3) 采购设备 25 000 元；

(4) 支付费用 72 000 元；

(5) 增发股票得款 6 万元。

假定 10 月初现金余额为 74 500 元，请按照经营活动、投资活动和筹资活动归类编制现金流量表，注意期初现金余额和期末现金余额前后之间的钩稽关系。

5. 2017 年 12 月 2 日，王先生个人出资成立同达检测服务公司。当月，该公司发生下列经济业务：

(1) 12 月 2 日，王先生出资 30 000 元现金和价值 150 000 元的专利技术，成立同达检测服务公司。

(2) 12 月 2 日，支付办公用房本月租金 3 000 元。

(3) 12 月 3 日，同达购置办公设备，支付 6 000 元现金。

(4) 12 月 5 日，同达赊购一套设备，价值 12 000 元。

(5) 12 月 10 日，同达为客户提供检测服务，收到现金 8 500 元。

(6) 12 月 16 日，为客户提供检测服务，总计 3 600 元，款项尚未收到。

(7) 12 月 24 日，收到客户偿还所欠检测款。

(8) 12 月 31 日，支付本月公用事业费 800 元。

(9) 12 月 31 日，王先生从公司取走 500 元用于个人花费。

[要求] 编制上述业务的会计分录。

D. 案例分析

假定现在是 2017 年 11 月 18 日，你是奥佳软件公司的总经理，公司是一家目前陷入财务困境的上市公司。为了摆脱困境，公司亟须借入大额银行贷款。

你正在与几家银行磋商借款事宜。每家银行都要求奥佳公司提交截至 2017 年 12 月 31 日的财务报表，而且报表必须经过独立的第三方审计。你通过与公司其他高管人员沟通，搜集到以下意见和建议：

(1) "我们正准备在 12 月份以 800 万元现金收购沃玛软件公司。但是沃玛公司的股东似乎并不急于出售公司。如果我们能够将收购延迟至明年 1 月，那么年底就能节约 800 万现金。若真如此，公司的流动性将大为改观。"

(2) "年底我们的应付账款达到 1 800 万元。如果我们在资产负债表中仅仅将其一半，即 900 万元，登记为负债，而另一半则作为股东权益入账，这样的话公司的财务状况就好看多了。实际上这种做法外人也无从察觉。"

(3) "我们欠德泰公司 500 万元，90 天后到期。我认识德泰公司内部人士。如果我们将欠款变更为利息率 12% 的应付票据，他们应该会同意。如此一来，此项负债至少可以延迟 1 年以上支付。"

(4) "公司拥有一块土地，投资成本为 200 万元，现在的估值至少有 600 万元。我们可以在资产负债表上按 600 万元披露土地价值。因此，公司总资产和股东权益将增加 400 万元。"

[要求] 逐项分析评价以上四个改善奥佳公司财务报表的建议。在评价时既需要考虑会计方面的问题，也需要考虑道德和法律层面的问题。

第3章 会计循环:经济事项的识别

学习目标

1. 区分会计循环中的每一步骤,并讨论会计记录在组织中的作用。
2. 描述分类账及分类账户。
3. 理解资产负债表中账户的增减是如何记录的。
4. 掌握复式记账原理。
5. 理解为何要登记日记账,以及日记账与分类账之间的关系。
6. 理解利润、收入和费用之间的关系。
7. 掌握在记录收入和费用时如何应用确认和配比原则。
8. 理解在会计系统中收入和费用交易是如何记录的。
9. 编制试算平衡表并解释其作用与局限性。
10. 理解会计循环的含义。

引导案例

华润苏果超市

获取和记录路边摊的经济活动是一个相当简单的过程。事实上,对于大多数路边摊摊主来说,用一个空纸盒来收款,就可以很好地实现完整信息记录系统的功能。

然而,获取和记录华润苏果超市的经济事项则是一个完全不同的问题。华润苏果是一家总部设在江苏的大型连锁超市,其主要覆盖苏皖鄂,员工总数4万人,年销售规模273亿元。华润苏果拥有数千家门店、仓库和配送中心,它必须有能力获取和记录所有发生的商业交易。

不论是路边摊还是大型连锁超市,能够有效准确地记录如原材料采购、销售订单等经济事项是其生存的必备条件。像华润苏果这样的公司可以依靠先进的计算机系统来记录经济活动,而一些小型企业可以使用纸质账簿和日记账来记录商业交易。

(资料来源:华润苏果超市官方网站,www.suguo.com.cn。)

3.1　会计循环

上一章提供了一系列的交易事项,在对其进行分析记录的基础上,我们编制了一套完整的财务报表。从实际操作角度看,企业不会在新的交易事项完成后立即制作新的报表,而是用会计记录累积每一项交易的影响,再利用这些会计记录来编制财务报表、所得税申报表和其他类型的报告。

会计循环(Accounting Cycle)是指编制财务报表所需要的步骤。会计循环包括以下10个步骤:① 分析交易事项;② 登记日记账;③ 过账;④ 编制调整前的试算平衡表;⑤ 编制调整分录;⑥ 编制调整后的试算平衡表;⑦ 编制财务报表;⑧ 结账;⑨ 编制结账后的试算平衡表;⑩ 编制转回分录(可能发生)。

然而,编制财务报表不是会计记录(Accounting Records)的唯一用途,会计记录还有以下作用:

(1) 明确经办人处理资产和/或交易的责任。

(2) 跟踪记录日常商业活动,如公司银行账户的金额、赊销客户的应收款金额、应欠供应商的货款金额。

(3) 获取特定交易的详细信息。

(4) 评估组织内各个部门的工作效率和业绩。

(5) 保存公司商业活动的文档证据(如税法要求公司保存支撑纳税申报金额的会计记录)。

3.2　分类账

会计系统应包括出现在财务报表上的每一项目的单独记录。例如,一个记录现金资产的单独记录将显示所有由于现金收付而导致现金账户增减的交易活动。对每一项其他资产、每一项负债、每一项所有者权益和每一项出现在利润表上的收入和费用项目都有类似的单独的记录。

用来记载某一项资产、负债、所有者权益、收入或费用增减变动情况的记录,叫作账户(Account)。用来包括企业所使用的全部账户的账簿叫作总分类账(General Account),或者简称分类账(Ledger)。

3.3　账户的使用

账户的表现有多种形式。这里讨论其中最简单的形式,即仅仅包含以下三个要素:① 标题;② 左边的一栏,称为借方,通常缩写为"Dr.";③ 右边的一栏,称为贷方,通常缩写为"Cr."。因其形状像字母"T",故被称为T型账户(T-Account)。T型账户代表一个总分类账户,它是我们理解一项或多项交易带来的影响的一个工具。当然,在计算机系统中,每一个账户的各种要素都是电子化储存的,而且采用电子格式。账户的更完整的格式将在以后讨论。T 型账户样式如下:

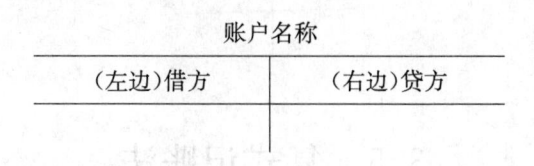

账户名称

(左边)借方	(右边)贷方

3.4 借方和贷方分录

在账户的左边记录一笔金额,或者说"借",那么账户的这一边称为"借方",或者一个借方分录。相似的,在账户的右边记录一笔金额,或者说"贷",则账户的这一边称为"贷方",或者贷方分录。简言之,借方指的是账户的左方,而贷方指的是账户的右方。

"借"和"贷"究竟意味着增加还是减少,取决于借贷的账户。对于一个账户来说,"借"为增加,"贷"为减少;但对于另一个账户来说,可能"借"意味着减少,"贷"意味着增加。

账户借方总额和贷方总额的差额(包括期初余额)即为账户余额(Account Balance)。如果借方合计超过贷方合计,那么该账户就是借方余额。如果贷方合计超过借方合计,那么该账户就是贷方余额。如果借方合计等于贷方合计,那么该账户无余额,或余额为零。

3.4.1 资产类账户的借贷规则

资产类账户增加记录在左边,或者借方;减少记录在账户的右边,或者贷方。如果增加额比减少额大,结果就会是借方余额。资产账户通常都有借方余额。我们只需记住以下规则:资产的增加总是记录在账户的左边(借方),而且资产通常有借方余额。资产账户样式如下:

资产账户

借记	贷记
(增加)	(减少)

3.4.2 负债和所有者权益类的借贷规则

负债和所有者权益账户的增加通过贷方分录记录,而减少通过借方分录记录。这些账户中的分录和它们之间的关系可以总结如下:① 负债和所有者权益在资产负债表的右边;② 负债和所有者权益的增加记录在账户的右边;③ 负债和所有者权益账户通常有贷方余额。负债或所有者权益账户样式如下:

负债或所有者权益账户	
借记	贷记
（减少）	（增加）

3.5　复式记账法

会计中遵守这样的原则，即每一笔交易都以相等的金额记录在借方和贷方。这种相等同样存在于会计等式中借贷双方的关系：

资　　产＝负债＋所有者权益

借方余额＝贷方余额

如果让等式两边保持平衡，那么等式左边（资产）发生任意变化，等式右边（负债或者所有者权益）必将保持相等的变化。根据上述借贷原则，等式左边（资产）的增加记为借记，等式右边（负债或所有者权益）的增加记为贷记，如下所示：

资产			负债		＋	所有者权益	
借记	贷记		借记	贷记		借记	贷记
增加	减少		减少	增加		减少	增加
（＋）	（－）		（－）	（＋）		（－）	（＋）

这一系统通常称为复式记账法（Double-Entry Accounting）。术语"复式记账"指的是记录任何一笔交易都需要借方分录和贷方分录，而且借贷金额相等。事实上，无论企业采用的是手工记账还是计算机记账，都是采用复式记账。在接下来的章节，还将介绍复式记账法能够在计量净收益的同时记录交易对资产负债表的影响。

3.6　日记账

前面讨论了如何在记录经济事项中应用复式记账法的借贷规则。使用 T 型账强调了经济业务对单独资产类、负债类、所有者权益类等这些组成公司总分类账的账户的影响。但是，要意识到经济业务很少直接记录在总分类账中。在实际的会计系统中，每项交易事项的会计信息初始记录在日记账（Journal）中，然后再将信息传递到总分类账合适的账户里。

日记账又称序时账，是按经济业务发生和完成时间的先后顺序进行登记的账簿。它逐日按照记账凭证（或记账凭证所附的原始凭证）逐笔进行登记。每隔一段时间，日记账的借方和贷方金额将会过账（Post）到分类账中。过账后的分类账，再依次作为编制财务报表的基础。

最简单的日记账叫作普通日记账(General Journal)。普通日记账,也称分录簿,它是用来序时记录和反映全部经济业务并确定会计分录的账簿。其格式如表3-1所示。

表3-1 通日记账　　　　　　　　　　　　　　　　　　　　　　单位:元

日 期	账户名称	借	贷
01/20/2018			
	库存现金	80 000	
	股本		80 000
	所有者对企业的投资		
01/22/2018			
	物料	20 000	
	现金		20 000
	用现金购买物料		

采用这种日记账,每天应按经济业务发生或完成的时间先后顺序逐笔进行登记。登记时,首先记入经济业务发生或完成的日期、会计凭证的种类;其次在摘要栏内,对经济业务做简要的说明;再次在会计科目栏内记入应借应贷科目;最后将借方金额和贷方金额分别记入两个金额栏内。每天还应根据日记账中应借应贷科目名称和金额登记总分类账,并将总分类账的页数记入过账栏内,或者打"√",表示已经过账。

日记账中一种常见的类型是三栏式账户(Balance Column Account)。三栏式账户按照现金收入、支出和结余在日记账中分别设置借方栏、贷方栏和余额栏。在金额栏与摘要栏之间通常插入"对方科目",以便记账时标明现金收入的来源科目和现金支出的用途科目。其格式如表3-2所示。

表3-2 三栏式现金账户

现金　　　　账户编号101　　　　　　　　　　　　　　　　　　单位:元

日 期	内容摘要	对方账户	借 方	贷 方	余 额
12月1日		G1	30 000		30 000
12月2日		G1		2 500	27 500
12月3日		G1		26 000	1 500
12月10日		G1	4 200		5 700

交易首先记录在日记账上,再通过过账更新到分类账上。所谓过账,是指根据已编制的记账凭证,将每项经济业务涉及的借方账户和贷方账户的发生额,分别登记到分类账簿中开设的相应账户的过程(见表3-3)。

根据日记账中所确定的会计分录,分别记入分类账有关账户的借方或贷方。

在日记账里,每项经济业务一般都记一笔会计分录,这些分录涉及的账户均在两个或两个以上,其中有些账户的使用比较频繁,有的则记入次数不多。如此一来,要了解各会计要素具体的本期发生额和余额,以及要了解某一会计主体的财务状况和经营成果,从日记账里所得到的资料就显得太分散,因此需要设置和使用分类账。

表 3-3　从日记账过入分类账　　　　　　单位:元

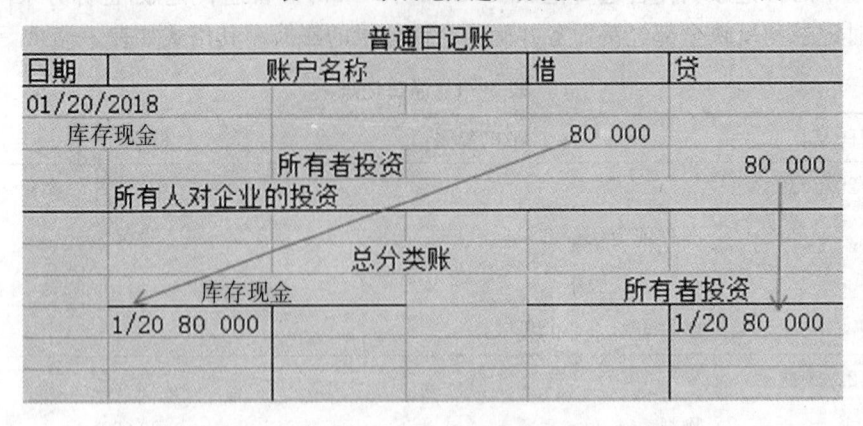

普通日记账				
日期	账户名称		借	贷
01/20/2018					
	库存现金		80 000	
	所有者投资			80 000
	所有人对企业的投资			

总分类账			
库存现金		所有者投资	
1/20　80 000			1/20　80 000

3.7　分类账

分类账(Ledger Account)是分类登记经济业务的账簿,设立分类账的目的就是要从各个账户中取得总括或详细的核算资料。根据提供资料的详细程度不同,分类账可分为总分类账和明细分类账。

3.7.1　总分类账

总分类账简称总账(General Ledger),它是按照一级科目分类、连续地记录和反映全部经济业务的账簿。总分类账能够全面、总括地反映企业经济活动及资产、负债、所有者权益、收入、费用、利润情况,并为编制会计报表提供资料。

总分类核算采用货币量度,总分类账的登记是对各账户增减金额的登记。总分类账簿的一般格式是将金额分为借方发生额、贷方发生额和余额三栏,简称三栏式总账。其登记可以根据记账凭证逐笔登记,也可以把各种记账凭证汇总编制成汇总记账凭证或科目汇总表据以登记入账。

3.7.2　明细分类账

明细分类账简称明细账,是用来登记某一类经济业务的账簿。各种明细账是根据实际需要,按二级科目或明细科目开设的。明细分类账是反映经济活动详细情况,提供较全面的核算资料,以满足经营管理的需要。

明细分类账的格式,根据其反映的经济业务类别不同,多采用三栏式明细账,三栏式明细账设置了借方发生额、贷方发生额和余额三栏,不设数量栏。它适用于那些只需要进行金额核算而不需要进行数量核算的债权、债务结算账户,如"应收账款""应付账款"等。

3.8 资产负债表交易的记录

(1) 1月20日,李先生以80 000元现金投资A公司。
借:库存现金   80 000
　贷:所有者投资   80 000

库存现金		所有者投资	
1/20　80 000			1/20　80 000

(2) 1月21日,A公司用现金52 000元购买土地。
借:土地   52 000
　贷:库存现金   52 000

土地		库存现金	
1/21　52 000		1/20　80 000	1/21　52 000

(3) 1月22日,A公司购买一座废旧大楼,价值36 000元。A公司支付了6 000元现金并签发了一张到期日90天的无息应付票据。
借:建筑   36 000
　贷:库存现金   6 000
　　应付票据   30 000

建筑		库存现金	
1/22　36 000		1/20　80 000	1/21　52 000
			1/22　 6 000

应付票据	
	1/22　30 000

(4) 1月23日,A公司赊购设备13 800元。
借:设备   13 800
　贷:应付账款   13 800

设备		应付账款	
1/23　13 800			1/23　13 800

(5) 1月27日，A公司偿还6 800元应付账款。
借：应付账款　　　　　　　　　　　　　　　　　　　6 800
　　贷：库存现金　　　　　　　　　　　　　　　　　　　　　　6 800

应付账款		库存现金	
1/27　6 800	1/23　13 800	1/20　80 000	1/21　52 000
			1/22　6 000
			1/27　6 800

3.9　净利润

如同前面提到的，净利润是由盈利性经营导致的所有者权益的增加。净利润不是由任何现金或者其他资产构成的，它是交易事项对所有者权益的累积影响数。基本会计等式的影响描述如下：

资产	＝	负债	＋	所有者权益
增加				增加
		减少		增加
赚得利润会增加资产或减少负债				利润通常会导致所有者权益增加

我们的观点是净利润是所有者权益的增加，与资产的类型与数量没有直接联系。即使经营是盈利的，也可能导致现金缺乏以至破产。

在资产负债表中，由盈利性和非盈利性经营活动导致的所有者权益变化反映在所有者权益账户，留存收益(Retained Earnings)的余额中。企业的资产与负债分别出现在资产负债表的不同部分。

3.9.1　留存收益

留存收益是指公司历年累积的利润，未以现金或其他资产方式分配给股东、转为资本或资本公积者，或历年累积亏损未经以资本公积弥补者。留存收益是连结利润表与资产负债表之股东权益的一个科目。留存收益是将公司的一部分盈利留在企业作为再投资之用，所以股利政策也属于企业长期融资战略的一个重要组成部分。

留存收益＝期初留存收益＋净利润－向股东派发的股利

3.9.2　利润表

利润表是综合企业在某一特定时段的盈利性的财务报表。在利润表中，净利润是由企业这一时段销售的商品或劳务的价格减去提供商品或劳务的成本来决定的。用会计术语来表示净收益的两个组成部分即收入和费用，即净利润等于收入减费用。后文将详述如何由会计记录得到利润表。目前,对于收入的描述将有助于我们讨论净利润计量的一些基本概念。

1. 收入必须与特定时段联系起来

资产负债表显示了企业在特定时点的财务状况。利润表则显示企业在一段时间内的经营成果。如果不与一个特定时段相联系,我们就无法评价企业的净利润。

2. 会计期间

一个会计个体在持续经营的情况下,其经济活动是循环往复、周而复始的。为了及时提供决策和管理所需要的信息,在会计工作中,人为地在时间上将连续不断的企业经营活动及其结果用起止日期加以划分,形成会计期间(Accounting Period),此即会计分期假设(Time Period Principle)。我国《企业会计准则》规定:会计期间一般应从公历1月1日开始,12月31日结束,又称会计年度。除了会计年度以外,我国的会计期间还包括月度、季度、半年度。小于一个完整会计年度的报告期间称为会计中期。

3.9.3 收入

收入(Revenue)是指企业在日常活动中形成的、会导致所有者权益增加的、与所有者投入资本无关的经济利益的总流入。当一个企业提供劳务费或销售商品给其顾客时,通常会收到现金或得到应收账款。从消费者处获得的现金和应收账款增加了公司的资产,在会计等式的另一方负债未变,但所有者权益增加,以与总资产的增加相匹配。

各种账户名称被用来描述不同类型的收入。举例来说,销售商品的公司用销售收入这个术语来描述它的收入。对医生、注册会计师、律师职业而言,收入通常称为赚取的服务费。而房地产公司,可能把它的收入称为赚取的佣金。职业体育组织有特殊的收入,即门票销售收入、许可权收入和电视转播转让收入。

收入确认应遵循一定的原则(Recognition Principle)。有两个问题需要解决:一是定时;二是计量。定时是指收入在什么时候记入账册,如商品销售(或长期工程)是在售前、售中、还是在售后确认收入;计量则指以什么金额登记,是按总额法、还是按净额法,劳务收入按完工百分比法、还是按完成合同法。什么时候收入应该被记录?在大部分情况下,实现原则(Realization Principle)要求收入应该在商品已经销售或劳务费已经提供的时候确认。在这一时点上,业务和赚取收入的过程已经基本完成,销售商品或劳务的价值能够客观的计量。在销售前任何时点,商品或劳务的价值只能估计。销售后,剩下的唯一步骤就是从顾客处收款,相对来说这是一个确切的事件。

3.9.4 费用

费用(Expense)是企业在日常活动中发生的会导致所有者权益减少的、与向所有者分配利润无关的经济利益的总流出。例如,雇员的工资、广告费、租金、用品和诸如房屋、汽车及办公设备的摊销费用。所有这些成本都是吸引、服务顾客并赚取收入所必需的。费用通常称为"开展业务的成本",即执行业务必须开展的各种活动的成本。

费用总是引起所有者权益的减少。在会计等式中相关的变化可能是:① 资产的减少;② 负债的增加。如果费用发生时就支付,费用就会减少资产;如果费用发生时不支付而是等以后支付,如赊购广告服务,费用的记录就伴随着负债的增加。

配比原则(Matching Principle)作为会计要素确认的要求,用于利润的确定。会计主体的经济活动会带来一定的收入,也必然要发生相应的费用。有所得必有所费,所费是为了所得,两者是对立的统一,利润正是所得比较所费的结果。配比原则的依据是受益原则,即谁受益,费用归谁负担。在将收入与相关的费用配比时,时间选择是一个重要的因素。例如,在编制月份损益表时,用本月的费用冲减本月收入是十分重要的。不能用本月的费用冲减上个月的收入,因为二者之间无因果关系。

下面考虑惠及多个会计期间的支出。企业的很多支出会使两个或两个以上会计期间受益,如保险单通常覆盖一年12个月。如果一个公司编制月利润表,在保单的有效期内应当将保单的一部分成本分摊作为每个月的保险费用。按月分摊保单的成本是一件容易的事情。假定一份一年期的保单费用是3 600元,那么每个月的保险费是300元(=3 600÷12)。

不是所有的交易都可以按会计期间精确分摊的。建筑物、家具、机器设备等会在这些资产使用的年限内为企业的业务提供服务。没人能够预先知道这些长期资产能服务多长时间。然而,在计量企业某年的净利润时,会计人员必须估计这些长期资产应分摊多少作为这一年的费用。既然这些费用的分摊是估计而不是精确计算出来的,应该将利润表视为净利润的一个有用的近似,而不是一个绝对精确的计量。

对有些支出,如广告费或者员工培训计划的费用等,客观地估计相关的收入究竟在哪个会计期间产生是不可能的。在这种情况下,公认会计准则要求有关的支出立即费用化。这种处理方法是基于客观与稳健的原则。在将一项支出视为创造了一项资产之前,会计要求有客观的证据表明该项支出将在未来产生收入。当找不到这种客观的证据时,会计人员将遵循稳健原则把这笔支出记录为当期费用。在此,稳健原则意味着运用导致最低的当期净利润估计值的会计处理方法。

3.9.5 权责发生制

权责发生制(the Accrual Basis of Accounting)是以权利和责任的发生来决定收入和费用归属期的一项原则,亦称应计制。根据权责发生制,凡是在本期内已经收到和已经发生或应当负担的一切费用,不论其款项是否收到或付出,都作为本期的收入和费用处理;反之,凡不属于本期的收入和费用,即使款项在本期收到或付出,也不应作为本期的收入和费用处理。

权责发生制属于会计要素确认计量方面的要求,它解决收入和费用何时予以确认及确认多少的问题。应计制会计包括的最重要的概念是配比原则。收入被产生这些收入的费用部分冲销,因而提供了一个有关经济事项的综合盈利性的计量。

与权责发生制相对应的会计计量基础是收付实现制。在收付实现制中,收入是在从顾客处收到现金时确认,而不是在销售商品或提供劳务时确认。相似地,费用在支付现金时确认,而不是在有关的资产在交易事项中使用时确认。现金制会计计量在一段时期收入和支付的现金,但是它不能很好地计量一段时期内发生的经济事项的盈利能力。

3.9.6 收入与费用的借贷规则

前面已经强调过,收入增加所有者权益而费用减少所有者权益。在分类账中记录收入与费用的借贷规则是记录所有者权益变化的规则的自然延伸。前述记录所有者权益增减的规则如下:
(1) 所有者权益的增加记录在贷方。
(2) 所有者权益的减少记录在借方。
该规则亦适用于收入与费用账户:
(1) 收入增加所有者权益,因此收入记录在贷方。
(2) 费用减少所有者权益,因此费用记录在借方。

3.10 股 利

股利(Dividends),是指依股份支付给持股人的公司利润。一般来说,公司在纳税、弥补亏损、提取法定公积金之前,不得分配股利。公司当年无利润时也不得分配股利。在某些方面,股利和费用相类似,二者都减少了公司的资产和所有者权益,但是股利并不是费用,因为股利并不能抵减利润表中的收入。股利是公司所有者对利润的分配。

由于发放股利会减少所有者权益,发放股利应借记留存收益账户。下面是收入、费用、股利等借贷规则的总结:

所有者权益	
减少记录于借方	增加记录于贷方
费用减少所有者权益	收入增加所有者权益
费用记录于借方	收入记录于贷方
股利减少所有者权益	
股利记录于借方	

3.11 收入与费用的记录

(1) 1月31日,记录维修服务现金收入2 200元。
借:库存现金 2 200
　　贷:维修服务收入 2 200

库存现金		维修服务收入	
1/27 余额 15 800			1/31 2 200
1/31 2 200			

(2) 1月31日，支付员工工资1 200元。

借：工资费用　　　　　　　　　　　　　　　　　　　1 200
　　贷：库存现金　　　　　　　　　　　　　　　　　　　　1 200

工资费用		库存现金	
1/31 1 200		1/27 余额 15 800	1/31 1 200
		1/31 2 200	

(3) 1月31日，支付工具使用费用200元。

借：工具使用费　　　　　　　　　　　　　　　　　　　200
　　贷：库存现金　　　　　　　　　　　　　　　　　　　　200

工具使用费		库存现金	
1/31 200		1/27 余额 15 800	1/31 1 200
		1/31 2 200	1/31 200

(4) 2月1日，支付广告费用360元。

借：广告费用　　　　　　　　　　　　　　　　　　　　360
　　贷：库存现金　　　　　　　　　　　　　　　　　　　　360

广告费用		库存现金	
2/1 360		1/31 余额 16 600	2/1 360

(5) 2月2日，支付2月份电台广告费用470元，20日内付清。

借：广告费用　　　　　　　　　　　　　　　　　　　　470
　　贷：应付账款　　　　　　　　　　　　　　　　　　　　470

广告费用		应付账款	
2/1 360			1/31 余额 7 000
2/2 470			2/2 470

(6) 2月15日，收到维修费收入4 980元。

借：库存现金　　　　　　　　　　　　　　　　　　　　4 980
　　贷：维修服务收入　　　　　　　　　　　　　　　　　　4 980

库存现金		维修服务收入	
1/31 余额 16 600	2/1 360		1/31 余额 2 200
2/15 4 980			2/15 4 980

(7) 2月28日,支付员工工资4 900元。

借:工资费用　　　　　　　　　　　　　　　　　　　　4 900
　　贷:库存现金　　　　　　　　　　　　　　　　　　　　　　4 900

工资费用		库存现金	
1/31 余额 1 200		1/31 余额 16 600	2/1 360
2/28 4 900		2/15 4 980	2/28 4 900

(8) 2月28日,发放股利3 200元。

借:股利　　　　　　　　　　　　　　　　　　　　　　3 200
　　贷:库存现金　　　　　　　　　　　　　　　　　　　　　　3 200

股利		库存现金	
2/28 3 200		1/31 余额 16 600	2/1 360
		2/15 4 980	2/28 4 900
			2/28 3 200

3.12　会计循环

　　用来记录、分类和总结会计信息的会计程序的次序通常称为会计循环。会计循环以交易事项的原始记录开始,以正式的会计报表结束。循环的概念指的是,该程序必须不断地重复,以使企业能以合理的间隔编制新的财务报表。

　　到目前为止,本文已经介绍过:① 在日记账中记录交易;② 将每笔日记账分录过入分类账。会计循环的步骤还包括:① 编制试算表;② 进行年末调整;③ 编制调整试算表;④ 编制财务报表;⑤ 编制结账分录并过账;⑥ 试算平衡表。后文将逐一讲解余下的步骤。

3.13　试算平衡表

　　试算平衡表(Trial Balance)是指某一时点上的各种账户及其余额的列表。各个账户的余额都会反映在试算平衡表相应的借方或贷方栏中。试算平衡表是定期地加计分类账各账户的借贷方发生及余额的合计数,用以检查借贷方是否平衡暨账户记录有无错误的一种表式。

在借贷记账法下,检查的内容包括:
(1) 检查每一笔会计分录的借贷金额是否平衡;
(2) 检查总分类账户的借贷发生额是否平衡;
(3) 检查总分类账户的借贷余额是否平衡。

通过编制试算平衡表,确保实现:
(1) 全部账户的借方期初余额合计数等于全部账户的贷方期初余额合计数;
(2) 全部账户的借方发生额合计等于全部账户的贷方发生额合计;
(3) 全部账户的借方期末余额合计等于全部账户的贷方期末余额合计。

通过试算平衡表来检查账簿记录是否正确并不是绝对的,从某种意义上讲,如果借贷不平衡,就可以肯定账户的记录或者计算有错误。但是如果借贷平衡,也不能肯定账户记录没有错误,因为有些错误并不影响借贷双方的平衡关系。如果在有关账户中重记或漏记某项经济业务,或者将经济业务的借贷方向记反,就不一定能通过试算平衡表发现错误。

课后习题

A. 自测选择题

1. 预收购买单位预付的购货款,应作为企业的(　　)处理。
　A. 资产　　　　B. 负债　　　　C. 收入　　　　D. 所有者权益
2. 所有者权益是指(　　)对企业净资产的所有权。
　A. 国家　　　　B. 企业员工　　C. 高级管理人员　D. 投资者
3. 权益的广义概念指(　　)。
　A. 资产和所有者权益　　　　　B. 债权人权益和所有者权益
　C. 所有者权益　　　　　　　　D. 资产和债权人权益
4. 下列引起资产和负债同时增加的经济业务是(　　)。
　A. 从银行提取现金　　　　　　B. 赊购材料一批
　C. 用银行存款偿还短期借款　　D. 用银行存款偿还应付账款
5. 每一项经济业务的发生,都会影响(　　)项目发生增减变化。
　A. 一个　　　　　　　　　　　B. 两个
　C. 两个或两个以上　　　　　　D. 全部
6. 企业赊购汽车一辆,价值20万元,这项业务属于(　　)。
　A. 资产项目之间此增彼减　　　B. 权益项目之间的此增彼减
　B. 资产项目和权益项目同时增加　D. 资产项目和权益项目同时减少
7. 企业的净资产如果为负数,表示(　　)。
　A. 资产总额一定是负数　　　　B. 负债总额大于所有者权益总额
　C. 负债总额大于资产总额　　　D. 净利润一定是负数
8. 以下各项目属于资产的有(　　)。

A. 预付账款　　　B. 应付工资　　　C. 短期借款　　　D. 实收资本

9. 以下各项目属于流动资产的有(　　)。

A. 运货汽车　　　B. 银行存款　　　C. 专利权　　　　D. 开办费

10. 利润是企业一定期间的(　　)。

A. 收入与费用相抵额

B. 期末所有者权益与期初所有者权益相抵额

C. 增加所有者权益的因素

D. 归所有者共同享有的增加额

B. 概念回顾与思考

1. 什么是会计循环？一个完整的会计循环包括哪些基本步骤？
2. 企业经济业务与会计核算之间存在什么关系？
3. 为什么会计循环的第一步就要分析经济业务？
4. 从会计的角度如何对经济业务进行分析？
5. 登记账簿之后为什么要编制试算平衡表进行试算平衡？
6. 试算平衡一定能发现所有的差错吗？
7. 解释复式记账法的定义。
8. 配比原则在确认收入和费用时是如何应用的？
9. 股利是如何影响所有者权益的？试将股利与费用进行区分。
10. 解释收入和费用的借贷规则。

C. 业务处理

1. A公司为增值税一般纳税人，2017年12月份发生下列业务：

(1) 用银行存款支付公司下半年度报刊订阅费1 200元；

(2) 从市场上购入一台设备，价值100 000元，设备已收到并交付生产车间使用，款项已通过银行支付；

(3) 用银行存款240 000元从其他单位购入一台设备；

(4) 采购原材料，价款20 000元，款项通过银行转账支付，材料尚未验收入库。不考虑增值税等因素。

[要求]　根据上述资料，使用复式记账法编制会计分录。

2. A公司为增值税一般纳税人，2017年月12月份发生下列业务：

(1) 从银行提取现金2 000元备用。

(2) 用现金支付生产车间办公用品费440元。

(3) 收到B公司前欠货款80 000元，存入银行。

(4) 向C工厂销售A产品一批，售价为100 000元，款项尚未收到。

(5) 收到D公司前欠货款150 000元。

[要求]　根据上述资料，使用复式记账法编制会计分录。

3. 某公司 2018 年 5 月 31 日相关账户余额如下(单位:元):

银行存款	56 000	应付账款	40 000
原材料	20 000	所有者投资	121 000
固定资产	85 000		

该公司 6 月份发生下列经济业务:
(1) 投资者追加投资 30 000 元,存入银行。
(2) 用银行存款偿还应付账款 23 000 元。
(3) 购买原材料 1 200 元,用银行存款支付。
(4) 购买设备 50 000 元,用银行存款支付 30 000 元,余款尚欠。
(5) 收到投资者投入设备一台 56 000 元,原材料一批 25 000 元。
(6) 购进原材料 5 000 元,款项未付。

[要求]
(1) 根据期初余额开设 T 型账户。
(2) 根据 6 月份发生的经济业务登记 T 型账户。
(3) 结出 T 型账户的发生额合计和余额。
(4) 编制该公司 6 月份的总分类账本期发生额及余额试算平衡表,进行试算平衡。

4. 天豪公司 2018 年 6 月 30 日财务状况的详情如下:
(1) 在用的厂房机器设备等价值 600 万元。
(2) 洞天公司以银行存款方式投入的资本 900 万元。
(3) 上一年度未分配的利润 80 万元。
(4) 购入竹园公司商品未支付的货款 19 万元。
(5) 企业存入市建设银行的款项 120 万元。
(6) 企业库存的原材料 240 万元。
(7) 预先收取的大地公司购货款 18 万元。
(8) 暂时支付给职工李杨等三人的差旅费 1 万元。
(9) 上月未支付的工资费用 15 万元。
(10) 从市工商银行借入的一年期贷款 50 万元。
(11) 未收回康明公司的购货款 320 万元。

[要求] 根据上述经济业务,用借贷记账法编制会计分录,并据以登记各有关总分类账户。

5. 浩森企业 2018 年 6 月 1 日有关账户余额如下(单位:元):

固定资产	360 000	实收资本	330 000
原材料	106 000	短期借款	112 000
生产成本	142 000	应交税金	88 000
库存现金	1 000	应付账款	133 600
应收账款	12 000	银行存款	38 600
其他应收款	4 000		

该企业6月份发生下列经济业务：
(1) 投资修建厂房一栋,总造价为400 000元,已投入使用。
(2) 从银行取得短期借款100 000元,存入银行。
(3) 用现金购买办公用品100元。
(4) 购入材料60 000元,材料已验收入库,料款未付。
(5) 用银行存款20 000元,归还银行短期借款。
(6) 接到银行通知,上月销货款10 000元已入账。
(7) 开出现金支票,从银行提取现金1 000元备用。
(8) 采购员李某欲借差旅费1 200元。
(9) 向银行借入短期借款4 500元,以存入银行。
(10) 用银行存款交纳税金50 000元。
(11) 将现金200元送存银行。

[要求] 根据上述资料：
(1) 开设有关的T型账户,并登记期初余额。
(2) 编制会计分录。
(3) 根据会计分录登记账户并结算每个账户的本期发生额和期末余额。
(4) 编制试算平衡表。

6. 2017年7月张先生开办了一家专门为大学生服务的职业介绍中心,且其为该中心唯一的投资者。2017年7月是该中心开业的首月,当月共发生以下经济交易与事项：
(1) 7月1日,张先生以个人财产(现金)100 000元投资创办该中心。
(2) 7月4日,张先生向银行借入三个月的借款100 000元,存入银行存款户。
(3) 7月5日,用库存现金支付当月房屋租金5 000元。
(4) 7月7日,用银行存款添置办公家具与设备共计支出30 000元。
(5) 7月8日,用库存现金购买纸、笔等办公用品120元。
(6) 7月12日,为5名大学生介绍家教工作,收取费用50元。
(7) 7月21日,工作人员出差,暂借旅费2 000元。
(8) 7月25日,支付当月水电费1 800元。
(9) 7月28日,张先生用银行存款偿还银行借款20 000元。
(10) 7月29日,张先生向红光公司借款30 000元,用于偿还银行借款。

[要求] 分析上述各项经济交易对会计要素以及会计等式的影响,并完成下表。

交易序号	经济交易的影响结果				
	资　产	负　债	所有者权益	收　入	费　用
1					
2					
3					
4					
5					

续 表

交易序号	经济交易的影响结果				
	资 产	负 债	所有者权益	收 入	费 用
6					
7					
8					
9					
10					
合 计					

7. 资料：新兴公司 2017 年 12 月 31 日有关账户的余额如下所示（单位：元）：

账户名称	借方余额	账户名称	贷方余额
库存现金	2 600	短期借款	100 000
银行存款	320 000	应付票据	70 000
应收票据	25 000	应付账款	108 530
应收账款	150 000	应交税费	62 350
坏账准备	−750	长期借款	400 000
其他应收款	9 080	实收资本	5 000 000
原材料	213 500	盈余公积	12 000
库存商品	364 350	利润分配（未分配利润）	108 000
固定资产	5 686 000		
累计折旧	−908 900		
合 计	5 860 880	合 计	5 860 880

注：表中，"坏账准备""累计折旧"为贷方余额。

假定该公司 2018 年 1 月份发生以下经济业务：
(1) 从银行提取现金 500 元。
(2) 用银行存款偿还前欠 B 公司货款 20 000 元。
(3) 从银行借入长期借款 500 000 元。
(4) 用银行存款归还短期借款 100 000 元。
(5) 以现金支付企业行政管理人员王某差旅费 1 000 元。
(6) 收回 A 公司归还前欠货款 150 000 元，存入银行。
(7) 行政管理人员王某出差回来报销差旅费 800 元，找回现金 200 元。
(8) 收到投资者投入资本 100 000 元，存入银行，假定不考虑其他因素。

[要求]
(1) 开设有关总分类账户，登记月初余额。
(2) 根据上述经济业务，用借贷记账法编制会计分录，并据以登记各有关总分类账户。

(3) 结出各总分类账户的本月发生额和月末余额,并据以编制总分类账户本期发生额及余额试算平衡表。

8. 松山医院2017年7月份发生如下经济业务:
(1) 7月2日,赊购病房设备21 000元。
(2) 7月5日,收回病人所欠医疗费500元,存入银行。
(3) 7月8日,赊购X光片及其他医疗用品6 000元。
(4) 7月12日,用银行存款偿还部分欠款16 000元。
(5) 7月15日,从银行存款直接支付上月医务人员工资5 500元。
(6) 7月19日,用银行存款支付外单位代做化验的费用2 800元。
(7) 7月22日,用银行存款支付下半年度房屋租金3 600元。
(8) 7月25日,发生尚未收到现金的医疗服务收入1 000元。
(9) 7月28日,用银行存款支付本月水电费1 700元。
(10) 7月31日,实现一笔医疗收入22 000元,存入银行。

[要求]
(1) 开设T型账户,并抄入期初余额。
(2) 编制7月份发生经济业务的会计分录,并记入T型账户。

9. 2017年6月岭南公司发生部分经济业务如下:
(1) 接受投资25 000元存入银行。
(2) 用银行存款偿还应付账款3 000元。
(3) 从银行提取现金15 000元准备发放工资。
(4) 用银行存款归还短期借款10 000元。
(5) 购入原材料6 600元,货款未付。

[要求] 根据上述资料,将正确结果填入试算平衡表中的括号内。

试算平衡表

2017年6月30日　　　　　　　　　　　　　　　　单位:元

账 户	期初余额		本期发生额		期末余额	
	借方	贷方	借方	贷方	借方	贷方
库存现金	5 000				( )	
银行存款	55 000				( )	
原材料	35 000				( )	
固定资产	192 000				192 000	
短期借款		46 000				( )
应付账款		16 800				( )
实收资本		80 000				( )
盈余公积		144 200				144 200
合　计	287 000	287 000	( )	( )	( )	( )

10. 金川公司2017年6月初有关账户余额如下表所示(单位:元):

资产类	借方金额	权益类	贷方金额
库存现金	5 000	短期借款	50 000
银行存款	565 000	应付账款	145 000
应收账款	70 000	应交税费	40 000
原材料	300 000	长期借款	600 000
库存商品	850 000	资本公积	300 000
固定资产	3 645 000	实收资本	4 300 000
合　计	5 435 000	合　计	5 435 000

假设该公司6月份发生下列经济业务:

(1) 以银行存款购进专用设备一台并交付使用,价款80 000元。

(2) 以丁公司购入A材料50 000元入库,货款尚未支付。

(3) 以银行存款上缴上月税金5 000元。

(4) 将收到的现金2 000元存入银行。

(5) 收到某企业投资150 000元,其中:固定资产价值为50 000元,货币资金100 000元已存入银行。

(6) 以银行存款偿还长期借款600 000元。

(7) 以现金购入管理部门用办公用品1 000元。

(8) 收到光大公司前欠货款70 000元,存入银行。

(9) 开出转账支票30 000元偿还丁公司材料款。

[要求]

(1) 编制上述经济业务的会计分录。

(2) 填制试算平衡表。

本期发生额及余额试算平衡表

账户名称	期初余额 借方	期初余额 贷方	本期发生额 借方	本期发生额 贷方	期末余额 借方	期末余额 贷方

D. 案例分析

金某某从丁某某处购买了一家打印机商店,经营打印生意。金某某通过对赌支付协议同意支付接下来三年每年百分之四十的利润作为买价。这种对赌支付是一种融资购买小型经营企业的一种常见方式。当金某某报告了第一年的经营利润后,数字远远低于丁某某的预期,丁某某对利润额很失望。

在金某某和丁某某的对赌协议中并未清楚陈述"利润"是如何进行计量的。金某某和丁某某都不熟悉相关会计概念。他们的协议只陈述了公司的利润通过公平合理的方式进行计量。在计量利润时,金某某遵循了以下的政策:

(1) 当从客户那里收到现金时确认为收入。大部分客户以现金支付,少部分客户允许30天的信用期限。

(2) 打印店每周购买一次的墨水和纸张的花费,直接归属为物料费用。物料费用除了这些花费,还包括金某某家庭的食物和干洗费用。

(3) 金某某给自己设定的工资为每年6万元,这个数字丁某某也认为合理。金某某同时支付她的丈夫和孩子工资每年3万元,而这些家庭成员并没有参与公司的日常工作,也没有在生意繁忙时提供帮助。

(4) 所得税费用包括公司需要支付的总额,以及金某某全家从公司获得薪酬所要支付的个人所得税总额。

(5) 在金某某购买这家公司的时候,这家公司拥有一个最新印刷设备估值为150 000元。在第一年的利润表中,应当包括和这个设备相关的折旧费用。

[要求]

(1) 讨论这些计量利润的政策的公允性和合理性。必须指出的是,这些政策不一定确认为一般公认的会计准则,但是这些政策必须是公平和合理的。

(2) 你认为金某某所计量的利润和公司产生的净现金流相比是高还是低?说明你的原因。

第4章 会计循环：应计与递延

学习目标

1. 理解编制调整分录的目的。
2. 掌握四种不同类型调整分录的编制方法。
3. 理解实现原则和配比原则在调整分录编制中的应用。
4. 理解重要性的概念。
5. 掌握调整后试算平衡表的编制方法，理解其编制目的。

引导案例

ZH软件公司

ZH软件公司是国内大型证券信息软件商，从事金融信息领域的软件开发，为投资者提供符合投资者需求的软件界面与信息工具，公司产品主要包括四大服务系统和其他产品或服务。该公司主要的客户为证券市场的个人投资者、研究人员以及证券公司，2009年公司荣获中国软件行业协会评选的"2009中国创新软件企业"并于2011年成功上市。

2016年证监会网站发布了行政处罚决定书，ZH软件公司财务造假案曝光，公司通过提前确认软件收入、将客户理财资金计入公司销售收入、提前确认合并范围以及延后确认员工年终奖等方式合计虚增2013年利润1.2亿元，占该年对外公开披露合并利润总额的281%。证监会责令ZH软件公司改正并给予警告，同时罚款60万元，对公司部分高管处罚款3万～30万元不等，并给予警告。

ZH软件公司2013年仅仅12月份一个月确认的收入占全年的比重达37.74%。公司虽然公布了2013年业绩预盈的公告，但是在2013年前三季度，亏损1.9亿元，且公司2012年全年亏损2.6亿元，对于本期的扭亏为盈，ZH软件公司解释是由于公司开发完成新产品以及提升服务能力，使得公司销售收入大幅增加。

伴随着公司销售收入期末大增的同时，公司还出现了较多的期末退款情况。2014年1—2月，ZH软件公司存在销售退回2 242.29万元。鉴于公司股权高度集中，2013年公司董事长张某及其兄妹合计持股比例为63.95%,并且公司2012年亏损2.6亿元,其收入确认存在舞弊风险。

(资料来源：中国证监会官方网站,http://www.csrc.gov.cn。)

前面章节详细讨论了经济交易的记录与报告,但是用于编制财务报表的账户余额并不一定能够准确反映数额。本章将介绍调整分录的概念,以及如何满足配比原则,确保收入和支出能被记录在正确的会计期间中；调整后试算表及其在财务报表中的使用。在会计期末,财务报表已经完成之后,则需要结清计算留存收益的临时账户。本章将讨论这一调整过程,即如何编制结账后试算平衡表。

4.1 调整分录

4.1.1 编制调整分录的原因

为了核算利润和编制财务报表,一个企业的生命周期被分成一系列会计期间。但是由于某些交易影响多个期间的收入与费用,因此计量一个较短时期的净利润会产生问题。这就需要在每个会计期末编制调整分录,其目的是确定每个期间收入与费用的合理金额。

举例来说,杂志出版商经常预售一年或数年的产品。在每一个会计期间期末,这些出版商要做调整分录确认其预收款中当期所赚的收入。大部分公司都有可折旧资产。在每个期末,这些公司都要做调整分录将这些可折旧资产的部分成本分摊为折旧费用。总之,只要交易影响一个以上期间的收入或者费用就需要调整分录。这些分录在收入赚取的期间确认收入,在有关商品及服务提供的期间确认费用。

在理论上,企业可以每天做调整分录。但实际上,这些分录仅仅在每个会计期末编制。因此,"调整账户"是一个会计期末的程序,其与编制会计报表相联系。

4.1.2 调整分录的类型

在会计期末拟调整财务报表之前,必须检查账户是否存在调整的可能。这需要通过调整前试算表来完成审查。调整前试算表是账户尚未调整的试算表。本章提供了一份虚拟的钟山汽车服务公司2017年1月31日调整前试算表,如表4-1所示。我们将使用此表来说明如何编制调整分录。

表4-1 钟山汽车服务公司调整前试算平衡表

2017年1月31日

单位:元

账户	借	贷
库存现金	3 700	
应收账款	2 000	
预付保险费	2 400	

续表

账户	借	贷
设备	3 000	
卡车	8 000	
银行贷款		6 000
应付账款		700
预收账款		400
股本		10 000
股息	200	
维修收入		10 000
租金费用	1 600	
工资费用	3 500	
耗材费用	2 000	
卡车运营费用	700	
合计	27 100	27 100

试算平衡表的调整是通过调整分录来记录的。调整分录的目的是确保资产负债表和利润表均真实地反映该会计期间内的账户余额。调整分录有助于实现配比原则，共有如下五种类型：

(1) 调整预付资产。
(2) 调整预收收入。
(3) 调整厂场设备资产。
(4) 调整应计收入(已收到尚未记录的收入)。
(5) 调整应计费用(应计但尚未实际支付的费用)。

4.1.3 调整预付费用账户

预付费用(Prepaid Expense)指买卖双方协议商定，由购货方预先支付一部分货款给供货方而发生的一项债权。预付费用一般包括预付的货款、预付的购货定金。施工企业的预付费用主要包括预付工程款、预付备料款等。

作为流动资产，预付账款不是用货币抵偿的，而是要求对方企业在短期内以某种商品、提供劳务或服务来抵偿。借方登记企业向供货商预付的货款，贷方登记企业收到所购物品应结转的预付货款，期末借方余额反映企业向供货单位预付而尚未发出货物的预付货款。本科目期末借方余额，反映企业预付的款项；期末如为贷方余额，反映企业尚未补付获得商品和劳务的款项。

预付费用属于会计要素中的资产，通俗点就是暂存别处的钱，在未发生交易之前，钱还是你的，故为资产。

1. 预付保险费（Prepaid Insurance）

以下T型账户显示预付保险的未调整余额为2 400元。从2017年1月份开始，钟山汽车服务公司购买了一月份生效的12个月保险保单。

当购买保单时，会计分录如下：

借：预付保险费　　　　　　　　　　　　　　　　　　2 400
　　贷：库存现金　　　　　　　　　　　　　　　　　　　　　2 400

此时预付保险费账户T型账户余额如下：

预付保险费
| 2 400 | |

到1月31日，一个月或200元（＝2 400÷12）的保单已经过期（已用完）。1月31日的调整分录应当将200元预付保险费转入保险费用。

日记账

日　期	账户/明细	对方科目	借	贷
2017.1.31	保险费用		200	
	预付保险费			200
	调整一个月的预付保险费			

保险费用账户增加了保险使用的数额 →

保险费用
| 200 | |

如下所示，保留在预付保险费账户中的余额为2 200元。这笔2 200元的余额代表未来期间的利益，即2017年2月至12月的11个月期间。从预付保险费转出的200元作为借记存入保险费用账户，以显示1月期间已使用了多少保险。

预付保险费账户减少1月使用的保险数额 →

预付保险费
| 2 400 | 200 |
| 2 200 | |

如果调整未被记录，资产负债表上的资产将被高估200元，保险费用会在利润表中被低估相同的金额。

2. 物料（Supplies）

钟山汽车服务公司1月份购买了2 000元的物料，当月消耗掉一部分。在1月31日，应当将1月份消耗掉的物料确认为费用。

当购买物料时，会计分录如下：

借：物料　　　　　　　　　　　　　　　　　　　　　2 000
　　贷：库存现金　　　　　　　　　　　　　　　　　　　　　2 000

此时物料账户T型账户余额如下：

物料	
2 000	
2 000	

在1月31号,通过盘库计算未使用的物料发现,当初购买2 000元物料中仅剩下1 500元物料尚未使用。差额500元就是消耗掉的物料。

日记账				
日　期	账户/明细	对方科目	借	贷
2017.1.31	物料费用		500	
	物料			500
	记录使用的物料			

如下所示,保留在物料账户中的余额为1 500元。这笔1 500元的余额代表了未来可消耗的物料,即2017年2月至12月的11个月期间。从物料转出的500元借记物料费用账户,以显示1月期间已使用多少物料。

物料费用账户增加　　　　　　　　　物料费用
表明物料已被消耗　→　　　　500 |

物料账户减少1月　　　　　　　　　　物料
份消耗的物料数量　→　　2 000 | 500
　　　　　　　　　　　　　1 500

4.1.4 调整预收收入账户

1月15日,钟山汽车服务公司在提供服务之前收到400元的现金付款,其中归属于1月份300元,归属于2月份100元。

收到400元预收款时的收款记录如下:

借:库存现金　　　　　　　　　　　　　　　　　　400
　贷:预收维修收入　　　　　　　　　　　　　　　　　　400

调整前试算平衡表显示预收收入账户有以下余额:

预收维修收入	
	400

这笔预付款最初记录为预收收入,因为在修理服务进行之前就已收到现金。1月31日,400元的付款金额中有300元已经赚到。因此,300元必须从未实现的维修收入转入维修收入。1月31日的调整分录如下:

日记账

日　期	账户/明细	对方科目	借	贷
2017.1.31	预收维修收入		300	
	维修收入			300
	调整已赚取的预收收入			

```
                          维修收入
维修收入账户增加300元 →            10 000
                                     300
                                  ─────────
                                  余额 1 300

                         预收维修收入
维修收入账户增加300元 →     300      400
                                  ─────────
                                  余额 100
```

1月底，在调整之后剩余的100元(＝400－300)的预收维修收入余额代表将在2月份赚取的金额。

4.1.5 调整厂场设备账户

厂场设备(亦称固定资产)预计将有助于在当前和未来的会计期间内创造收入。它们或用于生产商品、供应服务，或用于行政目的。钟山汽车服务公司1月份购买的卡车和设备就是提供经济效益的厂场设备的例子，将在多个会计期间创造价值。因为厂场设备资产发挥效益的时长不止一个会计期间，其成本必须分摊到使用的各个期间，这是为了满足配比原则。例如，机器成本为100 000元，预计使用期限五年。那么钟山汽车服务公司不会将采购成本完全算在购入第一年，因为这样做导致费用在第一年被高估，并且在第2、3、4、5年时被低估。因此，10万元的费用必须分摊到资产的五年期限内。

折旧(Depreciation)是指将厂场设备的成本分配到一段预计将被使用的时间段的过程。折旧数额根据实际成本以及资产使用寿命(Useful Life)和残值(Salvage Value)进行估计。厂场设备的使用寿命是指企业实际拟使用的年限。例如，一辆汽车可能有制造商建议的10年使用年限，但一家企业的政策可能只保留汽车2年。因此折旧的期限将是2年而非10年。残值是指在一项资产使用期满时预计能够回收到的残余价值，也就是在厂场设备使用期满报废时处置资产所能收取的价款，剩余价值可以为零。折旧过程如图4-1所示。

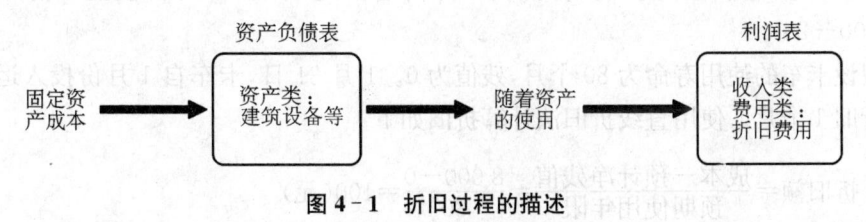

```
                资产负债表                              利润表
                ┌─────────┐                        ┌─────────┐
固定资       →  │ 资产类：  │ → 随着资产 →           │ 收入类   │
产成本          │建筑设备等 │    的使用              │ 费用类：  │
                └─────────┘                        │ 折旧费用 │
                                                    └─────────┘
```

图4-1 折旧过程的描述

计算折旧有不同的公式,下面讲解直线折旧法(Method of Lines):

$$每期折旧额 = \frac{成本 - 预计净残值}{预期使用年限}$$

成本减去残值等于资产的可折旧成本总额。直线折旧方法是在资产的使用寿命中平均分配折旧成本。在记录折旧费用时,最直接的想法是扣除折旧费用并贷记厂场设备账户进行调整。但是,在此贷记厂场设备资产账户是不正确的。相反,必须记入"累计折旧"(Accumulated Depreciation)备抵账户。备抵账户是用来抵减被调整账户的余额以求得被调整账户实际余额的账户。累计折旧记录自此以来在使用过程中逐渐损耗而转移到商品或费用中去的那部分价值。累计折旧有正常的贷方余额,资产负债表中的厂场设备账户的账面价值就是资产初始取得成本扣除累计折旧贷方余额。初次接触累计折旧的概念可能会令人困惑,下面借助例题来具体分析。

[**例 4-1**] 钟山汽车服务公司 2017 年 1 月 31 日未经调整的试算表显示两项厂场设备资产——设备和卡车,各自借方余额分别为 3 000 元和 8 000 元。二者皆在当月购入。

设备的预计使用寿命为 10 年(120 个月),在其使用寿命结束时被认定为价值 0 元(净残值为 0 元)。其月折旧额计算如下:

$$月折旧额 = \frac{成本 - 预计净残值}{预期使用年限} = \frac{3\,000 - 0}{120} = 25(元)$$

必须指出的是,折旧总是四舍五入到最接近的整数金额。这是因为折旧是基于估计的,包括预期的剩余价值和预期的使用寿命,并不是很精确。以下是 1 月 31 日应编制的调整分录:

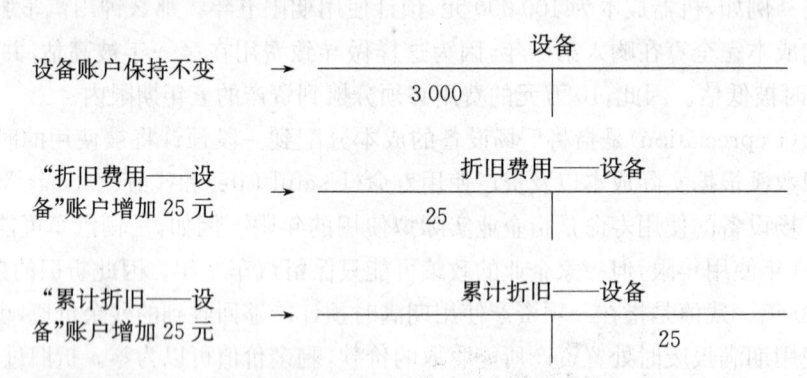

借:折旧费用——设备　　　　　　　　　　　　　　　　25
　　贷:累计折旧——设备　　　　　　　　　　　　　　　　　　25

调整分录完成之后相关账户显示如下:

设备账户保持不变 → 设备
　　　　　　　　　3 000

"折旧费用——设备"账户增加 25 元 → 折旧费用——设备
　　　　　　　　　　25

"累计折旧——设备"账户增加 25 元 → 累计折旧——设备
　　　　　　　　　　　　25

在资产负债表上,资产和备抵资产账户合并之后,设备的价值显示为 2 975 元(=3 000-25)。

假设卡车的使用寿命为 80 个月,残值为 0。1 月 31 日,卡车自 1 月份投入运营以来已经折旧 1 个月。使用直线折旧法计算折旧如下:

$$月折旧额 = \frac{成本 - 预计净残值}{预期使用年限} = \frac{8\,000 - 0}{80} = 100(元)$$

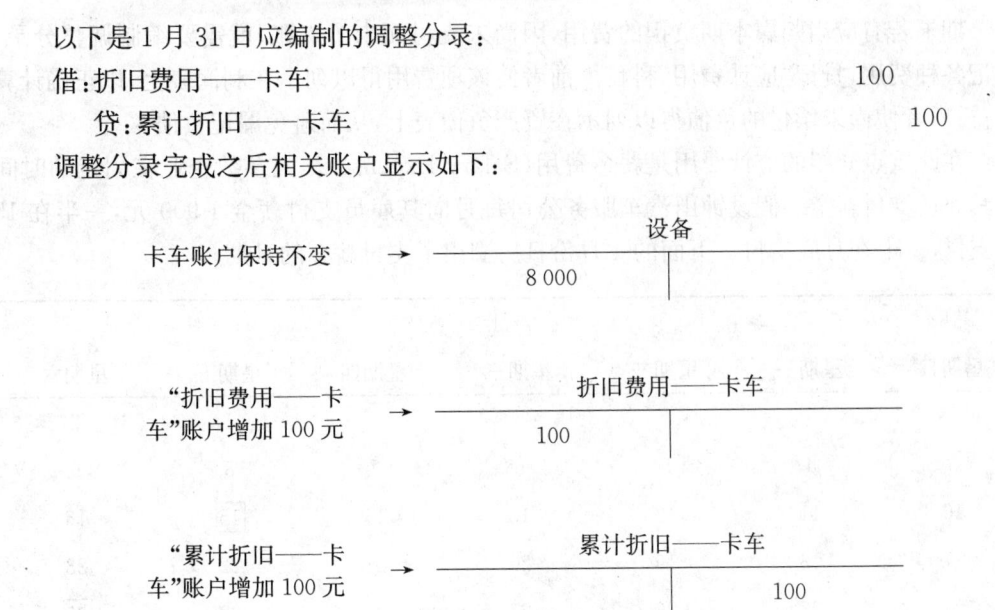

以下是 1 月 31 日应编制的调整分录：
借：折旧费用——卡车　　　　　　　　　　　　　　　　　　　100
　　贷：累计折旧——卡车　　　　　　　　　　　　　　　　　　　　100
调整分录完成之后相关账户显示如下：

卡车账户保持不变 →	设备
	8 000

"折旧费用——卡车"账户增加 100 元 →	折旧费用——卡车
	100

"累计折旧——卡车"账户增加 100 元 →	累计折旧——卡车
	100

4.1.6　调整应计收入

应计收入(Accrued Revenue)是指会计期内已实现但尚未收到款项的各项收入，即收入的归属期在本期，但实际收付期不在本期，而在以后会计期间，如企业出租房屋、设备等收到的租金、应计银行存款利息收入等。这些收入大多数情况下并不是按月收取，有的是按季收取，有的按双方协议每半年收取一次。在这种情况下，收入的款项尚未收到，平时并未记账，在月末时就应将归属于本期的收入调整记入本期。应计收入的调整一方面应增加收入，另一方面要增加资产。

[例 4-2]　2017 年 6 月钟山汽车服务公司向宁海公司提供为期一年的维修服务，按协议规定宁海公司 12 月份支付半年服务费 12 000 元。

这笔服务费收入到 12 月份才能收到，但其应当归属于 6—12 月这 6 个月的期间，平均每月分摊 1/6，即确认 2 000 元的收入。因此，钟山公司应当在 6—11 月的每月月末编制如下调整分录：

借：应收账款　　　　　　　　　　　　　　　　　　　　　　　2 000
　　贷：维修服务收入　　　　　　　　　　　　　　　　　　　　　2 000
12 月份收到服务费时，作如下会计分录：
借：库存现金　　　　　　　　　　　　　　　　　　　　　　　12 000
　　贷：应收账款　　　　　　　　　　　　　　　　　　　　　　10 000
　　　　维修服务收入　　　　　　　　　　　　　　　　　　　　2 000

4.1.7　调整应计费用

应计费用(Accrued Expense)亦称应付费用，是指本期已发生但尚未支付款项的各种费用，如应付租金、应付利息及应付工资等。应计费用的调整一方面应确认费用，另一方面要增加负债。

期末若有应当归属本期负担的费用,因尚未支付而未予入账,就需要编制调整分录,借记各种费用,贷记"应计费用"科目。前者使该项费用得以列示在利润表上,以正确计算损益;后者使尚未偿付的负债得以列示在资产负债表上,从而避免漏记负债。

在此重点介绍的应计费用是薪金费用(Salary Expense)。大多数企业在固定的时间向其雇员支付薪金。假设钟山汽车服务公司每月向其雇员支付薪金1 900元,一半在15号支付,一半在月底支付。下面的4月份日历圈出了支付薪金的日期。

			4月			
星期日	星期一	星期二	星期三	星期四	星期五	星期六
					1	2
3	4	5	6	7	8	9
10	11	12	13	14	15	16
17	18	19	20	21	22	23
24	25	26	27	28	29	30

假设薪金支付日正好是周末,钟山汽车服务公司将在下个星期一向雇员支付薪金。4月15日,钟山汽车服务公司支付了雇员前半个月的工资950元,做了以下分录:

借:薪金费用　　　　　　　　　　　　　　　　　　　　　　950
　　贷:库存现金　　　　　　　　　　　　　　　　　　　　　　　950

过账之后,薪金费用账户如下所示:

薪金费用	
4月15日　950	

4月30日的试算平衡表包括薪金费用,借方余额为950元。因为4月30日,本月的第二个薪金支付日,正好是星期六,所以下半月的薪金950元将在星期一支付,即5月2日。因此在4月30日,钟山汽车服务公司的会计师将另外调整薪金费用和应付薪金两个账户,每个账户增记950元,如下所示:

借:薪金费用　　　　　　　　　　　　　　　　　　　　　　950
　　贷:应付薪金　　　　　　　　　　　　　　　　　　　　　　　950

过账之后,应付薪金和薪金费用账户如下所示:

应付薪金		薪金费用	
	4月30日　950	4月15日　950	
	余额　　　950	4月30日　950	
		余额　　 1 900	

到4月30日为止,这些账户已包含本月完整的薪金信息。费用账户包括本月的薪金,负债账户列示了4月30日公司仍旧积欠的部分薪金。所有应计费用都通过类似的分录记录——借记费用账户,同时贷记相关的负债账户。

4.2 调整分录和会计原则

调整分录是会计人员运用实现原则与配比原则的工具。通过这些分录，收入在其赚取时确认，费用在相关的商品与服务提供时确认。

4.2.1 实现原则

实现原则是指收入应该在商品和劳务提供时确认。在这一点上，企业已经基本上完成了收入的赚取过程，商品与服务的销售价格也能被客观计量。在销售前的任何时候，商品与服务的销售价格只能估计。在销售后，剩下的唯一步骤是从消费者处收款，这通常是相对确定的事情。

4.2.2 配比原则

能够体现配比原则的会计实务包括厂房设备折旧、计量销售商品的成本、摊销未到期的保单的成本等。所有的期末调整分录，包括费用的确认都是配比原则的应用。

成本与收入可以用以下两种方法中的一种来配比：

（1）成本与特定收入交易的直接联系。收入与费用配比的理想模式决定了与本期发生的特定收入交易联系的费用的金额。然而，这一方法仅仅适用于能与特定收入交易事项直接联系的成本与费用。售出商品的成本与支付给销售商的佣金是这类成本与费用的例子。

（2）在支出的有效使用寿命期内系统摊销成本。许多支出对多个会计期间赚取收入有益但不能与特定收入交易事项直接联系。这样的例子包括保单成本，可折旧资产和无形资产，如专利。在这些例子中，会计人员试图通过在这类资产的有效寿命期间内系统地分摊其成本与费用来配比收入与费用。例子有直线摊销方法与其他各种折旧方法，这些都是用来配比收入与相关成本的系统摊销技术。

4.2.3 重要性概念

另一条公认会计准则在编制调整分录中也起到十分重要的作用，即重要性原则。重要性（Materiality）是指一个项目或一个事件的相对重要性。如果一个项目的信息能影响会计信息使用者的决定，则该项目就被认为是重要的。会计人员必须确定所有重要的项目在会计报表中都已经恰当地披露。

然而，财务报告的程序应遵循成本效益原则，即信息的价值应超过其披露成本。在定义上，会计处理不符合重要性原则的项目应该对决策者很少或没有影响。因此，会计人员不会浪费时间解释不重要的项目，这些项目可以用最简单和最方便的方式处理。总的来说，如果这些处理的结果对会计报表没有重要影响，重要性概念允许会计人员用估计的数字甚至忽略其他的会计原则。

4.3 调整后试算表

前面介绍了如何编制调整分录,经过调整,试算平衡表报告的一些账户余额有所改变。在上一章中,财务报表的编制工作是使用钟山汽车服务公司调整前的试算表,现在了解到必须使用调整后的试算平衡来准备财务报表。

表4-2显示了调整后的试算平衡表及其所反映的钟山汽车服务公司2017年1月31日的账户余额。

表4-2 钟山汽车服务公司调整后试算平衡表

2017年1月31日 单位:元

账 户	借	贷
库存现金	3 700	
应收账款	2 000	
预付保险费	2 400	
设备	3 000	
累计折旧——设备		25
卡车	8 000	
累计折旧——卡车		100
银行贷款		6 000
应付账款		700
应付利息		18
预收账款		100
应付所得税		500
股本		10 000
股息	200	
维修收入		10 700
折旧费用——设备	25	
折旧费用——卡车	100	
租金费用	1 600	
保险费用	200	
利息费用	18	
工资费用	3 500	
耗材费用	2 000	
卡车运营费用	700	
所得税费用	500	
合 计	28 143	28 143

调整后的试算平衡表编制完成后,在下一章我们将学习如何运用调整后的试算平衡表编制财务报表。

课后习题

A. 自测选择题

1. 权责发生制,也称为应计制,是指以( )来确认收入和费用。
   A. 是否收到现金或付出现金　　　　B. 权利或者责任关系的实际发生时间
   C. 是否收到或付出银行存款　　　　D. 以上都不对

2. 我国2006年发布的会计准则,将( )作为确认时间基础。
   A. 权责发生制　　　　　　　　　　B. 收付实现制
   C. 相关性和可靠性　　　　　　　　D. 以上都不对

3. 现金流量表的编制,采用( )作为确认时间基础。
   A. 权责发生制　　　　　　　　　　B. 收付实现制
   C. 相关性和可靠性　　　　　　　　D. 以上都不对

4. 企业计提本月承担的短期借款利息,属于( )。
   A. 应计费用　　　　　　　　　　　B. 预付及递延项目
   C. 预收项目　　　　　　　　　　　D. 应收项目

5. 企业与客户签订一笔销售合同,并收取一笔定金,该定金可以抵减未来的销售款,在会计上,应该将收到的定金视为( )。
   A. 负债,通过应付账款反映　　　　B. 负债,通过预收账款反映
   C. 收入,通过主营业务收入反映　　D. 收入,通过其他业务收入反映

6. 企业于会计年度2018年3月10日赊销一批商品,符合收入确认标准,款项未收回,在会计上,应该将应收的款项视为( )。
   A. 账项调整项目,通过应收账款反映　　B. 账项调整项目,通过预收账款反映
   C. 不是账项调整,通过应收账款反映　　D. 不是账项调整,通过预收账款反映

7. 应计利息费用的核算一般是通过( )损益类账户来进行核算的。
   A. 预收账款　　B. 预付账款　　C. 应付利息　　D. 财务费用

8. 企业现金销售一批商品,但2年后发生退货,并将款项返还给客户,但其中30%的款项暂时无法支付。针对此项业务的收入确认和款项退回( )。
   A. 销售环节,权责发生制和现金收付制会计处理一致
   B. 销售环节,权责发生制和现金收付制会计处理不一致
   C. 退货环节,现金收付制不需要进行会计处理
   D. 整个经济业务,权责发生制与现金收付制会计处理一致

9. 下列经济业务,不属于账项调整项目的是( )。
   A. 坏账准备　　　　　　　　　　　B. 固定资产折旧计提
   C. 摊销上个月预交的租金　　　　　D. 计提本月承担的利息费用

10. 编制调整分录的目的是（　　）。
A. 将一个会计期间的收入、费用和股利调整到留存收益账户
B. 根据经济交易的结果调整资产、负债、收入和费用账户
C. 将实现原则和配比原则应用于影响两个或多个会计期间的交易
D. 为了下一会计期间的交易事项而调整收入和费用账户

B. 概念回顾与思考

1. 权责发生制下为什么需要账项调整？需要进行哪些账项调整？
2. 试问调整分录是如何将资产转化为费用的？
3. 试问调整分录是如何将负债转化为收入的？
4. 试问调整分录是如何记录应计费用的？
5. 试问调整分录是如何记录应计收入的？
6. 解释收入确认原则的在调整分录中的应用。
7. 解释配比原则在调整分录中的应用。
8. 解释重要性的概念。
9. 如何编制调整后的试算平衡表？解释其编制目的。
10. 编制财务报表和调整后的试算平衡表之间有何关系？

C. 业务处理

1. 下面列示的是本章所使用的 9 个会计术语：

| 未记录收入　调整分录　应计费用　账面价值　配比原则　累计折旧　未赚取收入 |
| 重要性　预付费用 |

下列每项表述可能（或可能不）描述这些术语中的一个。对每一表述，指出所描述的会计术语；若表述没有正确描述任一会计术语，则回答"没有"。
(1) 一项资产记录在会计记录中的金额与其市场价值是不同的。
(2) 基于简便起见和经济性考虑，合理偏离其他会计原则是被允许的。
(3) 收入抵减掉费用之后形成净收益。
(4) 本期已赚取但未记录或未收款的收入在期末要编制调整分录。
(5) 期末编制的分录是通过在收入赚取时确认收入，在相关的资产与服务使用时记录费用，以达到应计制会计之目的。
(6) 当消费者为将来提供的服务预付款项时，应贷记某一账户。
(7) 一个被用来核算诸如保险费、租金和办公物料等预付款的资产负债表项目。
(8) 一项费用反映了资产成本在其经济寿命期的系统性分摊。

2. 下面描述的每一种情况，指出其违反以下哪一个公认会计原则。若你认为下面的实务未违反任何原则，则回答"没有"并予以解释。

| 配比　重要性　成本　实现　客观性　充分披露 |

(1) 财务报表未披露一件针对公司的大额诉讼案件，因为到年底该诉讼仍未结束。
(2) 一家大型经销公司的会计人员将价值7.2元的金属废纸篓在10年内摊销。
(3) 一家小型航空公司未确认飞行器折旧费用，因为飞机被保养得像新的一样。
(4) 某旅馆在接到预定通知日确认房间租金收入，在冬季许多客户提前一年预订房间。

3. 云顶香港，连同其共同控制的实体——挪威邮轮，是全球第三大邮轮公司。宣传册的印刷成本最初被记录为"预付物料"，随后在邮寄时被确认为"广告费用"。对于即将到来的邮轮旅行，乘客的押金被认为是预收收入，并作为"预收票务收入"入账。在完成航行后，押金将被转换为"客票收入"。
(1) 云顶香港如何在财务报表上报告"预付物料"？如何报告"预收票务收入"？
(2) 当价值100万元的宣传册被邮寄时，请编制必要的调整分录。
(3) 在最近的年报中，云顶香港报告其预收票务收入超过1 000万元。当下一年度500万元票务收入被赚取时，请编制必要的调整分录。
(4) 回顾云顶香港的整个调整过程，你认为哪一项调整分录产生了公司利润表中最重要的费用？

4. ABC股份有限公司2017年7月份发生下列经济业务：
(1) 销售产品80 000元，货款存入银行；
(2) 销售产品200 000元，货款尚未收到；
(3) 收到A公司上月应收销货款70 000元；
(4) 预付7—12月的办公大楼租金26 000元；
(5) 预提本月份的银行短期借款利息5 000元；
(6) 购进管理部门办公用品2 000元，用现金支付；
(7) 收到B公司预付的货款80 000元；
(8) 用银行存款支付上季度银行短期借款利息9 000元；
(9) 用银行存款支付下季度报刊订阅费3 000元；
(10) 收到客户购买公司产品的定金10 000元。

[要求]
(1) 根据权责发生制计算当月的收入和费用。
(2) 编制上述业务的会计分录。

5. 南瑞超市2017年6月份发生以下经济业务：
(1) 6月2日，支付上月的电费6 000元；
(2) 6月3日，收回上月的应收账款9 000元；
(3) 6月10日，收到本月的营业收入款5 000元；
(4) 6月15日，支付本月应负担的办公费1 200元；
(5) 6月20日，支付下季度保险费2 400元；
(6) 6月22日，应收营业收入30 000元，款项尚未收到；
(7) 6月28日，预收客户货款8 000元；
(8) 6月30日，负担上季度已经预付的保险费800元。

[要求]
(1) 根据权责发生制计算当月的收入和费用。

(2) 编制上述业务的会计分录。

6. 虹桥公司 2017 年 6 月份须进行期末账项调整的资料如下：

(1) 1 月份曾预付本年度房屋租金 84 000 元。

(2) 1 月份曾预付本年度厂房设备财产保险费 12 000 元。

(3) 应计提折旧的固定资产中，机器设备原价 1 200 000 元，年折旧率 10%；房屋原价 4 800 000 元，年折旧率 5%，其中生产车间应负担 60%。

(4) 本月应计提设备修理费 800 元。

[要求] 按权责发生制编制该公司 6 月份的调整分录。

7. 水原公司 2017 年 12 月份需要调整的有关项目如下：

(1) 生产车间使用的机器设备及房屋应计提折旧 2 000 元，行政管理部门使用的房屋应计提折旧 800 元；

(2) 支付第四季度短期借款利息 1 550 元，10 月份和 11 月份已预提利息费用共计 1 000 元；

(3) 年初曾支付一年期的财产保险费 2 400 元，每月均匀负担；

(4) 本月应付所得税 1 800 元；

(5) 本月出租包装物，预收三个月的租金共计 900 元，款项存入银行；

(6) 预计本月银行存款利息收入 200 元；

(7) 以银行存款预付下一年度保险费 1 200 元；

(8) 预收下年度房屋租金 24 000 元，款项已存入银行；

(9) 本年度估计应计机器修理费 5 400 元，1—11 月份每月已平均预提，至年终修理费实际支出 5 450 元；

(10) 预计本月银行借款利息支出 500 元。

[要求] 根据上述资料编制必要的调整分录。

8. A 企业 2017 年 6 月份与账项调整有关的经济业务如下：

6 月 3 日，出租暂时闲置的固定资产，租期 8 个月，收到承租人交来的租金 16 000 元，存入银行。

6 月 10 日，以银行存款支付下半年的厂房和机器设备的保险费 3 000 元。

6 月 15 日，预收下半年出租包装物的租金收入 4 200 元。

6 月 30 日，支付第二季度银行短期借款利息 9 800 元，而 4 月份和 5 月份已预提利息费用共 6 800 元。

6 月 30 日，按银行通知，该季度企业实际存款利息为 1 500 元，已转入本单位存款户，企业在 4 月份和 5 月份各按 500 元利息收入估计入账。

月末，按计划数预提应由本月负担的生产设备修理费 900 元。

月末，摊销应由本月负担的厂房设备财产保险费用 500 元，报刊订阅费 100 元。

月末，登记本月已实现的出租包装物租金收入 700 元，出租固定资产租金收入 2 000 元。

计提当月折旧费 29 000 元，其中：车间固定资产折旧费 18 000 元，销售部门固定资产折旧费 5 000 元，行政管理部门折旧费 6 000 元。

[要求] 练习期末账项调整的会计处理，要求按权责发生制原则编制上述业务的会

计分录。

9. 以下是廷科公司 2017 年 12 月 31 日编制的调整前和调整后的试算平衡表。

账　户	调整前 借	调整前 贷	调整后 借	调整后 贷
库存现金	35 200		35 200	
应收账款	29 120		34 120	
未到期保险费	1 200		600	
预付租金	5 400		3 600	
办公用品	680		380	
设备	60 000		60 000	
累计折旧——设备		49 000		50 000
应付账款		900		900
应付票据		5 000		5 000
应付利息		200		250
应付工资		—		2 100
应交所得税		1 570		2 170
未赚取收入		6 800		3 800
股本		25 000		25 000
留存收益		30 000		30 000
已赚取收入		91 530		99 530
广告费用	1 500		1 500	
保险费用	6 600		7 200	
租金费用	19 800		21 600	
办公物料费用	1 200		1 500	
维修费用	4 800		4 800	
折旧费用——设备	11 000		12 000	
工资费用	26 300		28 400	
利息费用	200		250	
所得税费用	7 000		7 600	
合　计	210 000	210 000	218 750	218 750

[要求] 编制 2017 年 12 月 31 日引起账户余额上述变动的调整日记账分录。

10. 海猫公司经营着一艘大游轮，运送游客去几个岛屿进行潜水和航海。公司每月调账。4 月 30 日公司调整后试算表的一些账户余额如下（单位：元）：

预付租金	12 000	
未到期保单	2 400	
游轮	96 000	
累计折旧——游轮		20 000
未赚取票务收入		1 040

其他数据：
(1) 游轮按8年的估计寿命计提折旧，残值为零。
(2) 未赚取票务收入表示4月1日以每张2元卖给旅游旅馆的未来航班票。在4月份，160张票已使用。
(3) 4月1日，5个月的租金已经预付。
(4) 未到期保单是3月1日购买的12个月的火灾保单。

[要求]
(1) 确定以下各项：
① 游轮已使用年限(精确到月)。
② 4月1日共卖出多少张单价2元的未来航班票。
③ 月租金。
④ 12个月火灾保单的原始成本。
(2) 编制4月30日的调整分录。

D. 案例分析

A公司经营一家滑雪场，为了吸引更多的滑雪爱好者，最近该公司的管理层发起了一场声势浩大的广告宣传活动。在活动中，该公司花费9 000元印发宣传册，17 000元用于人工智能广播媒体广告，14 000元用于经营杂志和报纸广告。

如今，A公司正计划向当地一家银行贷款，以扩大下一季经营效益。在准备给银行使用的财务报表时，A公司的管理层将整个4万元的广告支出资本化为年度资产负债表中的预付广告费用。该公司决定将该资产转换为广告费用的时间推迟3年，理由是至少需要这么长时间才能实现其宣传达到的全部效益。管理层还争辩说，4万元的广告支出如何报告并不重要，因为数额无关紧要。

[要求]
(1) 管理层推迟将4万元预付费用转化为广告费用这一决策是否符合公认的会计准则要求？请阐明你的观点。
(2) 管理层决定将这一支出推迟报告3年是否会产生任何伦理上的影响？请进一步解释。

第5章 会计循环:报告财务结果

学习目标

1. 编制利润表、所有者权益变动表和资产负债表。
2. 理解利润表、所有者权益变动表和资产负债表之间的关系。
3. 理解充分披露的概念。
4. 理解编制结账分录的目的,并掌握如何编制结账分录。
5. 编制结账后试算平衡表。

引导案例

罗牛山因"未充分披露"受罚

公司报告财务结果,除了常规的资产负债表、利润表、现金流量表和所有者权益变动表之外,还应遵循充分披露会计原则,披露任何对于确切理解财务报表所必需的信息。

2018年6月27日,罗牛山股份有限公司发布公告称,收到中国证监会海南监管局警示函,因公司仅披露取得"国际赛马娱乐文化小镇"建设项目备案证明的信息,但未充分披露相关项目尚未进行可行性研究,备案证明对后续建设无法定约束力,以及预计开工建设时间、融资渠道和资金来源、土地性质变更等事项存在不确定性等相关风险。

罗牛山股份有限公司是中国首家菜篮子股份制上市企业(股票代码:000735),是以食品加工、冷链物流及畜牧养殖为主业,集房地产开发、教育、金融投资等板块的多元化企业集团。该公司的上述行为不符合《上市公司信息披露管理办法》(证监会令第40号)第二条的规定,即信息披露义务人应当真实、准确、完整、及时地披露信息,不得有虚假记载、误导性陈述或者重大遗漏。显然,罗牛山股份有限公司未能履行"准确、完整"地披露影响财务报表质量的信息的义务。

根据《上市公司信息披露管理办法》第五十九条规定,海南监管局对罗牛山股份有限公司采取出具警示函的行政监管措施,并计入资本市场诚信信息数据库。

(资料来源:http://finance.eastmoney.com/news/1345,20180627896123433.html。)

本章将考察公司如何编制供提供给投资者、债权人和管理层使用的通用财务报表,同时讨论哪些事项需要作为财务报表附注予以披露。此外,还将完成会计循环接下来的几个步骤:① 编制财务报表;② 编制年末的结账分录;③ 编制结账后的试算平衡表。

5.1 编制财务报表

  财务报表是一个企业所有已发生的交易或事项,按照会计准则确认为资产、负债、所有者权益、收入、费用等要素,在可靠计量和正确记录的基础上,再次确认为报表项目而形成的书面文件。按其所反映的内容可分为资产负债表、利润表、现金流量表和所有者权益变动表;按编制的时期,可分为年度、半年度、季度和月度财务报表。一个企业基本的财务报表是资产负债表、利润表和现金流量表。小企业编制的会计报表可以不包括现金流量表,而一般企业除了上面所提到三张报表外,还要编制所有者权益变动表。

  利润表、所有者权益变动表和资产负债表的数值可以直接从调整后的试算平衡表获得。表 5-1 是上一章例题最终形成的调整后试算平衡表。

表 5-1 钟山汽车服务公司调整后试算平衡表

2017 年 1 月 31 日   单位:元

账　户	借	贷
库存现金	3 700	
应收账款	2 000	
预付保险费	2 400	
设备	3 000	
累计折旧——设备		25
卡车	8 000	
累计折旧——卡车		100
银行贷款		6 000
应付账款		700
应付利息		18
预收账款		100
应付所得税		500
股本		10 000
股息	200	
维修收入		10 700
折旧费用——设备	25	
折旧费用——卡车	100	

续表

账　户	借	贷
租金费用	1 600	
保险费用	200	
利息费用	18	
工资费用	3 500	
耗材费用	2 000	
卡车运营费用	700	
所得税费用	500	
合　计	28 143	28 143

财务报表的编制有其先后顺序。最先编制的是利润表,因为其决定了利润的多少,而利润的多少将会在所有者权益变动表中列示。第二顺位编制的是所有者权益变动表,因为其决定了列示在资产负债表中所有者权益的数额。注意在这三张报表中并未包括现金流量表。有关现金流量表的内容将会在后面章节重点介绍。

5.1.1 利润表

利润表是反映企业一定会计期间(如月度、季度、半年度或年度)生产经营成果的会计报表。企业一定会计期间的经营成果既可能表现为盈利,也可能表现为亏损,因此,利润表也被称为损益表。它全面揭示了企业在某一特定时期实现的各种收入、发生的各种费用、成本或支出,以及企业实现的利润或发生的亏损情况。

利润表是根据"收入－费用＝利润"的基本关系来编制的,其具体内容取决于收入、费用、利润等会计要素及其内容。利润表项目是收入、费用和利润要素内容的具体体现。从反映企业经营资金运动的角度看,它是一种反映企业经营资金动态表现的报表,主要提供有关企业经营成果方面的信息,属于动态会计报表。

根据表5-1调整后试算平衡表,可编制钟山汽车服务公司当月的利润表(见表5-2)。

表5-2　钟山汽车服务公司利润表
2017年1月
单位:元

收入		
维修收入		10 700
费用		
折旧费用——设备	25	
折旧费用——卡车	100	
租金费用	1 600	
保险费用	200	
利息费用	18	

续 表

工资费用	3 500	
耗材费用	2 000	
卡车运营费用	700	
所得税费用	500	
费用总计		8 643
净利润		2 057

5.1.2 所有者权益变动表

所有者权益包括实收资本(或股本)、留存收益和其他所有者权益。实收资本(Share Capital)指企业实际收到的投资人投入的资本,留存收益(Retained Earnings)是指企业从历年实现的利润中提取或形成的留存于企业的内部积累,包括盈余公积和未分配利润两类。所有者权益变动表是反映企业本期(年度或中期)内至截至期末所有者权益变动情况的报表。在所有者权益变动表中,企业还应当单独列示反映下列信息:① 所有者权益总量的增减变动。② 所有者权益增减变动的重要结构性信息。③ 直接计入所有者权益的利得和损失。所有者权益的增长是由于发行股票和由于盈利导致留存收益的增加。所有者权益的减少是由于损失或者发放股利引起的减少。

所有者权益变动表中各项目关系如下:

期初所有者权益余额＋发行股票－股票回购＝期末留存收益余额

期初留存收益余额＋利润－股利＝期末留存收益余额

股份公司通常在年终结算后,将盈利的一部分作为股利按股额分配给股东。股利的主要发放形式有现金股利、股票股利等。现金股利亦称派现,是股份公司以货币形式发放给股东的股利;股票股利也称为送红股,是指股份公司以增发本公司股票的方式来代替现金向股东派息,通常是按股票的比例分发给股东。股东得到的股票股利,实际上是向公司增加投资;新建或正在扩展中的公司,往往会借助于分派股票股利而少发现金股利。

最后需要注意的是,发放给股东的股利并不作为费用列示在利润表中,而是作为公司决策发放一部分收益给股东,所以在计算收益时不包括股利。

根据表5-1和5-2,编制钟山汽车服务公司当月所有者权益变动表,如表5-3所示。

表5-3 钟山汽车服务公司所有者权益变动表

2017年1月31日　　　　　　　　　　　　　　　　　　　单位:元

期初所有者权益		10 000
加:本月净利润		2 057
总计		12 057
减:股利	200	
期末所有者权益		11 857

5.1.3 资产负债表

资产负债表是反映企业在某一特定日期(如月末、季末、年末)全部资产、负债和所有者权益情况的会计报表,是企业经营活动的静态体现,根据"资产=负债+所有者权益"这一平衡公式,依照一定的分类标准和一定的次序,将某一特定日期的资产、负债、所有者权益的具体项目予以适当的排列编制而成。它表明权益在某一特定日期所拥有或控制的经济资源、所承担的现有义务和所有者对净资产的要求权。它是一张揭示企业在一定时点财务状况的静态报表。就报表基本组成而言,资产负债表主要包含报表左边算式的资产部分,与右边算式的负债与所有者权益部分。

根据表 5-1、表 5-2 和表 5-3,可编制 2017 年 1 月 31 日钟山汽车服务公司的资产负债表,如表 5-4 所示。

表 5-4 钟山汽车服务公司资产负债表

2017 年 1 月 31 日　　　　　　　　　　　　　　　　　　　　　单位:元

资产		负债与所有者权益	
流动资产:		银行贷款	6 000
库存现金	3 700	应付账款	500
应收账款	2 000	应付利息	18
预付保险费	2 400	预收账款	100
流动资产合计	8 100	应付所得税	500
固定资产		负债合计	7 118
设备	3 000		
减:累计折旧——设备	25	股本	10 000
设备净额	2 975	留存收益①	1 857
卡车	8 000	所有者权益合计	11 857
减:累计折旧——卡车	100		
卡车净额	7 900		
固定资产合计	10 875		
资产合计	18 975	负债与所有者权益合计	18 975

三张基本报表之间的关系如图 5-1 所示。

---

① 留存收益为当月净利润 2 057 元与派发的股利 200 元之差额。

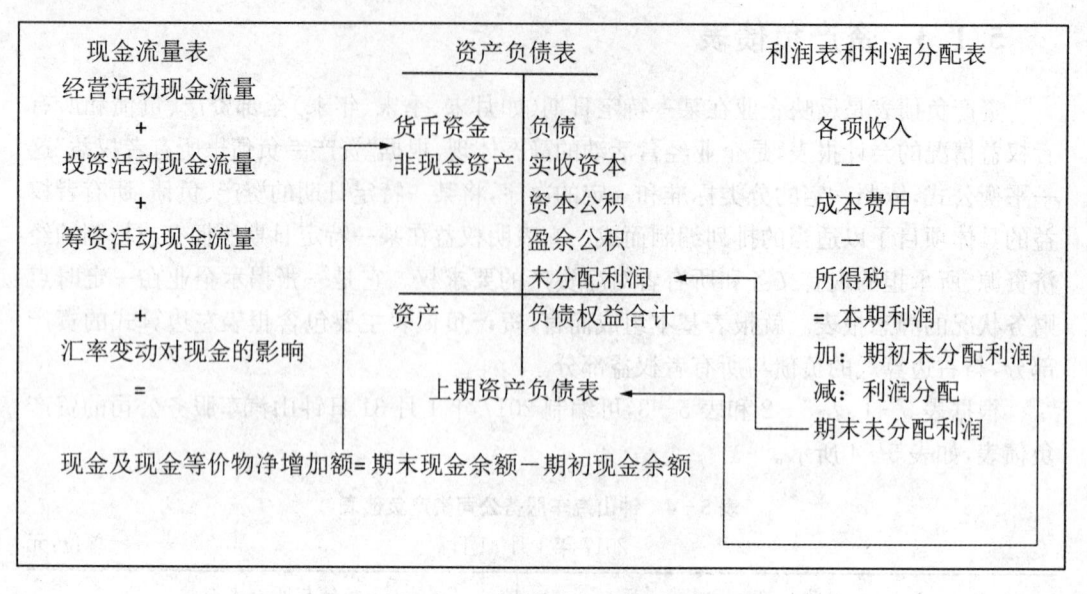

```
现金流量表              资产负债表                利润表和利润分配表
经营活动现金流量
    +              货币资金   负债              各项收入
投资活动现金流量      非现金资产  实收资本            —
    +                         资本公积           成本费用
筹资活动现金流量                  盈余公积            —
    +                         未分配利润          所得税
汇率变动对现金的影响      资产     负债权益合计       = 本期利润
    =                                         加：期初未分配利润
                         上期资产负债表         减：利润分配
                                             期末未分配利润
现金及现金等价物净增加额=期末现金余额-期初现金余额
```

图 5-1 财务报表之间的关系

5.2 财务报表附注

对于财务报表的使用者来说，充分披露（Adequate Disclosure）可能是最重要的会计原则。这一原则意味着财务报表应该披露任何对于确切解释财务报表必需的信息。多数披露出现于财务报表的注释中。拟定这些注释是期末会计人员面临的最具挑战性的工作。这些注释的内容经常无法从会计记录中直接得到。因此，拟定这些注释需要深刻理解公司、公司的业务、会计原则以及会计信息使用者如何解释和使用会计信息。

财务报表附注旨在帮助财务报表使用者深入了解基本财务报表的内容，财务报表制作者对资产负债表、损益表和现金流量表的有关内容和项目所做的说明和解释。财务报表附注中的内容非常重要，主要包括企业所采用的主要会计处理方法、会计处理方法的变更情况、变更的原因及对财务状况和经营业绩的影响、发生的非经常性项目、重要报表项目的显著变化、或有事项、期后事项以及其他对理解和分析财务报表重要的信息。

5.3 必须要披露的信息类型

没有一个综合的清单显示哪些信息应披露在财务报表中。披露的充分性是基于官方制度、传统和会计人员的职业判断的。作为公认原则，一个公司应该披露任何智力健全的人认为对于确切解释报表必不可少的信息。除了所使用的会计模式和债务的到期日，企业可能需要披露以下信息：

（1）不符合基本会计假设的说明。

（2）重要会计政策和会计估计的说明，以及重大会计差错更正的说明。会计报表附注应披露的重要会计政策主要包括：
① 编制会计合并报表所采纳的原则；
② 外币折算时所采用的方法；
③ 收入的确认原则；
④ 所得税的会计处理方法；
⑤ 短期投资的期末计价方法；
⑥ 存货的计价方法；
⑦ 长期股权投资的核算方法；
⑧ 长期债权投资溢折价的摊销方法；
⑨ 坏账损失的具体会计处理方法；
⑩ 借款费用的处理方法；
⑪ 无形资产的计价及摊销方法；
⑫ 应付债券的溢折价的摊销方法。
(3) 或有事项的说明。
(4) 资产负债表日后事项的说明。
(5) 关联方关系及其交易的说明。
(6) 会计报表中重要项目的说明。
(7) 其他重大会计事项的说明。

再次强调不存在综合的必须披露的项目的清单。在本课程中，我们将确定并讨论许多要求披露在财务报表中的项目。在一些情况下，公司甚至必须披露对于公司可能造成损害的信息。例如，制造商可能需要披露消费者因被其产品伤害而提起诉讼的信息。披露可能证明是令公司陷入困境，甚至是毁灭性的，这一事实不是保持信息秘密的理由。充分披露的概念需要管理层的努力以使信息使用者得到公司经营的信息。

公司没有被要求披露不重要的信息或者对公司的财务状况没有直接影响的信息。例如，公认会计准则没有要求一个公司披露公司的人事安排、防火或者关键领导人的死亡。当然，公司经常在自愿的基础上披露一些非财务信息。

5.4 结　账

5.4.1 结账的概念

结账是一项将账簿记录定期结算清楚的账务工作。在一定时期结束时（如月末、季末或年末），为了编制财务报表，需要进行结账，具体包括月结、季结和年结。结账的内容通常包括两个方面：一是结清各种损益类账户，并据以计算确定本期利润；二是结出各资产、负债和所有者权益账户的本期发生额合计和期末余额。

5.4.2 结账的程序

(1) 结账前将本期发生的经济业务全部登记入账，并保证其正确性。对于发现的错误,应采用适当的方法进行更正。

(2) 在本期经济业务全面入账的基础上,根据权责发生制的要求,调整有关账项,合理确定应计入本期的收入和费用。

(3) 将各损益类账户余额全部转入"本年利润"账户,结平所有损益类账户。

(4) 结出资产、负债和所有者权益账户的本期发生额和余额,并转入下期。上述工作完成后,就可以根据总分类账和明细分类账的本期发生额和期末余额,分别进行试算平衡。

5.4.3 账户的性质与结账规则

1. 账户的性质

账户按其虚实可分为以下两类:

(1) 永久性账户(Permanent Accounts)又称"实账户",是指期末一般都有余额并应随着经营活动的延续而递延到下一个会计期间的账户。永久性账户的期末余额成为下一会计期的期初余额。资产负债表账户均为永久性账户。

(2) 临时账户(Temporary Accounts)又称"虚账户",是指仅仅反映一个时期的经济活动,期末没有余额,每个会计期都从"零"开始的账户。利润表账户都是临时性账户,结清收入与费用账户的目的是准确、独立地计算各会计期的利润。

2. 不同性质账户的结账规则

不同性质的账户,其结账会计处理存在差异。

(1) 对实账户,要结出期末余额,并将其转入下一个会计期间作为下一个会计期的期初余额;不需要编制结账分录。

(2) 对所有的临时账户,都要全部予以结平,故需要编制结账分录,具体结账程序如下:

首先,将所有收入类账户的本期发生额结转至"本年利润"账户,即借记"收入类"账户,贷记"本年利润"账户;

其次,将所有费用类账户的本期发生额结转至"本年利润"账户,即借记"本年利润"账户,贷记"费用类"账户;

最后,将"本年利润"账户这一临时性账户借贷方之间的差额结转至"未分配利润"账户。若为利润,则借记"本年利润"账户,贷记"未分配利润"账户;若为亏损,则借记"本年利润",贷记"利润分配"账户。

5.4.4 临时性账户的结转

临时性的收入和费用账户实际上是所有者权益(留存收益中的未分配利润)账户的子账户,按理可以在会计期末时将临时性账户结转到有关留存收益(利润分配——未分配利润)账户,从而确定全部收入和费用交易的净影响额——净利润或净损失。但实务中并不是把每个临时性账户直接结转到有关留存收益账户,而是先结转到一个旨在汇总收入和费用交易的中间账户,这个账户被称为"本年利润"账户。事实上该账户是一个收益汇总账户,它反映出一个给定会计期间内的净利润或净损失。而"本年利润"账户又是一个紧接着要结转到"利润分配"留存收益账户的过渡性账户。

1. 收入账户的结账分录

收入账户有贷方余额。因此,结束收入账户意味着将其贷方余额转入"本年利润"账户。这笔转账是通过一笔日记账分录完成的:借记"收入"账户,金额与"收入"账户的贷方余额相等,以同样的金额贷记"本年利润"账户。该分录中的借方将"收入"账户的余额恢复为零,贷方将"收入"账户的本期余额转入"本年利润"账户。

钟山汽车服务公司唯一一个收入账户是"维修收入"账户,在 1 月 31 日该账户有 10 700 元贷方余额。结账分录如下:

借:维修收入 10 700
    贷:本年利润 10 700

结账分录过账以后,"维修收入"账户余额为零,而"本年利润"账户有贷方余额 10 700 元。

2. 费用账户的结账分录

费用账户有借方余额。结束费用账户意味着将其借方余额转入"本年利润"账户。因此,结束费用账户的日记账分录如下:贷记"费用"账户,其金额等于"费用"账户的借方余额,以相同金额借记"本年利润"账户。

钟山汽车服务公司的分类账中有九个费用账户。可以作九笔分开的日记账分录来结束这九个费用账户,亦可以用一笔合并日记账分录结账。以下是合并结转的例子。

借:本年利润 8 643
    贷:折旧费用——设备 25
        折旧费用——卡车 100
        租金费用 1 600
        保险费用 200
        利息费用 18
        工资费用 3 500
        耗材费用 2 000
        卡车运营费用 700
        所得税费用 500

上述分录过账以后,"本年利润"账户有贷方余额 2 057 元(=10 700-8 643),九个费用账户的余额均为零。

3. 本年利润账户的结账分录

九个费用账户现已结清,这些账户此前的 8 643 元总余额现在出现在"本年利润"账户的借方栏,而 1 月份赚取的收入 10 700 元出现在本年利润账户的贷方栏。代表 1 月份收入金额 10 700 元大于 1 月份费用的借方金额 8 643 元,因此,该账户有贷方余额 2 057 元,即 1 月份的净利润。1 月份赚取的 2 057 元净利润引起所有者权益增加。因而,"本年利润"账户的贷方余额通过以下结账分录转入所有者权益账户。

借:本年利润 2 057
    贷:留存收益 2 057

结账分录过账以后,"本年利润"账户的余额为零,1 月份的净利润以贷方增加的形式出现在所有者权益账户,如图 5-2 所示。

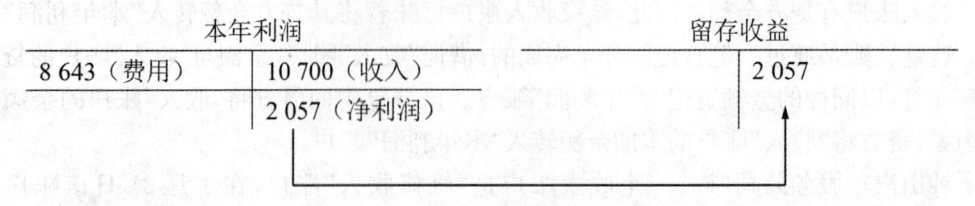

本年利润		留存收益
8 643（费用）	10 700（收入）	2 057
	2 057（净利润）	

图 5-2　本年利润账户的结账分录

在本例中,企业的收入超过费用,是盈利性经营。如果企业的费用比收入大,"本年利润"账户将有借方余额,代表企业会计期间的净损失。在这种情况下,本年利润账户的结转需要借记所有者权益账户,贷记本年利润账户。所有者权益因企业亏损而减少。需要说明的是,本年利润账户仅在期末结账时使用,平常无须编制分录,亦无余额。

4. 股利账户的结账分录

前已述及,股利发放不构成企业的费用,不影响净利润的计算。因此股利账户结转不是转入本年利润账户而是直接转入所有者权益账户（留存收益）,具体分录如下：

借:留存收益　　　　　　　　　　　　　　　　　　　　　200
　　贷:股利　　　　　　　　　　　　　　　　　　　　　　　　　200

股利结转之后,留存收益账户如下：

留存收益	
200（股利发放）	2 057（净利润转入）
	1 857（余额）

5.5　结账后试算平衡表

5.5.1　试算平衡表的作用

试算平衡(Trial Balance)是指为了检查过账的正确性,将计入各分类账户的借方或贷方发生额和余额列示在一张表中,然后检查借方与贷方发生额合计、借方余额合计与贷方余额合计是否相等的一项会计工作。所以试算平衡包括发生额试算平衡和余额试算平衡,期末会计往往会将这两种试算平衡表放在一张表格中。为了保证账簿记录的正确性,减少会计人员在各个程序中可能出现的差错,一般在账项调整前,在全部交易和事项（明显的）登记入账之后,要编制调整前的试算平衡表,以揭示调整前各账户的发生额合计和余额,在此基础上进行账项调整,编制调整分录（包括存货成本的结转）并登记入账。然后编制调整后的试算平衡表,在此基础上进行损益的结转,编制结转分录,并登记入账,这时账簿记录中的损益类账户已经无余额,一般要编制结账后的试算平衡表。结账后的试算表仅包括资产、负债和所有者权益等实账户,因为结账后的试算平衡往往指的是余额平衡,为编制资产负债表奠定基础。因此试算平衡是一个重要的会计程序。不过在实务中,只有结账后的试算平衡表是必选程序,其他都是可选程序。试算平衡表的基本格式如表5-1所示。

总之,在不同会计程序中进行试算平衡可以有以下作用:

(1) 验证会计记录中计算有无错误。企业的各种交易或事项发生之后,会计通过记账凭证和分类账予以记载,难免会发生错误,通过试算平衡可以及时发现错误并予以更正。

(2) 便于编制会计报表。试算平衡表根据各分类账借贷余额汇总而成,根据试算平衡表编制会计报表将比直接依据分类账更为方便。这对拥有大量分类账的企业而言,尤为便捷。

(3) 初步揭示财务状况和经营成果。对不同会计程序中的试算平衡表所列数据进行浏览,不仅可以大体了解企业的财务状况和经营成果,而且可以得知企业调整前后损益的虚实,从而为决策提供依据。

5.5.2 试算平衡表的编制方法

这里以账项调整后,结账前的试算平衡表为例简述试算平衡表的编制程序。

(1) 将所有调整分录过到相应的账户中。
(2) 进行发生额的试算平衡。如果发生额平衡没有问题,进行下一步;否则检查错误。
(3) 计算各个账户调整后的期末余额。
(4) 对调整后的余额进行试算平衡。若无问题,就可以结转虚账户以及过渡性账户,并计算出损益;否则应检查并改正所有错误,直到平衡为止。

表5-5列出了钟山汽车服务公司结账后的试算平衡表。

表5-5 钟山汽车服务公司结账后试算平衡表

2017年1月31日　　　　　　　　　　　　　　　　　　　　　单位:元

账　户	借	贷
库存现金	3 700	
应收账款	2 000	
预付保险费	2 400	
设备	3 000	
累计折旧——设备		25
卡车	8 000	
累计折旧——卡车		100
银行贷款		6 000
应付账款		500
应付利息		18
预收账款		100
应付所得税		500
股本		10 000
留存权益		1 857
合　计	19 100	19 100

课后习题

A. 自测选择题

1. 某企业年初资产总额为 126 000 元,负债总额为 48 000 元。本年度取得收入共计 89 000 元,发生费用共计 93 000 元,期末负债总额为 50 000 元,则该企业年末资产总额为(　　)元。

   A. 124 000　　B. 122 000　　C. 128 000　　D. 131 000

2. 以下不属于损益类账户的是(　　)。

   A. 反映收益的账户　　　　　　B. 反映生产成本类账户
   C. 反映销售成本类账户　　　　D. 反映期间费用的账户

3. 某企业 6 月初的资产总额为 60 000 元,负债总额为 25 000 元。6 月初取得收入共 28 000 元,发生费用共计 18 000 元,则 6 月末该企业的所有者权益总额为(　　)。

   A. 85 000 元　　B. 35 000 元　　C. 10 000 元　　D. 45 000 元

4. 利润表的主要作用之一是(　　)。

   A. 了解企业资产使用的合理性和效率
   B. 分析和评价企业的短期偿债能力
   C. 了解企业现有的投资者在企业资产总额中所占的份额
   D. 了解投资者投入资本的保值增值情况

5. (　　)是指对资产负债表、利润表、现金流量表等报表中列示项目所做的进一步说明,以及对未能在这些报表中列示项目的说明等。

   A. 财务会计报告　　　　　　B. 财务会计报告附注
   C. 会计报表附注　　　　　　D. 财务情况说明书

6. 资产负债表是反映企业在(　　)的财务状况的报表。

   A. 一定期间　　B. 某一特定日期　　C. 某一特定时期　　D. 某一会计期间

7. 以下资产负债表项目中,错误的是(　　)。

账户名称	借方余额	账户名称	贷方余额
库存现金	1 500	短期借款	60 000
银行存款	46 110	应付账款	97 200
应收账款	80 100	应交税费	24 600
原材料	84 000	实收资本	681 000
库存商品	108 690	本年利润	372 000
生产成本	19 200	累计折旧	214 800
固定资产	975 000		
利润分配	135 000		
合　计	1 449 600	合　计	1 449 600

A. 流动资产合计 339 600 元 B. 流动负债合计 181 800 元
C. 所有者权益合计 1 053 000 元 D. 资产总计 1 099 800 元

8. 利润表是反映( )的报表。

A. 财务状况 B. 经营成果 C. 费用和成本 D. 合并财务

9. 资产负债表中的各报表项目( )。

A. 都按有关账户期末余额直接填列
B. 必须对账户发生额和余额进行分析计算才能填列
C. 应根据有关账户的发生额填列
D. 有的项目可以直接根据账户期末余额填列，有的项目需要根据有关账户期末余额分析填列。

10. 下列会计报表中，属于静态报表的是( )。

A. 利润表 B. 利润分配表 C. 现金流量表 D. 资产负债表

B. 概念回顾与思考

1. 简要说明公司年度报告中应包含哪些内容。
2. 有人认为留存收益就是可用作股利分配的现金，你是否认同这一观点？
3. 描述利润表、股东权益变动与资产负债表之间的关系。
4. 什么是充分披露原则？试列举几个需要在财务报表附注中披露的事项。
5. 何谓临时性账户？哪些项目属于临时性账户？
6. 何谓永久性账户？哪些项目属于永久性账户？
7. 简要阐述结账的目的以及如何结账。
8. 结账后试算平衡表中包含哪些账户？这些账户与调整后试算平衡表中的账户有何区别？
9. 一家公司有没有可能盈利良好而流动性不足？试举例说明。
10. 为什么说股利账户与留存收益账户联系十分紧密？

C. 业务处理

1. 以下资产负债表中的项目分别应归属于哪一类？试逐一建立对应关系。

项 目	分 类
预付租金	流动资产
应付股利	非流动资产
应付薪酬	流动负债
累计折旧——设备	长期负债
留存收益	股东权益
应付抵押款	
预收服务费收入	
应收账款	
土地	
办公用品	

2. 某企业年初资产总额为 94 300 元,负债总额为 27 800 元,企业全年实现的利润总额为 100 000 元,所得税税率为 25%,按 10% 提取盈余公积,向投资者分配利润 10 000 元。

[要求] 计算所有者权益的期末余额是多少?

3. 下面列示的是本章所使用的 9 个会计术语:

> 流动性　虚账户　实账户　充分披露　结账后试算平衡表　结账分录　本年利润
> 中期财务报表　股利

下列每一项表述是否描述了上述会计术语中的一个?请逐一指出,若找不出对应术语,则回答"无"。

(1) 旨在帮助使用者更好地理解财务报表的会计原则。
(2) 描述公司在债务到期时偿债能力的术语。
(3) 年末需要结账的账户。
(4) 年末不需要结账的账户。
(5) 用来帮助管理者发现结账分录过账时是否出错的文件。
(6) 公司做出的分配一部分利润给股东的政策。
(7) 年末调整留存收益账户的过程。
(8) 在会计期间内用来更正复杂交易事项最初入账中的错误所编制的分录。

4. 下列账户余额来自杰森咨询公司年末调整后的试算平衡表(假设公司只有临时性账户,单位:元):

咨询费收入	26 000
利息收入	300
保险费用	1 900
租金费用	10 800
折旧费用——办公设备	5 600
薪资费用	16 400
股利	400

5. 企业 2017 年 1 月份损益类账户发生额资料如下(单位:元):

账户名称	借方发生额	贷方发生额
主营业务收入		300 000
主营业务成本	150 000	
销售费用	1 000	
营业税金及附加	600	
管理费用	1 000	
财务费用	800	
营业外收入		1 200
营业外支出	500	
所得税费用	48 609	

[**要求**] 根据以上资料编制1月份利润表。

6. 某公司为增值税一般纳税人,适用增值税税率为16%。

(1) 2017年12月31日有关科目的余额如下表:

2017年12月31日的科目余额表　　　　　　　　　　单位:元

会计科目	借方余额	贷方余额	会计科目	借方余额	贷方余额
库存现金	3 000		短期借款		100 000
银行存款	15 300		应付票据		10 000
应收账款	60 000		应付账款		6 500
坏账准备		300	长期借款		210 000
预付账款	10 000		实收资本		250 000
应收票据	6 000		资本公积		53 000
原材料	110 000		盈余公积		40 000
材料成本差异		10 000			
库存商品	70 000				
长期股权投资	160 000				
固定资产	350 000				
累计折旧		46 000			
合　计	784 300	56 300	合　计		728 000

(2) 该公司2018年1月发生下列经济业务:

① 购进原材料20 000元,增值税3 200元,原预付账款10 000元,不足部分尚未支付。

② 上述购进材料已验收入库。计划成本为22 000元。

③ 上期已核销的应收账款又收回3 000元。

④ 提取固定资产折旧15 000元,计入管理费用5 000元,制造费用10 000元。

⑤ 销售产品收入100 000元,增值税16 000元,款项已存入银行。销售成本为收入的70%,不考虑其他税费。

⑥ 用银行存款支付应付票据10 000元。

⑦ 本期归还长期借款70 000元。

⑧ 本月预交所得税10 000元(要求通过"所得税费用"核算)。

注:未归还的长期借款中一年内到期的部分为40 000元。

[**要求**]

(1) 根据上述经济业务编制会计分录;

(2) 编制该公司2018年1月31日的资产负债表。

7. 苏特租赁公司每月都进行账项调整,但只在年末进行结账。下表是公司2017年12月31日调整后的试算平衡表:

苏特租赁公司调整后试算平衡表

2017 年 12 月 31 日   单位:元

账　户	借	贷
库存现金	91 100	
应收账款	4 500	
物料	300	
设备	12 000	
累计折旧——设备		5 000
应付账款		1 500
应付所得税		3 500
股本		25 000
留存收益		45 000
股利	2 000	
租金收入		96 000
物料费用	1 200	
广告费用	300	
工资费用	52 000	
折旧费用——设备	1 000	
所得税费用	11 600	
合　计	176 000	176 000

[要求]

(1) 编制 2017 年 12 月 31 日利润表、所有者权益变动表和资产负债表。

(2) 公司资金的流动性强吗？请阐述你的观点。

(3) 公司盈利能力强吗？请做出说明。

8. 下列信息是直接从国泰航空公司的财务报表附注中获取的：

(1) 当运输服务提供以后，客运和货运营业额即确认为收入。

(2) 尚未提供运输服务的客运和货运销售记录在未赚取运输收入。

(3) 日常保养和飞机大修所需的备件和人工成本直接计入损益。

(4) 固定资产按其资产成本减去累计折旧和资产减值准备列示。固定资产折旧采用直线折旧法计提，以资产成本减去预估残值，在估计的使用年限内摊销。

[要求]

(1) 讨论上述每一条附注的含义。

(2) 如题，国泰航空公司将尚未提供运输服务的客运和货运销售登记为未赚取运输收入。假定你提前三个月购买了国泰航空公司的机票，请编制分录以记录：购入 500 元机票、三个月后使用机票。

(3) 讨论如何将配比原则应用于国泰航空公司人工成本的会计处理。

9. 洛朗咨询公司为个人和公司客户提供风险管理咨询服务。每年 12 月 31 日公司结清临时性账户。作为年度报告的一部分,公司近期发布了以下利润表:

2017 年洛朗咨询公司利润表 　　　　　　　　　　　　　　　　　　单位:元

收入		
咨询服务收入——个人客户		40 000
咨询服务收入——公司客户		160 000
收入合计		200 000
费用		
广告费用	16 000	
折旧费用——电脑	24 000	
租金	9 600	
办公物料费用	4 400	
差旅费	57 800	
水电费	3 300	
电话和网络费	1 900	
薪资费用	155 500	
利息费用	2 500	
费用总计	275 000	
净利润		−75 000

公司的所有者权益变动表显示 2017 年宣告并发放了 25 000 元现金股利。

[要求]

(1) 编制 12 月 31 日的结账分录。

(2) 如果 2017 年 1 月 1 日公司的留存收益账户余额为 30 万元,那么 2017 年 12 月 31 日公司资产负债表上留存收益应列示多少?

10. 德利公司在 8 月 1 日开始营业时购买了一年期的火灾保险,并将全部 7 200 元保险费借记"未到期保单"。德利公司在每个月月末编制调整分录,每年年末结账。

[要求]

(1) 编制 12 月 31 日关于上述保单的调整分录。

(2) 编制 12 月 31 日关于保险费用的结账分录,假定上述保单是公司本年度唯一的一份保单。

(3) 比较前述调整分录与结账分录的金额,二者是否相等,为什么?请做出解释。

D. 案例分析

下面 5 个事项可能需要,也可能不需要在财务报表注释中予以披露。

(1) 某建筑公司用完工百分比法确认长期建造合同的收入。这是处理此类事项的两个可接受的会计方法之一。在整个项目期内,两种会计方法确认的最终总收入相同,但是每年确认的收入可能存在很大差异。

（2）公司知名度最高的一名动漫设计师离职前往竞争对手公司就职。

（3）在资产负债表日后，财务报表公布日前，海岛食品公司的两个加工工厂中的一个因台风而受损，该工厂至少要停工3个月。

（4）公司软件系统的管理人员相信公司已经开发的系统将击败微软的Windows。如果这个是真的，公司的盈利将暴增十倍甚至更多。

（5）大学的物业管理部门没收了学生的500元安全保证金，因为该学生违反了承租协议在公寓中养狗。该学生已经向法院起诉。

[要求]

针对上述事项，根据公认会计原则，确定哪一个事项需要在财务报表附注中披露，请阐明理由。

第6章　商业活动

学习目标

1. 了解商业企业的营业周期。
2. 了解商业企业利润表的构成。
3. 掌握永续盘存制和定期盘存制的具体会计处理方法。
4. 掌握选择存货会计系统应考虑的因素。
5. 掌握其他与采购和销售相关的商业交易的会计处理方法。
6. 了解特种日记账的定义并解释其有用性。
7. 掌握商业企业业绩评价基本指标。

引导案例

苏宁易购

苏宁易购是中国领先的互联网零售服务商，拥有完善的线上线下全面融合发展的零售渠道、拥有专业的商品供应链管理能力，以自营及开放平台的方式，经营家电3C、母婴、超市、百货、生鲜等类目，并结合自身优势致力于打造各类目的专业运营能力；在零售业务基础上延伸了物流、金融业务，资源优势和价值逐步凸显，业务发展迅速。

苏宁线下拥有自营店面3 867家，覆盖中国内地297个城市和香港、澳门地区，以及日本，店面形态涵盖家电3C、母婴、超市、社区便利店以及乡镇市场苏宁易购直营店，形成了不同场景下的店面经营业态。线上，苏宁易购通过持续的丰富商品、优化体验，品牌知名度、市场份额提升较快，跻身综合购物门户网站前三位。依托于互联网技术，公司已形成了线上线下融合发展，打通商品、价格、会员和服务，满足消费者随时、随地、个性化、场景化购物需求的智慧零售业态。面向消费者，线上提供海量的商品选择、便利的价格比较以及快捷的交易流程，线下提供优质的用户体验、便捷的配送以及退换货、安装维修等服务。

苏宁易购的财务报表与服务型组织的财务报表并无本质区别。但是，商业企业开展的业务是向顾客销售商品，因此其财务报表必须报告有关存货成本的信息。

（资料来源：苏宁易购集团股份有限公司2017年年度报告。）

6.1 商业企业

6.1.1 商业企业的营业周期

商业企业从商品采购付出现金到向顾客收取现金的循环被称为营业周期(Operating Cycle)。营业周期由以下基本交易构成：① 商品采购(付现或赊购)；② 商品销售(现金收款或赊销)；③ 向顾客收取应收账款。交易循环是一个不断重复的过程。向顾客收取的部分现金再用于购买商品，新的循环由此开始。图6-1直观地描述了这个连续交易循环。

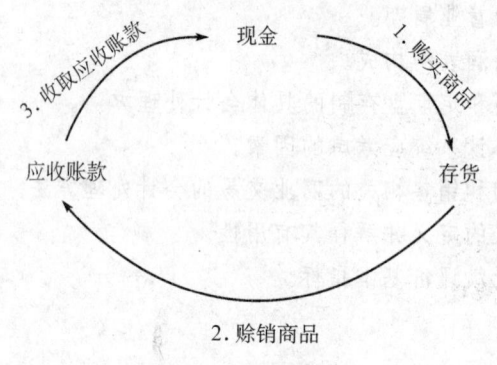

图6-1 营业周期

商业企业一般从其他企业采购可直接用于销售的存货。自己制造存货的企业则被称为制造商。制造企业与商业企业相比，其营业周期更长，业务更复杂。虽然本章所举的例子仅限于商业企业，但很多基本概念和会计术语同样适用于制造企业。

商业企业分为批发商和零售商。批发商批量采购上一级供应商(如工厂/代理/经销商)的商品，然后批量出售给下一级需求者(如零售商)。批发商不直接服务于个体消费者，处于商品流通的中间环节。零售商是直接向个体消费者销售商品的企业，其经营规模大小不一，大型零售商如沃尔玛、苏宁易购、苏果超市，小型零售商如加油站、便利店，分布甚广，利市便民。零售商承担制造商、批发商和最终消费者之间的中介作用。本章接下来讨论的概念对于批发商和零售商皆适用。

6.1.2 商业企业的利润表

商业企业基于管理目的，需要核算销货成本(Cost of Goods Sold)和毛利(Gross Profit)，因此与服务型企业相比，其利润表略微复杂一些。下面举例说明商业企业利润表的结构和项目构成。

[例6-1] 表6-1列示了金域办公用品商店2017年度的利润表。

表 6-1　金域办公用品商店 2017 年度利润表　　　　　　　　　　单位:元

销售收入		9 000 000
减:销货成本		5 400 000
毛利		3 600 000
经营费用		
工资费用	1 509 000	
广告费	68 000	
保险费	96 000	
水电费	64 000	
办公用品支出	17 000	
折旧费	58 000	2 340 000
税前利润		1 260 000
所得税费用		315 000
净利润		945 000

该商店 2017 年度营业额为 900 万元,表明向顾客出售了价值 900 万元的办公用品。销货成本(540 万元)是商店因购买待售存货而发生的成本。在本质上,销货成本亦是一项费用,但因其对于商业企业来说具有重要的财务分析价值,故将其与其他费用分开列示。销售收入与销售成本的差额(360 万元)通常被称之为毛利。毛利只是衡量商业企业盈利性的一项指标,但并不代表企业的总体盈利能力。除销货成本之外,金域商店还发生了工资费用、广告费、保险费、水电费、办公用品支出、折旧费等多项经营费用,合计 234 万元。毛利在扣除经营费用之后得出税前利润(126 万元)。按企业所得税税率 25% 计算所得税费用(315 000 元)之后,金域商店 2017 年度净利润为 945 000 元。

6.1.3　商业企业会计账簿的设置要求

前面的章节是用总分类账来记录经济业务,反映企业业务状况和经营成果,编制财务报表,此类账户又称统驭账户(Control Account)。总分类账只是对企业财务活动提供了总体描述,为了获取会计记录中更为详细、具体的信息,有必要设置明细分类账(Subsidiary Ledger)。

明细分类账提供总分类账中特定的统驭账户的明细信息,商业企业一般会设置应收账款(Accounts Receivable,A/R)和应付账款(Accounts Payable,A/P)明细分类账。企业若有 100 个赊销账户,则应收账款明细账应包含 100 个明细科目,其合计金额构成资产负债表中应收账款总账科目的余额。同理,企业若有 50 个债权人,则应付账款的账户应包含 50 个明细科目,用以登记应欠每个债权人的金额。其合计数构成应付账款总账科目的余额。

商业企业还会为其销售的每一项商品设置一个单独的账户,即存货明细分类账。大型百货商店的存货明细账涉及的细目数以千计。每个账户跟踪反映一项商品的购入、售出和结存的数量和成本信息。

需要说明的是,本章直接在总分类统驭账户中记录商品交易,为简化起见,假定这些交易的具体信息已过账至相关明细分类账。

6.1.4 存货会计处理的两种方法

商品存货的会计处理有两种方法:① 永续盘存制(Perpetual Inventory System);② 定期盘存制(Periodic Inventory System)。两种方法在以前都得到了广泛的应用,但是随着电算化会计系统的普及,永续盘存制的应用变得既简便又有效,在存货会计处理上占据绝对优势地位。定期盘存制目前仅用于仍然使用手工会计系统的小微企业。

存货的会计处理其实类似于第4章介绍的预付费用的会计处理。存货在购入时被视为资产负债表中的一项资产,当其被售出时,资产转化为一项费用,即销货成本。

6.2 永续盘存制

永续盘存制(又称账面盘存制)针对存货项目设置经常性的库存记录,即分别按品名规格设置存货明细账,逐笔或逐日地登记收入、发出的存货,并随时记录结存数。通过会计账簿资料即可完整地反映存货收入、发出和结存的数量和金额。永续盘存制的优点是强化对库存品的管理。存货明细账中的结存数量可通过盘点与实存数量进行核对。当发生库存溢余或短缺,可以查明原因,及时纠正。此外,明细分类账上的结存数,还可以随时与预定的最高和最低库存限额进行比较,取得库存积压或不足的资料,以便及时组织库存商品的购销或处理,加速资金周转。

下面以金域办公用品商店2017年6月份发生的业务为例,说明永续盘存制的应用。

[例6-2] 6月2日,从建宁公司赊购100张办公桌,每张办公桌的成本为430元,总成本为43 000元,购买条款为起运点交货,付款条件为1/10,月底付清。

6月7日,退还6月2日赊购的存货瑕疵品5 000元。

6月8日,现金支付6月2日赊购存货的运费600元。

6月9日,以每张500元的零售价向紫东房地产公司赊销20张办公桌,总价10 000元,30天内收款。

6月11日,支付6月2日赊购存货的所有货款。

6月23日,收到紫东房地产公司应收账款5 000元。

除了总账外,金域商店还设有单独的应收账款、存货和应付账款明细账。

6.2.1 商品采购

(1) 6月2日,金域商店的商品采购按成本记录如下:

借:存货　　　　　　　　　　　　　　　　　　　　　　　　43 000
　　贷:应付账款——建宁公司　　　　　　　　　　　　　　　　　43 000

该分录中包含的数据应过入总账和明细账。首先将该分录过入存货和应付账款总账账户。存货的借项过入存货明细账的"办公桌"账户。购买的办公桌数量(100 张)和单位成本(430 元)也记录在该明细账中。应付账款的贷项过入应付账款明细账的"建宁公司"账户。

(2) 6 月 7 日,发现赊购存货中的瑕疵品,对其作退回处理,记录如下:

借:应付账款——建宁公司　　　　　　　　　　　　　　5 000
　　贷:存货　　　　　　　　　　　　　　　　　　　　　　　5 000

(3) 6 月 8 日,现金支付 6 月 2 日赊购存货的运费,记录如下:

借:存货　　　　　　　　　　　　　　　　　　　　　　　600
　　贷:库存现金　　　　　　　　　　　　　　　　　　　　　600

6.2.2　商品销售

1. 确认销售收入

销售业务赚取的收入等于商品的售价,应贷记销售收入账户。销售收入的确认时点为商品向顾客发出时,即使是赊销也不例外。金域商店对于 6 月 9 日向紫东房地产公司销售所获收入确认如下:

借:应收账款——紫东房地产公司　　　　　　　　　　　10 000
　　贷:销售收入　　　　　　　　　　　　　　　　　　　　　10 000

2. 结转销货成本

配比原则要求收入应当与产生该项收入所发生的所有成本和费用相配比(抵销)。因此,在销售当日要求同步编制会计分录,以记录销货成本。

借:销货成本　　　　　　　　　　　　　　　　　　　　　8 600
　　贷:存货　　　　　　　　　　　　　　　　　　　　　　　8 600

以上分录是以金域商店的存货成本为基础的,而不是以其零售价为基础。办公桌的单位成本(430 元)根据存货明细账确定。

与该销售业务相关的两笔分录均过入金域商店的总账。此外,应收账款的借项 10 000 元(第一笔分录)过入应收账款的"紫东房地产公司"账户。存货贷项(第二笔分录)也过入存货明细账的"办公桌"账户。

6.2.3　向供应商支付货款

6 月 11 日,向供应商支付应付账款。因 10 日内付款,可享受 1% 的现金折扣,记录如下:

借:应付账款——建宁公司　　　　　　　　　　　　　　38 000
　　贷:现金折扣　　　　　　　　　　　　　　　　　　　　　380
　　　　库存现金　　　　　　　　　　　　　　　　　　　　　37 620

以上分录除须过入总账外,应付账款还须登记明细账"建宁公司"账户。

6.2.4 向客户收取货款

6月23日,向紫东房地产公司收取应收账款,记录如下:
借:库存现金 5 000
　　贷:应收账款——紫东房地产公司 5 000

以上分录均过入总账,应收账款贷方还要过入应收账款账"紫东房地产公司"明细账。

6.2.5 实地盘存

存货明细账涵盖每一种企业商品存货。金域商店对办公桌存货进行跟踪记录如下:

购入办公桌时,在存货明细账上记录数量、单位成本和总成本。出售任何一张办公桌时,售出数量、单位成本和总成本也记录于该账户。每发生一笔采购或销售业务,余额栏随之更新,以反映现存的办公桌数量、单位成本和总成本。

永续盘存制的基本特征是存货账户根据所有的商品购销业务不断地更新。存货实地盘点(Taking a Physical Inventory)时,管理层逐项确定现有的存货是否与存货明细账反映的数额一致。随着时间的推移,存货损耗(Inventory Shrinkage)通常造成存货记录反映的商品数量与实有数量之间的差异。存货损耗是指由破损、毁坏、员工偷盗和商店失窃等因素导致的未被记录的存货减少。为了确保永续盘存记录的正确性,大多数企业每年至少对商品进行一次完整的实地盘点。一旦现有商品存货的实际盘存数与存货明细账不一致,应当按照实际盘存数调整存货账户。

假设年底金域商店的存货总账和明细账均显示有存货余额为70 000元,但实地盘点表明会计记录中列出的一些商品已缺失,实有存货金额为68 000元。合理的存货损耗被视为经营的正常成本,记入销货成本账户。金域商店将编制以下调整分录以调整其存货总账和明细账金额,使其与实存数一致。

借:销售成本 2 000
　　贷:存货 2 000

6.2.6 永续盘存制下的结账分录

收入类和费用类账户要在每一个会计期末进行结转,这部分内容已在第五章做了介绍。采用永续盘存制的商业企业的结账分录与服务型企业并无不同。销售收入账户作为收入类账户,应当与其他收入类账户一起结转到本年利润账户的贷方。销售成本账户则应与其他费用类账户一起结转到本年利润账户的借方。

6.3 定期盘存制

定期盘存制是永续盘存制的替代选项。在定期盘存制下,企业无须实时跟踪存货和销货成本的变动,只需定期(通常在会计期末)确定其金额。

实施定期盘存制的企业在购入商品时,采购成本借记商品采购账户,而不是存货账户。销售商品时,编制一笔分录确认销售收入,但无须编制分录结转销货成本和减少存货账户余额。由于存货记录并不随着交易的发生而实时更新,因此不必设置存货明细账。

定期盘存制的核心是在会计期末进行一次全面的实地盘点。通过实地盘点先确定资产负债表上列示的存货金额,然后经过简单计算即可倒推出整个会计期间的销货成本。

[例6-3] 假定龙仓便利店是一家小型社区超市,该超市采用定期盘存制。2017年12月31日有关财务信息如下:

2016年年末,超市库存存货成本14万元;

2017年度,超市采购转售顾客的商品总成本共计130万元;

2017年年末,超市库存存货成本12万元。

2016年年末和2017年年末的存货通过每年年底实施全面的实地盘点来确定。由于存货账户不随2017年度发生的业务而更新,其余额仍然显示为14万元,即超市2017年年年初的库存存货。2017年度购买商品的成本130万元,记录在商品采购账户。

6.3.1 商品采购入账

2017年,龙仓便利店发生多笔商品采购业务,采购总价为130万元。该超市首笔采购交易金额为2万元,系赊购,要求30天内付款,采购发生时应编制会计分录如下:

借:商品采购　　　　　　　　　　　　　　　　20 000
　　贷:应付账款——天福打印材料公司　　　　　　　20 000

该分录过入商品采购和应付账款总账账户。另外,将贷方过入龙仓便利店应付账款明细账的"天福打印材料公司"账户,商品采购账户的借方则不需要平行登记,因为定期盘存制不设置存货明细账。

6.3.2 计算销货成本

年末存货通过对库存商品进行一次全面的实地盘点确定。年末存货金额一经确定,通过简单计算即可确定全年的销货成本。基于龙仓便利店的上述信息,其销货成本可计算如表6-2所示。

表6-2 定期盘存制下的销货成本计算　　　　　　　　　　　　单位:元

期初存货	140 000
加:商品采购	1 300 000
可供销售的商品成本	1 440 000
减:期末存货	120 000
销货成本	1 320 000

在此,销货成本132万元由两部分组成,即全年采购的130万元商品成本和2万元存货减少额(=期初存货14万元-期末存货12万元)。

6.3.3 结转销货成本

2017年12月31日,将期初存货和商品采购账户余额全部结转入销货成本,会计分录如下：

借：销售成本　　　　　　　　　　　　　　　　　　　　1 440 000
　　贷：存货（期初余额）　　　　　　　　　　　　　　　　140 000
　　　　商品采购　　　　　　　　　　　　　　　　　　　1 300 000

至此，龙仓便利店的销货成本账户包含 2017 年全年可供销售的商品成本，但是并非所有的商品都被售出。实地盘点结果表明，2017 年年末存货成本为 12 万元。为了调整销货成本账户，应编制以下会计分录：

借：存货（年末余额）　　　　　　　　　　　　　　　　　120 000
　　贷：销货成本　　　　　　　　　　　　　　　　　　　　120 000

6.4　两种存货会计系统的比较

永续盘存制和定期盘存制作为两种存货会计系统，从表面上看二者在存货确定方法上存在差异（见表 6-3），其本质却是存货管理模式的差异。不同性质和类型的企业应根据自身的特点和管理需求选择相应的存货会计系统。表 6-4 列举了两种系统的优缺点及其适用范围。

表 6-3　两种存货会计系统存货确认方法比较

存货有关指标	永续盘存制的确认方法	实地盘存制的确认方法	比较结果
期初结存数	上一会计期末结转过来	上一会计期末结转过来	相同
本期增加数	根据收货凭证及时登记账簿	根据收货凭证及时登记账簿	相同
本期减少数	根据发货凭证及时登记账簿	根据期初结存数量、本期增加数量和期末结存数量计算确定	不同
期末结存数	根据账面记录计算	通过清查盘点确认	不同

表 6-4　两种存货会计系统适用范围比较

存货会计系统	优　点	缺　点	适用范围
定期盘存制	方法简单，会计核算工作量小	各项财产的减少数无严格手续，倒轧出的各项财产减少数中成分复杂，除了正常耗用外，可能存在很多非正常因素，因而不便于实行会计监督	● 小企业，由所有者经营 ● 在日常经营中不需要有关存货的详细记录 ● 有许多不同类型的低成本商品 ● 销量大且采用手工会计系统 ● 缺少专职会计人员 ● 商品集中存储
永续盘存制	能够加强存货管理，便于随时掌握各项存货的占用情况及其动态，有利于实行会计监督	存货的明细分类核算工作量较大，需要较多的人力和费用	● 拥有专业管理人员的大公司 ● 管理中需要商品进、销、存的详细信息 ● 单位成本高的库存商品 ● 销量低或使用电算化会计系统 ● 商品存储分散或存储与销售场所分离

6.5 商业企业其他交易的会计处理

除了前述的基本业务之外,商业企业必须对一系列与商品采购和销售有关的其他业务进行会计处理。在讨论这些业务时,假设使用的是永续盘存制。

6.5.1 采购涉及的其他交易

1. 信用条款和采购折扣

制造商和批发商通常将其产品以赊销的形式出售给商业企业。卖方的账单或发票往往注明信用条件。常见的信用条件如"$n/30$",意指 30 天内全额付款;"10eom"①,意指购买发生当月月底之后 10 天内付款。制造商和批发商通常给顾客 30 天或 60 天时间支付赊购款项。但卖方常常向顾客提供折扣以鼓励提前付款。

制造商和批发商所提供的最常见的信用条件可能是"$2/10, n/30$",其意指 30 天内全额付款,但若在 10 天内付款,买方可得到 2% 的折扣。享有折扣的期间被称为"折扣期"。由于该折扣向顾客提供了提前支付现金的激励因素,因此被称为"现金折扣"(Cash Discount)。对买方来说这些折扣被称为"采购折扣"(Purchase Discount),而卖方则称其为"销售折扣"(Sales Discount)。绝大多数企业最初以净成本记录购货业务,即发票价减去可以享有的任何折扣。实质上,这就是企业预期支付的金额。

[例 6 - 4] 金域办公用品商店 6 月 2 日从建宁公司赊购 100 张办公桌,每张办公桌的成本为 430 元,总价 43 000 元,购买条款为起运点交货,付款条件为 $1/10, n/eom$②。金域商店若在折扣期内支付该货款,则其只需支付 42 570 元,即发票全价的 99%。金域商店对该购货业务将做如下记录:

借:存货　　　　　　　　　　　　　　　　　　　　　　42 570
　　贷:应付账款——建宁公司　　　　　　　　　　　　　　　42 570

如果在折扣期内支付发票款,金域商店只需记录应付账款 42 570 元的支付。但因工作疏忽或粗心,金域商店或许未能在折扣期内付款。在这种情况下,必须付给建宁公司发票价的全额 43 000 元,而不是记录的负债额 42 570 元。折扣期之后(如 6 月 30 日)记录付款的日记账分录为:

借:应付账款——建宁公司　　　　　　　　　　　　　　42 570
　　采购折扣损失　　　　　　　　　　　　　　　　　　　　430
　　贷:库存现金　　　　　　　　　　　　　　　　　　　　43 000

必须指出的是,对于已记录的金额 43 000 元之外再支付的 430 元,借记"采购折扣损失"(Purchase Discount Lost)账户。该账户是一个费用账户。金域商店从这项 430 元的费用中得到的唯一好处是推迟了款项的支付。因此,采购折扣损失本质上是一项类似于

---

① eom 对应的英文全称是 end of month。
② n/eom 意指采购当月月底全额付款。

利息费用的财务费用,在损益表中通常被归入非经营性费用。

将采购折扣损失记录于一个单独的费用账户是企业应当以净价记录购货业务的主要原因。采购折扣损失账户的使用可以使管理层对于未能利用供应商提供的现金折扣立即予以关注。

前面是以净价记录商品采购,如果企业在购入商品时,已先行按照进货原价记账归集了采购成本,此后,企业在规定的折扣期限内按与销货方商定的折扣条件清偿货款并取得现金折扣,相关账务处理如下。

(1) 购入商品时,
借:存货(进货原价)
   贷:应付账款
(2) 在折扣期内清偿货款时,
借:应付账款
   贷:库存现金
      采购折扣

在这种方法下,期末采购折扣账户的贷方余额可采取两种方法结转:一是将科目的贷方余额全部冲转销货成本账户;二是将该科目的贷方余额,视同财务收益转入本年利润账户。在损益表中的列示方法上,采用第一种结转方法的,一般不予专门列示。采用第二种结转方法的,可作为销货成本的减项列示。

[例6-5] 假定金域商店采用以发票总价记录购货业务的政策,该商店对其6月2日是商品采购记录如下:

借:存货   43 000
   贷:应付账款——建宁公司   43 000

若在折扣期内付款,金域商店只需支付42 570元即可清偿这笔43 000元的应付账款。会计分录为:

借:应付账款——建宁公司   43 000
   贷:现金折扣   430
      库存现金   42 570

净价法和总价法在实践中均得到广泛使用,毕竟两种方法对财务报表结果的影响是相同的。与净价法相比,总价法将现金折扣计入存货成本,不利于管理层监控折扣损失。净价法能够促进管理层关注商品采购是否享受了现金折扣,降低了采购成本。基于此,我们倾向于推荐使用净价法。

2. 商品退回问题

采购退回是指收货过程中或收货后,因各种原因需要将商品退回给供应商的一种业务行为。由于所购货物质量、品种规格等方面与合同不符或其他原因会造成采购退回。采购退回业务分以下两种情况:

(1) 货到未办理入库、付款手续。由于货到未办理入库、付款手续,只需退货给供应商即可,无须做账务处理。

(2) 货到已办理入库、付款手续。已经填制入库单并办理付款结算手续则需要填制退货通知单、红字采购入库单、红字采购发票,进行相应账务处理。

[**例6-6**]　6月7日,金域商店退还6月2日赊购的存货中瑕疵品5 000元。当日存货退回记录如下:

借:应付账款——建宁公司　　　　　　　　　　　　5 000
　　贷:存货　　　　　　　　　　　　　　　　　　　　　　5 000

3. 运输成本(Transportation Costs)

商品流通企业在采购商品过程中发生的运输费、装卸费、保险费以及其他可归属于存货采购成本的费用等,应当计入存货的采购成本。根据重要性原则,进货费用金额较小的,可以在发生时直接计入当期损益。

6.5.2　销售涉及的其他交易

1. 销售退回与折让

信用条件和商品退回也会影响卖方赚取的销售收入额。如果赊销客户对现金折扣加以利用或者将商品退回以获得退款,那么卖方的收入就会减少。因此,商业企业的损益表上列示的收入通常是销售净额(Net Sales)。销售净额指的是销售收入减去销售退回和折让(Sales Returns and Allowances),并减去销售折扣。

大多数商业企业允许顾客退回他们认为不满意的任何商品从而获得退款。如果商品只有很小的缺陷,顾客有时会同意在对售价进行折让(减价)的条件下接受该商品。

在永续盘存制下,需要编制两笔分录记录商品的销售:一笔确认赚取的收入,另一笔将商品的成本从存货账户转到销售成本账户。如果部分产品被退回,那么这两笔分录要部分转回。

[**例6-7**]　顾客退回赊购的价值为500元的商品。允许顾客得到所退商品的全部价款。确认销售退回的会计分录如下:

借:销售退回与折让　　　　　　　　　　　　　　　500
　　贷:应收账款(或库存现金)　　　　　　　　　　　　500

销售退回与折让是一个收入抵减账户(Contra-revenue Account)。换言之,作为确定销售净额的步骤之一,销售退回与折让扣减了销售收入总额。

为何要使用单独的"销售退回与折让"账户,而不是仅仅借记"销售收入"账户？这是因为使用单独的收入抵销账户使管理人员既能看到销售总额又能看到销售退回的金额。这些金额之间的关系往往寓示着顾客对商品的满意度。

如果商品被顾客退回,要编制第二笔分录将该商品的成本从销货成本中剔除,并将其重新恢复至存货记录。借记"存货",贷记"销货成本"。必须指出的是,该分录的基础是所退商品对卖方而言是成本,而不是售价。但是,对接受商品的顾客给予销售折让时无须编制此分录。

2. 销售折扣

销售折扣(Sales Discounts)是为敦促顾客尽早付清货款而提供的一种价格优惠。

[**例6-8**]　某企业销售产品一批,售价(不含税)10 000元,规定的现金折扣条件为2/10、n/30,产品已发出并办妥托收手续。按总价法的会计分录为:

借:应收账款	10 000	
贷:销售收入		10 000

若上述货款在10天内收到,其会计分录为:

借:库存现金	9 800	
销售折扣	200	
贷:应收账款		10 000

如果超过了现金折扣的最后期限,其会计分录只需记录收到应收账款的全部金额,即现金10 000元。

销售折扣也是一个收入抵减账户。在计算销售净额时,销售折扣和所有的销售退回与折让一起从销售总额中扣减。如果顾客退回了部分商品,那么只能按退回之后的总金额享受折扣。

收入抵减账户与费用账户有很多相同之处:二者在确定净利润时都要从总收入中扣减掉,而且二者均有借方余额。因此,将收入抵减账户(销售退回与折让、销售折扣)结转到利润账户的方式与费用账户相同。

3. 运送费用

如果卖方在向顾客发送货物过程中发生了成本,那么这些成本应借记"运送费用"(Delivery Expense)这一费用账户。在损益表中,"运送费用"归为普通经营费用,而不纳入销货成本核算。

4. 销售税的会计处理

销售税(Sales Taxes)实际上是对消费者而不是卖方征收的。但卖方必须收取税款,在法律规定的时间申报税款,并向政府机构上缴收取的税款。

对于现金销售而言,销售税在销售业务发生时向顾客收取。对于赊销业务,销售税包含于对顾客的账户减记的金额之中。应交税务机构的销售税负债可以在销售时记录,借记"现金"或"应收账款";贷记"应付销售税"(Sales Tax Payable)和"销售收入"。该方法要求对每一笔销售业务单独贷记"应付销售税"账户,目前电算化会计系统能够自动更新记录销售税负债。

6.6 特种日记账及其用途

特种日记账(Special Journal)是专门用来记录某一特定项目经济业务发生情况的日记账。企业最常见的特种日记账有现金日记账和银行存款日记账。

相比普通日记账,特种日记账登记方法的独特之处在于:它将同类型的交易记录在一起,因此无须像普通日记账那样为每笔分录写出例行的摘要说明,也无须重复书写设有专栏的账户名称,从而节省登记分录的时间。过账时亦只需要将各交易的总和过至总分类账即可,而无须逐笔过入。普通日记账不适用于业务量大的企业,因为大量不同种类的经济业务分散在普通日记账中,给人一种零散的感觉,不利于企业对重要的、规则发生的经济业务进行归类反映与控制。为了克服普通日记账的上述缺陷,会计工作者在总结经验的基础上,结合企业经营管理上的特点,在保留了普通日记账固有优点的前提下,发展了一种既序时、又分类的特种日记账。一个企业到底要设置多少种特种日记账,取决于企业经营管理上的考虑与成本效益的权衡。但是一般来讲,由于现金与银行存款在经营管理上具有相当重要的意义,所以一般企业都针对它们设置了特种日记账,即现金日记账与银行存款日记账。其他常见的特种日记账还包括销售日记账、购货日记账等。

6.7 商业企业业绩的衡量

企业经营业绩评价就是为了实现企业的生产目的,运用特定的指标和标准,采用科学的方法,对企业生产经营活动过程做出的一种价值判断。业绩评价是为企业的经营管理服务的,对企业的经营起着导向性的作用,直接关系到企业核心竞争力的形成与保持,影响着企业的生存与发展。

6.7.1 财务指标分析

财务性评价指标主要指会计收益指标,如净利润、投资报酬率,在过去很长一段时间里被许多企业广泛应用。在评价一家商业企业的业绩时,管理者和投资者不仅仅只看净利润。对过去业绩和未来前景的两个关键的衡量指标是公司销售净额和毛利的趋势。

销售净额(Net Sales),是指销售收入减去当期销售收入中扣除的项目,如销售折扣、销货折让和销售退回等。

毛利率(Gross Profit Margin),是毛利与销售收入(或营业收入)的百分比,其中毛利是收入和与收入相对应的营业成本之间的差额,用公式表示:

$$毛利率 = \frac{毛利}{营业收入} \times 100\%$$

$$= \frac{主营业务收入 - 主营业务成本}{主营业务收入} \times 100\%$$

毛利是企业经营获利的基础,企业要经营盈利,首先要获得足够的毛利,在其他条件不变的情况下,毛利额大,毛利率高,则意味着利润总额也会增加。

值得注意的是会计收益是一种"短视指标",利润的增加并不一定就导致现金流量的同步增加。片面强调利润容易造成经营者为追求短期效益,而牺牲企业的长期利益的短期行为,可能助长企业管理当局急功近利的思想和短期投机行为,使得企业经营者不愿进行可能会降低当前盈利目标的资本投资去追求长期战略目标,也就是说可能导致企业管理当局不重视科技开发、产品开发、人才开发,不利于企业长期的健康发展,从而与企业的股东财富最大化的基本目标相背离。

6.7.2 现代商业企业业绩评价——财务指标与非财务指标相结合

近几年战略管理理论使人们意识到仅运用财务指标评价公司业绩是不足的,相比之下非财务指标更能促使企业改进管理。因此,一个完整的企业经营业绩评价系统应该是财务评价指标与非财务评价指标的有机结合。从国内外目前的理论和实践来看,完整的企业经营业绩评价系统应该包括以下几种非财务评价指标。

1. 市场占有率

市场占有率反映企业在市场营销方面的经营业绩。在竞争激烈的市场环境当中,企业在市场中占有的份额对于企业而言尤其具有举足轻重的地位。实际调查表明,市场占有率在众多的非财务性评价指标中雄居榜首。

2. 产品品质

产品品质是指产品的质量水平。产品品质表现在两个方面:一方面是指产品在生产阶段符合企业制造标准所表现出的品质;另一方面是指产品在售后阶段符合客户使用要求而表现出的品质。它可以通过废品率和顾客退货率这两个计量指标加以综合反映。

3. 员工积极性

在知识经济时代中,人力资源在企业的经营管理活动中处于核心地位。传统的业绩评价方法受到批评的原因之一在于忽略了对员工的生产技术水平、劳动积极性以及培训情况等方面的评价。如果企业员工在生产经营过程中积极性不高,在企业没有受到应有的尊重,这将不可避免地导致整个企业的经营业绩受到一定程度的影响。

4. 创新能力

前已述及,知识经济时代企业的管理重心正由实物资本转向技术、知识、人才等无形资本,因此在评价企业经营业绩时应该关注企业的诸如市场价值、品牌价值、新产品的开发能力等非财务性指标。其中,创新能力是指企业在开发和创造适应市场需要的新产品方面的能力。

5. 顾客满意程度

该因素指的是企业生产出来的产品能够不断地满足消费者日益变化的消费需求,不仅仅是在质量上,更重要的是在花色、品种等其他方面。

课后习题

A. 自测选择题

1. 张先生和马先生分别经营一家电器商店和一家餐馆。电器商店采用12个月分期付款方式销售商品,而餐馆只收现金。以下表述正确的是( )。
   A. 电器商店的营业周期比餐馆长
   B. 电器商店可能使用永续盘存制,而餐馆可能使用定期盘存制
   C. 两家企业均须设置应收账款和存货明细账
   D. 两家企业可能均设置应付账款明细账

2. 存货和销售成本会计处理的两种基本方法是永续盘存制和定期盘存制。下列说法正确的是( )。
   A. 大多数商业企业和制造企业使用定期盘存制

B. 从可行性角度考虑,杂货店和大型百货店若不使用销售点终端,则无法采用永续盘存制
C. 在定期盘存制下,在进行全面的实地盘点之后才能确定销售成本
D. 在永续盘存制下,所售商品的成本立即借记销货成本账户

3. 企业购进商品支付货款时,实际发生现金折扣,应计入(　　)账户。
   A. "销售费用"　　　　　　　　　　B. "财务费用"
   C. "销售收入"　　　　　　　　　　D. "在途物资"

4. 某商业企业购进商品一批,其中商品价款150 000元,发生的运输费用5 500元,增值税额24 000元,则该批商品的采购成本为(　　)元。
   A. 5 500　　　B. 150 000　　　C. 155 500　　　D. 179 500

5. 下面关于商业活动的表述正确的是(　　)。
   A. 在购买存货时,借记"存货",贷记"现金"(或"应付账款")
   B. 在最初购买存货时记录为资产
   C. 在出售存货时,其成本要从资产负债表转到利润表
   D. 在出售存货时,其成本要从利润表转到资产负债表

6. 东昌公司使用永续盘存制,且所有销售均为赊销。某批商品成本为3 000元,按4 300元的价格出售。为记录此交易,东昌公司应编制如下除(　　)之外的会计分录。
   A. 贷记"销售收入"4 300元　　　　B. 贷记"存货"4 300元
   C. 借记"销货成本"3 000元　　　　D. 借记"应收账款"4 300元

7. 长丰公司使用永续盘存制。2017年年初存货账面价值为50万元。2017年全年公司采购商品230万元,售出商品成本为245万元。2017年年底的实地盘点结果现实存货发生毁损4万元。在存货毁损入账之前,公司存货账户的年末余额是(　　)。
   A. 31万元　　　B. 35万元　　　C. 50万元　　　D. 其他金额

8. 顺安公司使用定期盘存制。2017年年初存货账面价值为38万元,年末为40万元。2017年全年顺安公司采购商品总成本107万元。以下表述正确的是(　　)。
   A. 为了使用定期盘存制,顺安公司每年必须实施两次全面的实地盘点
   B. 在年底编制调整分录和结账分录之前,顺安公司存货账户余额是38万元
   C. 2017年销货成本是109万元
   D. 在销售业务发生时,顺安公司无须编制会计分录以更新存货记录或登记销货成本

9. 原景商店从艾得电器商场赊购了100台电视机,每台成本2 000元。艾得提供的信用条件是"2/10,n/30"。原景商店使用永续盘存制,并按净价法记录商品采购。该商店在到货验收时发现采购的电视机有10台存在一定的瑕疵,决定将瑕疵品退换艾得商场。为记录这笔商品退回业务,原景商店应当(　　)。
   A. 借记"销售退回与折让"19 600元　　B. 借记"应付账款"19 600元
   C. 借记"销货成本"19 600元　　　　　D. 贷记"存货"20 000元

10. 金立园艺公司销售两款割草机——Ⅰ型和Ⅱ型。Ⅰ型割草机每台售价2 500元,毛利率为35%。Ⅱ型割草机成本为3 000元,售价为4 000元。以下表述正确的是(　　)。
    A. Ⅱ型割草机的毛利大于Ⅰ型割草机

B. Ⅱ型割草机的毛利率高于Ⅰ型割草机
C. 金立公司销售1台Ⅱ型割草机比销售1台Ⅰ型割草机赚得更多
D. 在销售额相同的情况下,金立公司销售Ⅱ型割草机比销售Ⅰ型割草机赚得更多

B. 概念回顾与思考

1. 描述一家商业企业的营业周期。
2. 比较批发企业和零售企业的商业活动。
3. 说明企业应如何选择存货会计系统。
4. 请解释为什么对商业活动进行会计处理时需要明细账。
5. 在商业活动中,卖方一般按发票全价登记销售收入,而买方通常按净价记录商品的采购支出。请解释买卖双方按不同金额记录同一笔交易的理由。
6. 何谓存货损耗?实施永续盘存制的企业如何确定存货损耗以及如何对其进行会计处理?
7. 简要比较永续盘存制和实地盘存制的会计程序。
8. 说明普通日记账和特殊日记账的特点。
9. "采购折扣损失"账户中的余额是怎样产生的?为什么管理人员会关注该账户中的余额?
10. 简要阐述商业企业业绩是如何进行衡量的。

C. 业务处理

1. 九州电脑公司是一家笔记本电脑经销商。公司近期公布的财务报告显示了以下信息:

存货(年初)	690万元
存货(年末)	570万元
全年销售净额	1.2亿元
毛利率	11%

[要求]
(1) 计算公司全年的销货成本;
(2) 公司全年采购了多少(金额)存货?
(3) 公司毛利率低的主要原因是什么?
(4) 为什么九州电脑公司采用永续盘存制?

2. 强生公司是一家体育用品零售商。该公司期初存货为80万元,今年发生的采购额为250万美元。期末存货为30万元。假定该公司采用定期盘存制,要求编制必要的结账分录。

3. 好利公司某一会计期间发生如下购货和销货业务:
(1) 购入商品一批,发票价格24 000元,付款条件为2/10,n/30;
(2) 上述购货中有原价为2 000元的商品退还供应商;

(3) 用现金支付上述购货业务所发生的运费 1 600 元;
(4) 在折扣期限内偿付上述应付购货款;
(5) 当期赊销商品总价款为 28 000 元,在永续盘存制下,其成本确定为 21 000 元;
(6) 期初存货账户余额为 6 000 元,期末实际盘存金额为 10 000 元。

[要求] 按总价法分别编制定期盘存制和永续盘存制下有关商品购、销业务的会计分录。

4. 瑞奇公司 6 月末的商品存货余额为 140 000 元,7 月份的商品销售和购货业务如下:

(1) 赊购商品 60 000 元,付款条件为 2/10,n/30;
(2) 上述购货中有原价为 4 000 元的商品退还供应商;
(3) 供应商代付上述购货的运费 2 800 元;
(4) 在折扣期限内偿付上述购货账款;
(5) 当月赊销商品总价款为 182 000 元,在永续盘存制下,其成本确定为 122 840 元,已收回顾客账款 95 240 元。

[要求]
(1) 按总价法分别编制定期盘存制和永续盘存制下有关商品购、销业务的会计分录。
(2) 假定 7 月末的实物盘存为 2 400 单位,单价为 30 元,分别编制定期盘存制和永续盘存制下存货调整会计分录。
(3) 假定上述购货账款的偿付日期超过了折扣期限,编制总价法偿付账款的分录。

5. 万宝璐公司采用定期盘存制,其会计记录中包括以下账户的余额:

购货运费	4 000
存货(期初)	14 000
购货	64 000
购货折扣	3 000
购货退回与折让	1 600
销售收入	96 000
销售折扣	1 000
销售退回与折让	1 800

[要求]
(1) 假定通过实物盘存确定的期末存货为 9 500 元,请计算商品销货成本。
(2) 计算商品销货毛利。

6. 太美商店使用永续盘存制。1 月 1 日存货账户的余额为 84 000 元。在 1 月份的前几天发生如下业务:

1 月 2 日从嘉禾公司赊购商品 9 000 元。
1 月 3 日销售商品,取得现金 21 000 元。该商品成本为 14 000 元。

[要求]
(1) 编制普通日记账分录记录上述业务。
(2) 1 月 3 日营业结束时存货账户的余额是多少?

7. 盐海公司向兴盛公司出售商品,售价 8 000 元,提供的条件为"2/10,n/30"。兴盛公司在折扣期内支付了货款。两家公司均使用永续盘存制。

[要求]

(1) 编制盐海公司会计记录中的日记账分录,对该笔销售业务及随后的收款进行会计处理。假定盐海公司商品的初始成本为 4 000 元。

(2) 编制兴盛公司会计记录中的日记账分录,对该笔购货业务及随后的付款进行会计处理。兴盛公司以净成本记录购货业务。

(3) 假定由于人员变动,兴盛公司未能在折扣期内支付货款。请编制兴盛公司会计记录中的日记账分录,记录折扣期之后的付款。

8. 阿里公司使用永续盘存制。年末存货账户的余额为 310 000 元,但实地盘点显示现有商品的成本仅为 209 000 元。

[要求]

(1) 解释这一差异可能的原因。

(2) 编制这一情况下所需的日记账分录。

9. 本题旨在强调定期盘存制提供的信息与利润表基本要素之间的关系。以下 5 行数据每一行代表一个独立的信息集。请你填上空缺的数字。净损失用括号标注,参见第 5 行最后一列。

	销售净额	期初存货	采购净额	期末存货	销货成本	毛利	费用	盈利(损失)
1	240 000	76 000	104 000	35 200		95 200	72 000	
2	480 000	72 000	272 000		264 000			20 000
3	630 000	207 000		166 500	441 000	189 000	148 500	
4	810 000		450 000	135 000		234 000	270 000	
5		156 000	153 000		396 000	135 000		(15 000)

10. 莉莎服装店是一家女性精品服装零售店,在新街口商圈租有一整个楼层商铺。以下是该服装店截至 2017 年 12 月 31 日的调整后试算平衡表。

莉莎服装店调整后试算平衡表

2017 年 12 月 31 日　　　　　　　　　　　　　　　　　　单位:万元

	借方	贷方
库存现金	1 520	
应收账款	260	
存货	1 750	
预付租金	180	
办公用品	90	
办公设备	4 100	
累计折旧——办公设备		1 200
应付账款		1 275
应交销售税金		320

续 表

	借 方	贷 方
普通股		1 800
留存收益		2 105
销售收入		22 600
销售退回和折让	250	
销货成本	10 057.50	
购货折扣损失	25	
公用事业费	412	
办公费用	52	
折旧费用——办公设备	275	
租金费用	610	
保险费	90	
薪资费用	8 809.50	
所得税费用	819	
合计	29 300	29 300

[要求]

(1) 编制莉莎服装店2017年利润表。
(2) 计算莉莎服装店的毛利率。
(3) 莉莎服装店的顾客满意度如何?为什么?
(4) 莉莎服装店记录存货采购是按照净价法,还是总价法?判断依据是什么?

D. 案例分析

1. 指出在以下情形下,企业应当采用定期盘存制,还是永续盘存制。请说明你的理由。

(1) 润泽商店是一家销售鞋帽和服装的小型零售店。该商店由全天在店内工作的业主和一位兼职营业员经营。销售业务由一台老式的收银机进行记录。该商店使用手工会计系统,由爱思记账服务公司负责。每月月底,爱思公司的一位雇员会来润泽商店更新会计记录,编制销售税申报单,并完成其他必要的会计服务。

(2) 南秀印象是一家艺术馆。所有的会计记录由业主手工完成。该业主全天在店内工作。这家商店每星期销售三至四幅画,每幅画售价从5 000元到50 000元不等。

(3) 一家出版业上市公司出版了约200种大学教科书。这些书在全国各大学书店销售,由位于北京、上海、西安和广州的四个中心仓库向这些书店分销。

(4) 巧虎玩具公司经营着全国连锁的86家玩具零售商店。公司拥有完善的电算化会计系统。所有的业务在电子销售点终端上记录。这些终端接入一个中央电脑系统,该系统每周向总部提供有关每家商店盈利能力的信息。

2. 你最近供职于龙华公司,这是一家面向海外市场的批发企业。为了促进全世界范围内的销售,该公司在中国以外的地区建立了仓库,以便向海外重要的市场提供服务。该公司临近年终总结,你的上司向你询问公司可以采取哪些措施改善业绩。他的想法是故意夸大中国以外地区的期末存货,从而降低销售成本,达到提高毛利和净利润的目的。你的上司认为,由于大部分存货存放在偏远的海外地区,不太可能被发现虚报存货。你知道上司这么做的原因是他的薪酬包括奖金,而奖金的一部分是基于公司利润所得的。你的上司暗示你,如果帮助他采取措施(如他提出来的高估库存的方法)改善财务报表的业绩表现,他将来会"关照"你的工作和待遇。

[要求]

(1) 如果你接受了上司的提议,一旦你清醒过来,认识到这种行为的严重性,你会如何处理这个情况?如果你同意你上司的计划,会对你产生什么影响?反之,如果你不愿意跟你上司合作,你将如何处理这种情况?

(2) 不考虑道德因素,你上司的行为对公司未来几年的业绩有何影响?

第7章 金融资产

学习目标

1. 理解金融资产的定义及其在资产负债表中的计价。
2. 了解现金管理的目标与货币资金内部控制。
3. 掌握银行存款余额调节表的编制方法。
4. 掌握短期投资的会计处理方法及其在资产负债表上的列示。
5. 掌握坏账的两种会计处理方法：备抵法和直接冲销法。
6. 掌握应收票据及其利息收入的会计处理方法。
7. 评价公司应收账款的流动性。

引导案例

渝富旗下金融资产借壳重庆钢铁

2016年6月3日，重庆钢铁公告称，重庆国资委筹划涉及重庆钢铁的重大资产重组，重庆钢铁或将从渝富集团手中收购优质非上市金融资产，并将旗下钢铁资产出售。

渝富集团成立于2004年3月18日，注册资本为人民币100亿元，是经重庆市人民政府批准组建的全国首家地方国有独资综合性资产经营管理公司，主要从事股权管理、产业投资、基金运营、资产收处、土地经营等业务。渝富集团年报显示，其金融类子公司包括：西南证券、三峡担保、重庆银海融资租赁有限公司、重庆进出口担保、重庆再担保公司等。

其实上市公司拟收购金融资产并非个案。金融资产在经济下行的大环境下，既是相对业绩稳定的优质资产，特别是牌照资产更具稀缺性，也同时是亟须融资以实现扩张的资产。将金融资产通过注入上市公司实现证券化，一方面可以实现较高的估值，另一方面也可以为金融资产谋求自我造血融资的资本平台。从上市公司的角度来看，则能帮助其提升业绩，甚至实现扭亏为盈。

（资料来源：网易财经，《重庆国资改革新招：渝富旗下金融资产借壳重庆钢铁》。）

金融资产（Financial Assets）是指单位或个人所拥有的以价值形态，而非实物形态存在的资产,是一种索取实物资产的无形的权利。金融资产是一切可以在有组织的金融市场上进行交易、具有现实价格和未来估价的金融工具的总称。金融资产通常指企业的库存现金、银行存款、其他货币资金(如企业的外汇存款、银行本票存款、银行汇票存款、信用卡存款、信用证保证金存款、存入投资款等)应收账款、应收票据、贷款、其他应收款、股权投资、债权投资和衍生金融工具形成的资产等。

金融资产的特征是具有活跃市场或金额是确定的。若这两个特征皆不具备,则不是金融资产。活跃市场是指交易对象同质、买卖双方人数众多、报价公开,如证券市场就是活跃市场,上市公司的股票和债券亦属于活跃市场;如果没有活跃市场,就必须具有金额确定的特征。所谓金额确定,是指资产的变现金额是可确定的,如应收账款应该收回多少金额非常明确即为金额确定,而存货能卖到多少钱,事先无法确定,则属于金额不确定。

按照不同的标准,金融资产可以进行不同的分类。

从管理需要的角度可分为四类:交易性金融资产、持有至到期投资、贷款和应收款项、可供出售金融资产。

从内容来看,金融资产包括股票投资、债券投资和应收款项。

从性质来看,金融资产可分为基础金融资产和衍生金融资产。前者如股票、债券等,后者包括远期合同、期货合同、互换和期权。

在资产负债表中金融资产以其现行价值列示,现行价值是这些资产代表的现金数量。值得探讨的是,不同的金融资产要以不同的方法估算其现值。

现金的现值就是它的面值,但有价证券的现值依据股票价格,利率和其他因素每天变动,因此短期投资在资产负债表上以其现行市场价值列示。

与现金一样,应收账款有给定的面值,但规模大的公司通常不指望能完全收回应收账款,因为有些客户不能支付全部货款,因此应收款项在资产负债表中以预计可收回的数量,即可变现净值(Net Realizable Value)来列示。

表7-1列示了上述三种金融资产计价的方法。

表7-1 金融资产的计价方法

金融资产的种类	资产负债表计价基础
现金及现金等价物	面值
短期投资(有价证券)	现行市场价值
应收项目	可变现净值

7.1 现 金

现金,是指立即可以投入流通的交换媒介。它具有普遍的可接受性,可以有效地立即用来购买商品、货物、劳务或偿还债务。它是企业中流通性最强的资产,现金作为我国企业会计中的一个总账账户,在资产负债表中并入货币资金,列作流动资产,但具有专门用途的现金只能作为基金或投资项目列为非流动资产。

7.1.1 资产负债表中的现金项目

1. 现金等价物

现金及现金等价物(Cash Equivalents)是资产负债表上的一项。现金等价物是指符合下述两个条件的流动性很强的短期投资资产：① 很容易就能兑换成固定数量的现金，② 很快就会到期，因此其市价受利率变动影响不大，一般三个月内到期的投资符合这一标准。短期国库券和货币市场基金等短期投资都属于现金等价物。为了增加收益，很多企业都会把闲置的现金投资于现金等价物。多数企业在资产负债表上都将现金和现金等价物合并为一个项目列示。

2. 受限现金

有些银行存款账户的用途受到限制，不能用来满足企业日常运作的需要。例如，某一银行存款账户是为购置固定资产专设的，而有些国家的法律禁止银行存款转移到其他国家。不能用来支付流动负债的现金不被视为一项流动资产，因此受限现金(Restricted Cash)被列示在资产负债表流动资产项目之后的"投资和受限基金"项目中。

作为取得贷款的一项条件，银行常常要求借款方在不计利息的支票现金账户中保留一个补偿性余额(Compensating Balance)(最低平均余额)。这一条款事实上并不阻止借款方使用现金，只是要求企业及时补充存款。补偿性余额在资产负债表中通常包含在现金之中，但财务报表附注中须对该余额进行披露。

3. 信用额度

信用额度(Line of Credit)，又称"信用限额"，是指银行预先统一借给企业使用的最高借款金额。在此额度内，企业在任何时间内签支票即可借款。一旦借款，即一旦使用部分信用额度，立即形成企业对银行的负债。

信用额度中未使用的部分既不是资产也不是负债，它代表企业迅速借入款项的能力。尽管信用额度中未使用的部分不在资产负债表的资产或负债部分列示，但它增强了企业的偿债能力。因此未使用的信用额度通常在财务报表附注中进行披露。

7.1.2 现金管理

现金管理是企业财务管理的一项重要内容，涉及企业资金的使用效率问题。任何一家企业都不能没有现金，因为企业的大多数支付都需通过现金支付完成。但企业持有的现金亦不能太多，因为现金是一种不能直接带来收益和价值的资产。大企业或者企业集团实现现金统一管理的常用做法就是建立内部银行或者结算中心，以便使得整个企业的现金收付在统一的机构和账户上集中进行。例如，某美国汽车制造公司为了提升现金管理的效率，建立了一个高效和经过整合的内部银行系统。现金管理的基本目标如下所述：

(1) 对现金收入，现金报销和现金余额进行精确的记录。企业中有许多交易与现金收入或现金报销有关。同时，现金交易也影响到财务报表的每一个要素——资产、负债、所有者权益、收入和费用。若要编制可信的财务报表，准确记录现金交易绝对必不可少。

(2) 防止或减少由偷窃或舞弊产生的损失。现金较之其他资产更易于被偷窃，所以要进行切实的保护。

(3) 预测借款需求,确保企业有适当数量的现金可供开展业务。每一个企业都需要足够的现金来支付到期的债务,否则债权人会迫使企业破产。

(4) 防止大笔现金闲置在不能产生收益的银行存款账户之中。管理有序的企业应当将多余的现金及时转化成现金等价物或其他可以产生收益的投资。

高效使用现金余额及现金等价物是安全的流动性高的投资,但其收益率不高。这些投资适用于临时性的,不久后即将移作他用的剩余现金。如果企业有较大数额的现金可以用作较长期的投资,它就会要求比现金等价物更高的投资回报率。用于长期投资的现金可作为企业的发展和扩张的内部融资,或用于偿还债务。如果企业日常经营不需要动用这笔现金,也可以作为股利分配给企业股东。

7.1.3 货币资金内部控制

1. 货币资金内部控制目标及环境

货币资金内部控制目标是企业管理当局建立健全货币资金内部控制的根本出发点。货币资金内部控制目标有四个:① 货币资金的安全性。通过良好的内部控制,确保企业库存现金安全,预防被盗窃、诈骗和挪用。② 货币资金的完整性。即检查企业收到的货币是否已全部入账,预防私设"小金库"等侵占企业收入的违法行为出现。③ 货币资金的合法性。即检查货币资金取得、使用是否符合国家财经法规,手续是否齐备。④ 货币资金的效益性。即合理调度货币资金,使其发挥最大的效益。

货币资金内部控制环境是对企业货币资金内部控制的建立和实施有重大影响的因素的统称。控制环境的好坏直接决定着企业内部控制能否实施以及实施的效果,影响着特定控制的有效性。货币资金内部控制环境主要包括以下因素:

(1) 管理决策者。管理决策者是货币资金内部控制环境中的决定性因素,特别在推行企业领导个人负责制的情况下,管理决策者的领导风格、管理方式、知识水平、法制意识、道德观念都直接影响货币资金内部控制执行的效果。因此,管理决策者本人应加强自身约束,致力于建立良好的高层基调。

(2) 员工的职业道德和业务素质。在内部控制每个环节中,各岗位都处于相互牵制和制约之中,任何一项岗位的工作出现疏忽大意,均可能导致某项控制失效。例如,空白支票、印章应分别由不同的人保管。若保管印章的会计警惕性不高,出门不关抽屉,将使保管空白支票的出纳有机可乘,由此造成出纳携款潜逃的案件也屡见不鲜。

(3) 内部审计。内部审计是企业自我评价的一种活动,内部审计可协助管理当局监督控制措施和程序的有效性,能及时发现内部控制的漏洞和薄弱环节。内部审计力度的强弱同样影响货币资金内部控制的效果。

影响货币资金内部控制环境因素还很多,要加强企业内部控制,就必须改善其控制环境。

2. 货币资金内部控制设计

由于现金是流动性最大的一种货币资金,最容易被挪用和侵吞,企业必须对现金进行严格的核算和管理,使现金能合理畅通的流转,提高现金的使用效益,保护现金的安全,加强现金业务内部控制。现金收支业务的内部控制主要包括以下几个方面：

（1）为了保证现金收支业务符合授权要求，保证现金业务真实合法，应对现金实行严格的限制接近措施，使用款项的部门应提出用款申请，注明款项用途、金额、用款单位以及时间等；经办人员在反映经济业务的原始凭证上签章；经办部门负责人审核原始凭证并签字盖章。

（2）为了保证现金收付凭证的真实合法及核算准确，现金业务主管会计应审查现金收付原始凭证基本内容的完整性，处理手续的完备性，经济业务内容的合规性、合法性，并签字盖章以示审核，然后才编制现金收款或现金付款凭证；会计部门主管或其授权人员应审核现金收款或现金付款凭证的完整性，处理手续的完备性，同时审核现金收支原始凭证，并签字盖章以后，才能进行现金收款或现金付款凭证的转递。

（3）为了保证现金收付的正确及时，保证现金业务会计纪录完整及资产的安全，出纳人员应根据审核无误的现金收款或现金付款进行收款或付款，收付完毕，对现金收款或现金付款凭证以及所付原始凭证加盖"收讫"或"付讫"戳记，并签字盖章以示收付。

（4）为保证现金收支业务记录完整、现金业务账务处理正确以及现金收支业务有据可查，记账前应由稽核人员审核现金收支所附原始凭证基本内容的完整性，处理手续的完备性，经济业务内容的合理性、合法性，以及所反映的现金收支内容和金额与原始凭证的一致性，并签字盖章以示稽核。稽核之后再由出纳登记入账。

（5）为保证账账相符、账实相符，总账会计与出纳人员应在稽核人员的监督下，核对现金日记账与总账的发生额和余额，并相互取得对方签字以示对账；出纳人员核对现金日记账账面余额与现金结存表及库存现金的实存金额，并签字盖章以示核对。同时，出纳人员将超出库存金额限额的现金及时送存银行，出纳及时填制账存与实存的符合情况，对现金的短缺或溢余应及时查明原因，报经审批后予以处理。

（6）岗位分离控制是指不相容岗位分别由不同的人负责，以达到相互牵制、相互监督的一种控制方法。例如，现金收支与记账分离（即出纳不得登记日记账），货币资金收支与编制记账凭证分离（即出纳不得编制记账凭证），银行对账单取回、余额调节表编制与复核分离，等等。在具体运用中，应结合企业实际情况，根据成本与效益原则设计各控制岗位。

内部控制的加强不是短期就能完成的，不同的企业，其规模、文化背景存在差异，而同一企业在不同发展阶段，内部控制的内容也有所区别，因此在设计内部控制制度时，重要的是应从企业自身的经营特点出发，为企业量身定做，这样才能使企业的内部控制做到真正意义上的科学、有效。

7.1.4 银行存款余额调节表

1. 未达账项

企业银行存款日记账的账面余额应定期与开户银行转来的"银行对账单"的余额核对相符，至少每月核对一次。企业银行存款账面与对账单余额之间如有差额，应通过编制"银行存款余额调节表"(Bank Reconciliation Statement)调节相符。一般来说，产生差额的原因不外乎两方面：其一，双方记账有误；其二，存在未达账项。

未达账项是指企业与银行之间因凭证传递上的时间差，一方已经登记入账，而另一方尚未入账的款项。

企业的未达账项包括：

(1) 银行已收，企业未收款项。例如，采用委托收款或托收承付结算方式，银行已受托收到购货单位的款项，但企业尚未接到银行收款通知单，故未记录银行存款增加业务。

(2) 银行已付，企业未付款项。例如，企业委托银行代付的款项(水电费、煤气费、电话电视费等)，银行在付款后已登记银行存款减少数，而企业尚未接到银行付款通知单，故未做银行存款减少的账务处理。

银行的未达账项包括：

(1) 企业已收，银行未收款项。例如，企业销售产品、提供劳务收到对方转账支票，送存银行后可根据"银行进账单"回单联登记银行存款的增加，而银行则要收妥后再登记增加，若此时对账，就会出现企业已收，银行未收的款项。

(2) 企业已付，银行未付款项。例如，企业签发支票支付购货款之后，可根据支票、购货发票及收料单等相关凭证，登记银行存款的减少，而持票人尚未到银行办理转账手续，银行尚未付款并登记减少。若此时对账，则会出现企业已付，银行未付的款项。

2. 银行余额调节表的编制步骤

(1) 对照银行对账单和储户会计记录中所列的存款，其中银行未记录的在途存款应加到对账单余额中。

(2) 根据已付支票的顺序编号逐一核对相应的会计分录，已签发但银行尚未兑现的支票列为未支付支票，相应地减少对账单余额。

(3) 将银行发出企业未记录的贷项通知单数额添加至企业的会计记录。

(4) 按银行发出企业未记录的借项通知单数额相应地减少储户记录的余额。

(5) 对银行对账单和(2)记录中的错误做适当的调整。

(6) 检查银行对账单余额和(2)记录的余额是否一致。

(7) 为银行余额调节表中企业方所做的调节编制会计分录。

[**例7-1**] 甲公司2017年12月份发生与银行存款有关的业务如下：

(1) 12月28日，甲公司收到A公司开出的480万元转账支票，交存银行。该笔款项系A公司违约支付的赔款，甲公司将其计入当期损益。

(2) 12月29日，甲公司开出转账支票支付B公司咨询费360万元，并于当日交给B公司。

12月31日，甲公司银行存款日记账余额为432万元，银行转来对账单余额为664万元。经逐笔核对，发现以下未达账项：

(1) 甲公司已将12月28日收到的A公司赔款登记入账，但银行尚未记账。

(2) B公司尚未将12月29日收到的支票送存银行。

(3) 甲公司委托银行代收C公司购货款384万元，银行已于12月30日收妥并登记入账，但甲公司尚未收到收款通知。

(4) 12月份甲公司发生借款利息32万元，银行已减少其存款，但甲公司尚未收到银行的付款通知。

根据以上资料，编制银行存款余额调节表(见表7-2)。

表 7-2　银行存款余调节表

2017年12月31日　　　　　　　　　　　　　　　　　　　　单位：万元

项目	金额	项目	金额
银行存款日记账余额	432	银行对账单余额	664
加：银行已收，企业未收款	384	加：企业已收、银行未收款	480
减：银行已付，企业未付款	32	减：企业已付，银行未付款	360
调节后余额	784	调节后余额	784

7.2　短期投资

短期投资是指企业购入的各种能随时变现、持有时间不超过一年的有价证券，以及不超过一年的其他投资。有价证券包括各种股票和债券等，如购买其他股份公司发行的各种股票，政府或其他企业发行的各种债券(国库券、国家重点建设债券、地方政府债券和企业融资债券等)；其他投资如企业向其他单位投出的货币资金、材料、固定资产和无形资产等。

当企业现金暂时剩余时，选择流动性强的股票、债券、国库券进行投资是较好的理财方法；企业现金不足时，又可将投资出售获取现金。短期投资是企业用活资金的一种策略，当企业拥有的货币资金过多时，存在银行又不太合算，就可以用部分资金做短期投资，买股票、国库券之类的有价证券，以获得更高的收益。

短期投资可分为以下三类：

(1) 持有至到期日的投资，持有者希望一直持有这一投资直至到期日。通过这种投资，投资者可获得利息收入。

(2) 交易性投资，投资者持有这种投资的目的是在几周或几个月内将其售出，以获得价差收入。

(3) 可售投资，除了上面两种投资之外的投资。

7.2.1　交易性投资

所有的交易性投资都是短期投资，因为公司仅仅打算对这种投资持有几个月或更短的时间。一直持有到到期日的投资与可售投资可能是短期、也可能是长期投资，这取决于管理当局打算持有时间的长短。投资者对交易性投资打算持有很短的时间——最长不过几个月。持有这一投资的目的是以高于成本价的价格将其卖出，以从价差中获得利润。

交易性投资的对象可以是其他公司的股票。假设甲公司购买了乙公司的股票，并打算在数月内将其售出。这就使得甲公司的投资成为一项交易性投资。如果乙公司股票的市价上升，甲公司就可能获得收益；如果乙公司股价下跌，甲公司可能遭受损失。同时，甲公司可能还会从福特公司获得股利收入。

[例7-2] 假定甲公司于5月18日购入乙公司股票,支付了100 000元现金。甲公司按照成本价记录这项投资的购入:

借:短期投资 100 000
　　贷:库存现金 100 000

假定5月27日甲公司从乙公司分得4 000元现金股利。甲公司记录该笔收入如下:

借:库存现金 4 000
　　贷:股利收入 4 000

5月31日,甲公司编制资产负债表和利润表。假设乙公司的股票已经升值,5月31日当天对乙公司的投资的市场价值为102 000元。市场价值就是所有者出售投资时能够从市场上收到的金额。在本案例中,甲公司在此项投资上有一项未实现的利得,因为市场价值(102 000元)大于甲公司的投资成本(100 000元)。"未实现"意指甲公司尚未出售该投资。

交易性投资在资产负债表中以其市场现值反映。因此,在编制5月31号财务报表之前,甲公司先通过以下日记账分录将乙公司的投资调整至市场价值。

借:短期投资 2 000
　　贷:未实现投资利得 2 000

这样,短期投资账户就可以按照市场价值在资产负债表中反映。

如果甲公司对乙公司的投资贬值了,如降到了95 000元,那么甲公司就有一项未实现的损失(Loss)。在这种情况下,甲公司将在5月31日编制一个不同的分录,确认未实现损失。

借:未实现损失(100 000－95 000) 5 000
　　贷:短期投资 5 000

在此情况下,甲公司将按照95 000元的市场价值在资产负债表上报告其短期投资。

7.2.2　在资产负债表上报告短期投资,在收益表上报告收入、利得和损失

短期投资属于流动资产。由于短期投资是流动性仅次于现金的资产,所以其在资产负债表上紧跟在现金之后。在商业上,流动性就意味着接近于现金。短期投资中的交易性投资在资产负债表上应当按照市场价值报告。投资会获得利息收入和股利收入。投资也同样能够带来利得与损失。表7-3报告短期投资和相关收入、利得和损失(金额为假设值)。

表7-3　资产负债表和利润表中的短期投资

资产负债表	
流动资产:	
库存现金	…
短期交易性投资,按市场价值	102 000
应收账款	…

续 表

收益表	
收入	...
费用	...
其他收入、利得和损失	
利息收入	4 000
股利收入	1 000
未实现投资利得	2 000
...	...
净利润	...

7.3 坏　账

应收项目是流动性第三强的资产——位列现金及现金等价物和短期投资之后。应收项目金额大对于一个公司来说通常是好事情,因为这是对他人现金的要求权。但若公司不能收回应收款项,应收项目的存在也会变成一个坏消息。由于市场经济极大的不确定性,企业的应收账款很可能最终不能够全部收回,即可能发生部分或者全部坏账。所谓坏账(Bad Debt),是指不能够收回的应收账款。一般认为如果债务人死亡或者破产,以其剩余财产、遗产抵偿后仍然不能够收回的部分;欠账时间超过三年的应收账款均可以确认为坏账。

7.3.1　备抵法

通过赊销,那些不愿或无法立即支付现金的客户也能够进行购买,因此公司的销售收入就随着销售的增长而增长。但是赊销也会增加成本,公司可能无法从赊销客户那里收回款项。会计人员将此项耗费称为无法收账损失、呆账损失或者坏账损失。

对于不同的公司来说,无法收款损失也不相同。对于实行信用销售政策的公司来说,无法收账的损失跟工资费用和公用费用一样都是一种运营费用,必须对其进行计量、记录和报告。为了实现这一目的,会计人员一般使用备抵法(Allowance Method),在某些情况下,也是用直接冲销法(Direct Write-off Method)。

为了尽可能准确地反映公司的财务状况,大多数公司都使用备抵法来计量坏账损失。在这种方法下,要在估计的基础上对可能的坏账损失进行记录,而不是等到某一客户的欠款无法收回时才去记录。

公司经理人员根据公司的收账经验来估计一定时期内总的坏账损失,而不是去猜测哪一个账户会无法收回。估计的金额被记录为坏账费用,并且设置一个与应收账款相关联的计价对比账户,称为坏账准备(或呆账备抵)账户。这个备抵账户显示了公司预计无法收回的应收账款的损失。

应收账款减去坏账准备,就得到了公司期望能够收回的应收账款的净值,如下所示(金额为假设值):

资产负债表(部分)	
应收账款	10 000
减:坏账准备	900
应收账款净值	9 100

客户们欠该公司 10 000 元,公司期望能够收回 9 100 元。公司估计的无法收回的应收账款是 900 元。

关于这些应收账款的另一种报告方法如下:

应收账款,减除坏账准备 900 元	9 100

在利润表上,坏账费用是在营业费用中报告的,如下所示(金额为假设值):

利润表(部分)	
费用:	
坏账费用	2 000

7.3.2 坏账估计方法

对于坏账估计得越精确,财务报表中的信息就越可靠。坏账是怎样估计的?最合逻辑的方法就是分析公司以前的记录。有两种基本方法可以用来估计坏账:销售百分比法和账龄分析法。

1. 销售百分比法

该方法要计算坏账费用占赊销净额的比例。由于这种方法特别关注要在利润表中反映的费用的金额,所以也称为利润表法。坏账损失在期末作为一个调整项目加以记录。

[例 7-3] 假设 2017 年 12 月 31 日时,年终调整之前的账户余额如下:

	借 方	贷 方
应收账款	120 000	
坏账准备		500

客户欠的款项共有 120 000 元,但是坏账准备却太少。500 元的坏账准备余额是从上期留下来的。在做出其他调整之前,应收账款净额是 119 500 元(=120 000-500),这大大超过了公司预计能够收回来的金额。

根据以前的经验,信用部门估计坏账费用是赊销净额的 1.5%,2017 年的赊销净额是 500 000 元。记录坏账费用和更新坏账准备的会计分录如下:

借:坏账费用(500 000×1.5%)　　　　　　　　　　　　　　　7 500
　　贷:坏账准备　　　　　　　　　　　　　　　　　　　　　　　7 500

会计等式显示,这笔记录费用的业务使得公司的资产减少了与费用金额相同的数量:

资产=	负债	+所有者权益	-费用
-7 500=			-7 500

以上账户在2017年度资产负债表上列示如下:

	借方	贷方
应收账款	120 000	
坏账准备		500
		7 500
合计	120 000	8 000

客户仍然欠公司120 000元,但现在的坏账准备更接近现实。在资产负债表上,应收账款按照净值报告,金额是112 000元(=120 000-8 000)。在利润表上,本期的坏账损失是7 500元,这将与其他本期营业费用一起列示。

2. 账龄分析法

另一种普遍使用的估计坏账的方法是账龄分析法。由于这种方法特别关注应收账款,所以也称为资产负债表法。在账龄分析法下,对每一个客户的应收账款都要根据其已有账龄进行分析。会计电算化系统可以按照账龄提供应收账款报告。计算机读取客户数据,并根据客户编号和发票日期进行排序。

[例7-4] 表7-4显示,青山建筑供应公司信用部门以30天分段,对应收账款进行分组。

表7-4 青山建筑供应公司账龄分析　　　　　　　　单位:元

客户名称	账龄				总额
	1~30天	31~60天	61~90天	超过90天	
客户A	20 000				20 000
客户B	10 000				10 000
客户C		13 000	10 000		23 000
客户D			3 000	1 000	4 000
其他账户	39 000	12 000	2 000	2 000	55 000
合计	69 000	25 000	15 000	3 000	112 000
估计坏账百分比	×0.1%	×1%	×5%	×90%	
坏账准备余额应为	69	+250	+750	+2 700	=3 769

＊"其他账户"的每一项都将单独列示

青山公司的应收账款总余额为112 000元。账龄分析显示,这些应收账款中有3 769元将无法收回,但是坏账准备却没有跟上。年终调整之前,青山公司的账目如下:

	借　方	贷　方
应收账款	112 000	
坏账准备		1 100

使用账龄分析法是为了将坏账准备余额调整至必要的金额(3 769元),为了更新备抵余额,青山公司编制以下会计分录:

借:坏账损失　　　　　　　　　　　　　　　　　　　　　　　2 669
　贷:坏账准备(3 769－1 100)　　　　　　　　　　　　　　　　　2 669

这笔记录费用的业务使得公司的资产减少了与费用金额相同的数量,会计等式显示如下:

资产＝	负债	＋所有者权益	－费用
－2 669＝			－2 669

至此,青山公司资产负债表中预计能够收回的应收账款金额应等于108 231元(＝112 000－3 769),列示如下:

	借　方	贷　方
应收账款	112 000	
坏账准备		1 100 调增 2 669 3 769
应收账款净额	108 231	

与销售百分比法一样,要在利润表中报告坏账费用。

7.3.3　直接冲销法

还有一种处理坏账的方法,这种方法不使用任何备抵账户。在坏账处理的直接注销法下,直到公司认为某客户的应收账款无法收回时,会计人员才记录坏账损失并从贷方注销该客户的应收账款,如下所示(金额为假设值):

借:坏账损失　　　　　　　　　　　　　　　　　　　　　　　92 000
　贷:应收账款——A公司　　　　　　　　　　　　　　　　　　92 000

直接冲销法存在两方面的缺陷:

其一,直接注销法没有设立坏账准备,因此,应收账款总是足额报告,这要超过公司有望能够收回的金额。因此,资产负债表上的资产可能被高估。

其二,直接冲销法下,发生坏账损失的期间可能与取得相应的销售收入的期间不配比。在上面的例子中,公司是在2016年取得对A公司的销售收入,那么应该在2016年对坏账损失进行记录,以正确计量净收益。但在这种方法下却是在2017年记录坏账损失,因此公司2016年的净收益被高估,而2017年的净收益被低估。

根据配比原则,费用一定要与取得收入的相同的期间配比。因此直接注销法只是在坏账很少,采用备抵法或直接注销法对于坏账金额无显著影响的情况下方可采用。

7.4 应收票据和利息收入

正如前面指出的,应收票据比应收账款更加正式。对一份应收票据来说,有两个当事人:债权人持有应收票据和债务人持有应付票据。债务人签发本票,作为债务的证据。图7-1展示了一张典型的本票。

```
                        本票样票
1 000元                                                2016年8月31日
                        我承诺支付给
                        中国银行南京分行
                        壹仟元整

支付日期:2017年2月28日
利息:按年利率9%计算
                                                      张俊
                                                   [出票人签名]
```

图7-1 本票样票

应收票据的本金是指借入款项的一方借入的金额,也是贷出款项的一方贷出的金额。信用期限是从2016年8月31日至2017年2月28日,出票人承诺将于2017年2月28日支付中国银行南京分行(受付人)1 000元加上按照年利率9%计算的利息。利息对于出借人(本例中是中国银行南京分行)来说是一项收入,而对于借入款项一方(出票人)来说是一项费用。

在出票人签发了这张本票后,中国银行南京分行向其支付1 000元现金。银行支付现金时的分录如下:

借:应收票据——张俊　　　　　　　　　　　　　　　　　1 000
　　贷:库存现金　　　　　　　　　　　　　　　　　　　　　1 000

银行支付了现金资产,同时收回另一项资产,即应收票据,所以银行的总资产仍然没有改变。

资产	=负债	+所有者权益
+1 000 −1 000	=0	+0

2016年12月31日,中国银行纽约分行要计算从9月到12月这4个月利息收入:

借:应收利息(1 000×9%×4/12)　　　　　　　　　　　　　30
　　贷:利息收入　　　　　　　　　　　　　　　　　　　　　30

该笔事项增加了银行的资产和收入:

资产	=负债	+所有者权益	+收入
30	=0		30

2017年2月28日银行收回这张应收票据时的分录如下：

借：库存现金　　　　　　　　　　　　　　　　　　　1 045
　　贷：应收账款——张俊　　　　　　　　　　　　　　　1 000
　　　　应收利息　　　　　　　　　　　　　　　　　　　　30
　　　　利息收入(1 000×9%×2/12)　　　　　　　　　　　15

资产	=负债	+所有者权益
+1 045 -1 000 -30	=0	+15

7.5　评价应收账款的流动性

及时收回应收账款很重要，它是企业信用政策和账款回收政策成功与否的重要表现。过期的应收项目就可能成为赊销损失被注销。可以通过计算销售净额和应收账款平均余额的比率来评价一个公司的信用政策和账款回收政策。应收账款周转率是指一年中企业在应收账款上的投资转化成现金的次数，计算方法是年销售净额除以应收账款平均余额。该比率越高，企业的应收项目的流动性就越高。

判断一个企业应收账款流动性的另一个指标是应收账款平均周转天数，即企业收回账款所需要的天数，其计算是将一年的天数除以应收账款周转率。

企业管理层应密切注意这些比率，以评价其对客户的信用政策和检验账款收回政策的效果。短期债权人，如银行和企业的供货方也使用这些比率来评价企业短期负债的偿债能力。

课后习题

A. 自测选择题

1. 下列项目中不属于有价证券的是(　　)。
   A. 国库券　　　　B. 股票　　　　C. 信用证存款　　　　D. 债券

2. 对于银行已经收款而企业尚未入账的未达账项，企业应做的处理为(　　)。
   A. 待有关结算凭证到达后再入账
   B. 以"银行对账单"为原始记录将该业务再入账
   C. 在编制"银行存款余额调节表"的同时入账

D. 根据"银行存款余额调节表"和"银行对账单"自制原始凭证入账

3. 2017年年末应收账款的账面余额为1 000万元,由于债务人陷入财务困境,预计3年内只能收回部分货款,经过测算预计未来现金流量的现值为700万元,"坏账准备"期初余额为0。2017年年末应收账款计提坏账准备（　　）万元。

　　A. 300　　　　　　B. 0　　　　　　C. 700　　　　　　D. 1 000

4. 某企业根据对应收款项收回风险的估计,决定对应收账款和其他应收款按其余额的5%计提坏账准备。2017年1月1日,"坏账准备"科目贷方余额为1 500元。2017年12月31日,"应收账款"借方余额为35 000元,"其他应收款"借方余额为5 000元。该企业2017年12月31日应补提的坏账准备为（　　）元。

　　A. 3 250　　　　　B. 3 750　　　　　C. 500　　　　　　D. 4 000

5. 企业在连续提取坏账准备的情况下,"坏账准备"科目在期末结账前如为贷方余额,其反映的内容是（　　）。

　　A. 企业已提取但尚未转销的坏账准备数额
　　B. 上年末坏账准备的余额小于本年确认的坏账损失部分
　　C. 已经发生的坏账损失
　　D. 本年提取的坏账准备

6. （　　）有利于现金管理。

　　A. 不借款,保留充足的现金余额,以供必要的日常支付
　　B. 在月末调节银行对账单时记录所有的现金收入和支出业务
　　C. 提前一年编制月度预计现金收入、现金支付和预期的现金余额
　　D. 账单一到即支付

7. 金盛公司出售成本80 000元的有价证券,得现金92 000元,公司的利润表和现金流量表上应分别有（　　）。

　　A. 利得12 000元和现金收入92 000元
　　B. 利得92 000元和现金收入8 000元
　　C. 利得12 000元和现金收入80 000元
　　D. 利得92 000元和现金收入92 000元

8. 某企业根据对应收款项收回风险的估计,决定对应收账款和其他应收款按其余额的5%计提坏账准备。2017年12月1日,"坏账准备"科目贷方余额为10 000元,本期发生了坏账40 000元。2017年12月31日,"应收账款"明细科目借方余额为700 000元,"其他应收款"明细科目借方余额为100 000元。该企业2017年12月31日应计提的坏账准备为（　　）元。

　　A. 10 000　　　　B. −70 000　　　　C. −10 000　　　　D. 70 000

9. 总的来说,金融资产在资产负债表上以（　　）列示。

　　A. 面值　　　　　　　　　　　　B. 现行现金价值
　　C. 成本　　　　　　　　　　　　D. 预计未来出售的价值

10. 在用直接冲销法处理不能收回的账款时（　　）。

　　A. 当年的坏账费用要比利润表法下的费用少
　　B. 当前会计期的销售净额与当期的坏账费用的关系就是配比原则的表现

C. 当确定某一笔账款无法收回时,就借记备抵坏账账户
D. 应收账款在资产负债表中不以可变现净值列示,而以应收账款控制账户的余额列示

B. 概念回顾与思考

1. 定义金融资产并解释其在资产负债表中的计价。
2. 简要阐述现金等价物的特点,并举出两例。
3. 什么是现金等价物?请举出两例。为什么在资产负债表列示时这些项目和现金合并为一项?
4. 什么是现金管理?如何加强对现金的内部控制?
5. 解释银行记录与会计记录间存在差异的原因。
6. 为什么有价证券投资通常被视为流动资产?
7. 未实现投资利得(或损失)账户代表什么?
8. 简要阐述处理赊销损失时,备抵法和直接冲销法的优缺点。
9. 解释应如何对应收票据和利息收入进行会计处理。
10. 简要阐述如何评价公司应收账款的流动性。

C. 业务处理

1. 某企业2月份发生下列经济业务:
(1) 从银行存款中提取现金500元;
(2) 财务科以现金预借给采购员差旅费1 000元;
(3) 以银行存款交纳上月欠缴的税金1 500元;
(4) 从外单位购入材料10 000元,材料已验收入库,货款尚未支付;
(5) 甲公司投入新机器一台,作为对本企业的投资,价值55 000元;
(6) 向银行借入短期借款50 000元,款项已存入存款户;
(7) 以银行存款偿还欠外单位的货款10 000元;
(8) 生产车间领用材料10 000元,全部投入产品生产;
(9) 收到某单位上月所欠货款30 000元,存入银行;
(10) 以银行存款归还到期的短期借款50 000元。

[要求] 根据以上资料编制会计分录。

2. 某企业本月发生下列与货币资金相关的业务:
(1) 厂部管理人员李林到外地开会,到财务部门预借差旅费1 500元,财务部门审核后开出现金支票一张;而后李林出差返回持有关单据报销差旅费1 440元,余款李林交回现金。
(2) 对外零星出售产品收取现金,计价款400元,增值税款64元(符合收入的确认条件),而后财务部门将收取的现金其交存银行。
(3) 厂部行政管理部门购买办公用品1 320元,持有关单据报销,审核无误后以现金支付。

(4) 收到银行通知,应收购买方企业购买产品的款项,价税合计 58 000 元已收妥入账。

(5) 开出转账支票一张,支付上月采购原材料的欠款,价税及代垫款合计 6 480 元。

(6) 根据本月应付职工薪酬(工资、资金等)的实发金额 185 000 元从银行账户转账至本企业职工个人账户。

(7) 本月对外出售产品,取得销售收入 200 000 元,增值税销项税额 32 000 元(假设符合收入确认条件),款项已收妥入账。

(8) 开出转账支票两张,分别支付电信费用 680 元和缴纳增值税 15 000 元。

(9) 从银行提取现金 2 000 元,作为出纳员日常零星支付所需。

[要求] 根据上述资料,编制该企业相关业务的会计分录。

3. 假设某公司于 2017 年 4 月 30 日对现金进行清查,发现库存现金较账面余额短少 150 元。经查明,出纳员王某负有一定的责任,应责其赔偿 100 元;剩余部分 50 元,经批准后转作当期费用。而后已收到出纳人员的现金赔款 100 元。

[要求] 根据上述资料,编制相应的会计分录。

4. 某企业 2017 年 5 月 31 日银行存款日记账的余额为 250 870 元,而银行转来的对账单的余额为 182 650 元,经过逐笔核对发现有以下未达账项:

(1) 5 月 29 日,企业委托银行代收的款项 234 000 元,银行已经收妥入账,企业尚未接到银行的收款通知。

(2) 5 月 29 日,企业因采购货物开出转账支票 156 500 元,持票人尚未到银行办理转账。

(3) 5 月 30 日,银行代企业支付某项公用事业费用 8 720 元,企业尚未接到银行的付款通知。

(4) 5 月 31 日,企业销售商品收到购入单位送存的转账支票,列明金额 450 000 元,企业尚未将转账支票及时送存银行。

[要求] 根据以上资料编制"银行存款余额调节表"。

5. A 公司为增值税一般纳税企业,于 2017 年 11 月 1 日销售一批商品给 B 公司,增值税专用发票列明商品价款为 50 000 元,增值税额 8 000 元。商品已经发出,且于同日收到购买方 B 公司签发并承兑的不带息商业承兑汇票一张,票据面值为 58 000 元,期限为 5 个月,符合收入确认的条件。

[要求] 根据上述资料:

(1) 编制 A 公司收到票据时的会计分录。

(2) 编制 A 公司到期如数收到票据款项的会计分录。

(3) 若假设 B 公司于票据到期时账面无款,编制 A 公司的相关分录。

6. 某企业于 2000 年成立,对应收账款采用余额百分比法计提坏账准备。假设各年年末应收账款的余额如下(坏账计提比例为 10%,单位:万元):

年　度	2014 年年末	2015 年年末	2016 年年末	2017 年年末
应收账款余额	400	520	340	380

(1) 2015 年确认实际发生的坏账损失 42 万元。

(2) 2016 年度,原已确认的坏账损失又收回 8 万元。

[要求] 根据以上资料,按时间先后顺序编制该企业相关业务的会计分录。

7. 银行存款日记账余额为 80 000 元,银行对账单上的余额为 82 425 元,未达账项有:

(1) 企业于 6 月 30 日存入从其他单位收到的转账支票一张,计 8 000 元,银行尚未入账。

(2) 企业于 6 月 30 日开出的转账支票 6 000 元,现金支票 500 元,持票人尚未到银行办理转账和取款手续,银行尚未入账。

(3) 委托银行代收的外埠存款 4 000 元,银行已经收到入账,但收款通知尚未到达企业。

(4) 银行受运输机构委托代收运费,已经从企业存款中付出 150 元,但企业尚未接到转账付款通知。

(5) 银行计算企业的存款利息 75 元,已经记入企业存款户,但企业尚未入账。

[要求] 编制"银行存款余额调节表"。

8. 甲企业采用"余额百分比法"核算坏账准备,坏账准备的计提比例为 5‰,有关资料如下:

(1) 该企业从 2014 年开始提取坏账准备,该年末应收账款余额额为 2 000 000 元。

(2) 2015 年年末应收账款余额额为 2 400 000 元,2015 年末发生坏账。

(3) 2016 年 4 月,经有关部门确认发生一笔坏账损失,金额为 15 000 元。

(4) 2016 年年末应收账款余额额为 2 200 000 元。

(5) 2017 年 6 月上述已核销的账款余额收回 10 000 元。

(6) 2017 年年末应收账款余额额为 2 500 000 元。

[要求] 根据上述资料编制相关业务的会计分录。

9. 某企业 2017 年 7 月 31 日的银行存款日记账账面余额为 691 600 元,而银行对账单上企业存款余额为 681 600 元,经逐笔核对,发现有以下未达账项:

(1) 7 月 26 日企业开出转账支票 3 000 元,持票人尚未到银行办理转账,银行尚未登账。

(2) 7 月 28 日企业委托银行代收款项 4 000 元,银行已收款入账,但企业未接到银行的收款通知,因而未登记入账。

(3) 7 月 29 日,企业送存购货单位签发的转账支票 15 000 元,企业已登账,银行未登账。

(4) 7 月 30 日,银行代企业支付水电费 2 000 元,企业尚未接到银行的付款通知,故未登记入账。

[要求] 根据以上有关内容,编制"银行存款余额调节表",并分析调节后是否需要编制有关会计分录。

10. 某企业 2015 年年末应收账款余额为 300 万元,提取坏账准备的比例为 4‰,2016 年发生坏账损失 3 万元,其中甲单位 1.8 万元,乙单位 1.2 万元,2016 年年末应收账款余额为 90 万元,2017 年已冲销的 2016 年甲单位应收账款 1.8 万元又收回,2017 年年末应收账款余额为 100 万元。

[要求]

(1) 根据上述计算各年应计提的坏账准备。

(2) 编制有关会计分录。

D. 案例分析

1. 海尔是全球大型家电第一品牌,1984年创立于青岛。创业以来,海尔坚持以用户需求为中心的创新体系驱动企业持续健康发展,从一家资不抵债、濒临倒闭的集体小厂发展成为全球最大的家用电器制造商之一。

搜索有关海尔集团应收账款的信息,分析以下问题:

(1) 海尔集团应收款项的坏账损失确认标准以及坏账准备计提方法。

(2) 计算集团近三年的应收账款周转率,并对应收账款的流动性进行评价。

(3) 假如你是海尔集团的管理者,你会对企业的应收账款管理有哪些建议?

2. 百悦公司主要出售音响设备,公司一直以来的销售情况如下:现销占25%,信用卡消费占35%,赊销(30天到期)占40%。公司赚取的利润稳定,月度现金收入超出现金支付的数额较大,坏账损失约占销售净额的1%(公司采用直接冲销法处理坏账)。

两个月前公司采用了一项新的信贷政策——"双免政策",即客户赊购商品既无须支付定金,也无须支付利息费用,应收账款分12个月等额收回。

这项政策深受客户欢迎,月度销售额急剧上升。尽管销售持续上升,但公司的现金周转发生了问题——供应商的货款通常在30天内到期,但公司却没有足够的现金支付到期货款。公司会计人员对公司月度经营成果的分析如下(单位:元):

销 售	采用"双免政策"前	上 月
现金	12 500	5 000
信用卡	17 500	10 000
30天赊销	20 000	—
"双免政策"账款	—	75 000
月度销售合计	50 000	90 000
销售成本和费用	40 000	65 000
净利润	10 000	25 000
现金收款		
现金销售	12 500	5 000
信用卡	17 500	10 000
30天赊销	19 500	—
"双免政策"账款	—	11 250
月度现金收款合计	49 500	26 250
冲销无法收回的账款	500	—
月末应收账款	20 000	135 000

会计人员分析道:"'双免政策'真是害苦了我们。自从采用这项政策以来,应收账款差不多增加到原来的七倍,并且还在增加,我们根本无法负担如此庞大的非生产性资产。与此同时,现金收入下降到原来的一半。如果无法进行更多的现金销售或尽快收回应收账款,我们就快因无力偿还债务而破产了。"

公司的创始人兼首席执行官刘先生则反驳道:"说什么应收账款是非生产性资产?它是我们拥有的最具生产力的资产。自从采用了'双免政策',我们的销售几乎增加了一倍,利润更是增长了一倍多,而坏账损失已下降到零。"

[要求]

(1)"双免政策"使销售额和利润激增而使现金收入减少,这符合逻辑吗?请解释。

(2)为什么坏账损失会下降到零?你认为公司以后(如明年)还会产生坏账损失吗?为什么?

(3)你认为月度现金收入下降将会是暂时性的还是永久性的?为什么?

(4)在何种意义上公司的应收账款是"非生产性"资产?

(5)公司在继续实施"双免政策"的情况下,如何才能产生足够的现金来支付到期的货款?请提出几种方法。

(6)你会建议公司继续采用"双免政策",还是回到原来的30天赊销政策?陈述你的理由,并请说明任何可能导致你改变看法的未决因素。

3. 爱华糖果公司仅向零售商销售,该公司不是公众持股公司,其财务报表无须审计,但企业需要经常借款,债权人要求企业在每季度末提供未经审计的财务报表。

10月份,企业管理层开会讨论在12月31日即将结束的财政年度。由于经济不景气,爱华公司收回应收账款产生了问题,其现金的存量比以往都要低。管理层明白如果12月31日的资产负债表很难看,公司将无法借入为情人节增加生产的款项。

因此,会议的目的就是想办法改善12月31日的资产负债表。以下是讨论出的一些方案:

(1)为购买圣诞节糖果并在30天内付款的客户提供10%现金折扣。

(2)为年末到期的所有应收账款提供30天展期。如果这些账款不再过期,公司就无须设置备抵账户。

(3)在资产负债表列示时,将各种现金(包括现金等价物)、补偿性余额和未使用的信贷限额合并为一项。

(4)要求向公司借款的员工在12月31日归还款项,这将使资产负债表上的非流动资产"员工应收票据"变成现金,年底过后就将款项重新借给员工。

(5)以市场价值而不是成本列示有价证券投资。

(6)将存货当作一项财务资产并以其现行销售价值列示。因为公司不是上市公司,所以法律不要求其财务报表中采用的方法必须同通用会计准则一致。

(7)于12月31日在公司的银行账户上开出一张大额的支票并将其送存到其他银行,支票必须等到年底过后才能到开户行兑现,所以年底公司的现金数额将会大大增加。

[要求]

(1)分别评价这些方案,在考虑会计问题的同时也请考虑这样做所面临的伦理道德问题。

(2)公司首先想到的是召开会议,即采取措施"改善"须提交给债权人和投资者的财务报表,你认为这样做否符合职业道德?

第8章 存货和销售成本

学习目标

1. 在永续盘存制下,使用个别认定法、平均成本法、先进先出法、后进先出法确定销售成本,并讨论各种方法的优缺点。
2. 在定期盘存制下,使用个别认定法、平均成本法、先进先出法、后进先出法确定期末存货成本以及本期销售成本。
3. 解释企业实地盘点存货的必要性。
4. 记录存货的短缺损失与其他年末调整事项。
5. 解释存货计价错误对利润表的影响。
6. 掌握销货成本和存货成本核算的毛利率法和零售价法。
7. 计算存货周转率并分析其经济含义。

引导案例

小米的存货管理效率

小米上市了!成立于2010年3月3日的小米已于2018年6月7日通过港交所上市聆讯。小米是一家专注于智能硬件和电子产品研发的移动互联网公司。创造了用互联网模式开发手机操作系统,"发烧友"参与开发改进的模式。小米还是继苹果、三星、华为之后第四家拥有手机芯片自主研能力的科技公司。

翻看小米500多页的招股书,一个令人震惊的数字似乎被大家忽略了,但这个数字甚至可以解释小米能走到今天的基础——"2017年存货周转天数:45天"。

这个数字代表什么呢?简单地说,就是平均一台设备从入库到卖出去,只需要45天,相当于一年周转8次。当然小米的存货实际上并不单纯是电子设备,还包括原材料、成品、半成品、配件等等。

存货周期45天是一个什么概念?

2017年公布的《Gartner供应链25强》中,另一家存货周期为45天的公司是沃尔玛,而我们耳熟能详的快销品牌H&M,其存货周期为121天,一年周转3次。也就是说,小米的存货周期与沃尔玛相同,并明显短于快消潮牌 H&M。

同为 45 天存货周期的小米和沃尔玛,却分属不同的行业,以硬件销售为主的小米,在存货周期上达到了百货公司的标准,甚至超越了快消品。而在 2016 年,小米的"存货周转天数"还是 51 天。

为保证公司健康的库存、资金周转,库存的精准管理对企业有极高的要求。小米生态链中,硬件设备的发布频率几乎是一月一款,而手机的更新周期也普遍为六个月。对于小米来说,压缩存货周期是驱动公司前进必要且有效的方式。

(资料来源:"周转速度直逼沃尔玛,小米的超强存货管理",和讯名家,2018 年 5 月 6 日。)

计算存货成本对于企业来说至关重要,企业需要对待售存货、外购存货、已售产成品等都留存记录,其中外购与已售产品价格是随着时间的变化而变化的。这使得对于存货的计算以及利润表中已售产成品的确定更为复杂。本章将会详尽解释存货以及其成本的计量。

企业通常简单地定义存货为企业在日常活动中持有以备出售的商品。存货通常是企业预期在一个生产周期内转化为现金的资产,鉴于存货较强的流动性,存货列示在资产负债表应收账款之后,因为其相比应收账款仅多出一步即可转化为现金。

在大多数资产负债表中,占比最大的流动资产当属应收账款、存货和现金,通常情况下,存货比重最大,企业希望在竞争激烈的市场环境下生存,就不能被沉重的存货负担所拖累,但过少的存货又会影响企业的正常运营。

本章将探讨企业如何对待销售存货进行计价,并分析不同计价方式对企业财务表现的影响。

8.1 存货的确认

存货是指企业在日常活动中持有的待售商品、处在生产过程中的在产品、在生产过程或提供劳务过程中耗用的材料等。

在符合定义的情况下,同时满足两个条件的,才能予以确认为存货:其一,满足资产的有用性,即与该存货有关的经济利益很可能流入企业,其实质是判断企业是否拥有存货的法定所有权,拥有存货的所有权通常是存货包含的经济利益很可能流入企业的一个重要标志;其二,满足货币计量假设,表示该存货的成本能够可靠地计量。

一项资产是否可以确认为存货,其持有目的和用途也很关键。例如,房地产企业建造的待售商品房,属于存货,而建造的办公楼属于固定资产。企业持有的一辆汽车,如果是企业自己使用,则属于固定资产;如果是为了销售而储存,则应属于库存商品即存货。

一般情况下,企业的存货包括下列三种类型的有形资产:① 在正常经营过程中存储以备出售的存货。这是指企业在正常的过程中处于待销状态的各种物品,如工业企业的库存产成品及商品流通企业的库存商品。② 为了最终出售正处于生产过程中的存货。这是指为了最终出售但目前处于生产加工过程中的各种物品,如工业企业的在产品、自制半成品以及委托加工物资等。③ 为了生产供销售的商品或提供服务以备消耗的存货。这是指企业为生产产品或提供劳务耗用而储备的各种原材料、燃料、包装物、低值易耗品等。存货的构成如图 8-1 所示。

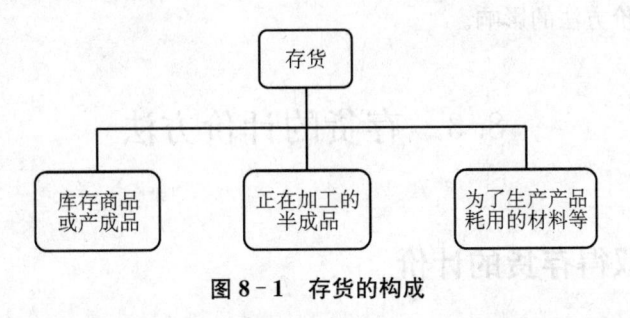

图 8-1　存货的构成

存货具有三大特点：第一，存货属于有形资产；第二，存货具有较强的流动性，预期能够在企业的一个营业周期内变现，因此被列为流动资产，在按照流动性列示的资产负债表中，存货列在应收账款之下，从存货转化为应收账款，理论上只有一步之遥；第三，存货具有时效性，具有发生潜在损失的可能。比如超市库存的鲜果、蔬菜、肉类、鸡蛋、鲜奶等，接近及超过保质期就需要进行妥当处理，超过保质期的食品无法正常销售。在正常的经营活动下存货能够有效率的转换为货币资产或其他资产，但是长期不能变现的存货就有可能导致积压或降价处理，使企业蒙受损失，本章后续内容会通过存货周转率衡量存货的周转情况。

8.2　存货成本的流动

存货属于流动资产，在资产负债表中以成本列示。取得存货时，借记资产负债表的存货科目，当存货作为商品售出，即当存货售出时，资产负债表中存货的价值转移到利润表的销售成本部分，如以主营业务成本等列示，销售成本进一步抵减利润表中的销售收入。这一过程可用图 8-2 概述。

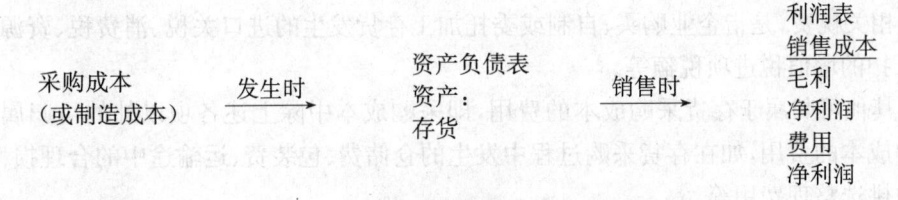

图 8-2　存货成本流转过程

在永续盘存制下，会计分录处理与上述成本流转一致。当外购存货时，作为存货购入的商品购入价（扣除现金折扣的净额）计入存货账户。当存货售出时，成本从存货账户移出，转移到销售成本账户，如主营业务成本或其他业务成本。

在定期盘存制下，只需更新采购账户，在年初和年末的存货金额通过存货实地盘点确定，因其操作较为省时省力，一些小公司倾向于使用定期盘存制。

存货的计价对于内部管理和外部财务报表使用者都非常重要，通常在实务中，存货是公司比重最大的资产，而销售成本是公司最大的支出，这两项对资产负债表的列报以及偿债能力和盈利能力的测评都有重要意义。

国际财务报告准则承认以多种方法进行存货计价以及已售产成品核算,而每种方法都对资产负债表和所得税申报表有不同的影响,因此经理以及财务报表外部使用者应该了解各种存货计价方法的影响。

8.3 存货的计价方法

8.3.1 取得存货的计价

存货应当按照成本进行初始计量。存货成本包括采购成本、加工成本和其他成本,如图 8-3 所示。

存货成本 { 采购成本 ⇨ 购买价款、相关税费、运输费、装卸费、保险费以及其他可归属于存货采购成本的费用
加工成本 ⇨ 直接人工以及按照一定方法分配的制造费用
其他成本 ⇨ 除采购成本、加工成本以外的,使存货达到目前场所和状态所发生的其他支出

图 8-3 取得存货成本的构成

1. 外购的存货

外购存货的成本即存货的采购成本,指企业物资从采购到入库前所发生的全部支出,包括采购过程中发生的一切直接和间接支出。由购买价款、相关税费、运输费、装卸费、保险费、运输途中的合理损耗、入库前的挑选整理费用以及其他可归属于存货采购成本的费用构成。

(1) 购买价款,是指企业购入材料或商品的发票账单上列明的价款,但不包括按规定可以抵扣的增值税进项税额。

(2) 相关税费,是指企业购买、自制或委托加工存货发生的进口关税、消费税、资源税和不能抵扣的增值税进项税额等。

(3) 其他可归属于存货采购成本的费用,即采购成本中除上述各项以外的可归属于存货采购成本的费用,如在存货采购过程中发生的仓储费、包装费、运输途中的合理损耗、入库前的挑选整理费用等。

对于采购过程中发生的物资毁损、短缺等,除合理的途中损耗应当作为存货的其他可归属于存货采购成本的费用计入采购成本外,应区别不同情况进行会计处理:

① 应从供货单位、外部运输机构等收回的物资短缺或其他赔款,冲减所购物资的采购成本。

② 因遭受意外灾害发生的损失和尚待查明原因的途中损耗,不得增加物资的采购成本,暂作为待处理财产损溢进行核算,查明原因后再做处理。

(4) 商品流通企业在采购商品过程中发生的运输费、装卸费、保险费以及其他可归属于存货采购成本的费用等进货费用,应计入所购商品成本。商品流通企业采购商品的进

货费用金额较小的,可以在发生时直接计入当期损益(销售费用)。

为了简化核算,采购人员差旅费、入库后的仓储费用(不含生产性必须仓储费用)等,不列入采购成本,由"管理费用"列支。

2. 自制的存货

企业自制的存货,主要是指工业企业的自制原材料物品及半成品,按生产过程中发生的实际成本计价,包括耗用的原材料费用、人工费用和制造费用等。

3. 委托加工存货

委托加工存货的实际成本包括:发出加工存货的实际成本、加工费用、往返运输费用和税金及附加等。

4. 投资者投入的存货

投资者投入的存货按投资各方确认的价值计价。

5. 接受捐赠的存货

如捐赠方提供了有关凭据的,按凭据上标明的金额加上应支付的相关税费作为实际成本;未提供有关凭据的,按其市价或同类、类似存货的市场价格的估计金额,加上应支付的相关税费,作为实际成本。

6. 盘盈的存货

盘盈存货的入账价值为同类或类似存货的市场价格。

8.3.2 发出存货的计价

对于发出存货的计价共有四种方法,分别是个别辨认法、先进先出法、后进先出法、平均成本法。企业通常在年末进行实地盘存,在确认存货数量后,进行资产负债表中存货价值的披露。但如果存货数量无法确定,可以使用后续将介绍的两种方法进行对存货的估值。

[例8-1] 为了说明发出存货的各种计价方法,如表8-1所示,假设A公司分三次购买了完全相同的编号SY21产品。公司存货中3台SY21是2月16日购入,每台单位成本为1 000元;2台SY21是5月14日购入,每台单价为1 300元;还有1台是6月9日购入,每台单价1 200元。则截至6月9日存货总计为6 800元,平均单价为1 133元(=6 800÷6)。

表8-1 存货明细表记录

		货号:SY21			主要供货商:B制造企业	
		品名:SY21			存货数量:最少3件最多6件	
		存放地点:仙林大街货仓				

日 期	采 购			余 额		
	数 量	单位成本	总计	数 量	单位成本	总计
2月16日	3	1 000	3 000	3	1 000	3 000
5月14日	2	1 300	2 600	3 2	1 000 1 300	5 600

续　表

日　期	采购			余额		
	数　量	单位成本	总计	数　量	单位成本	总计
6月9日	1	1 200	1 200	3 2 1	1 000 1 300 1 200	6 800

假设6月10日卖出一单位商品,售价为2 000元,如表8-2所示,因为存货购入批次不同,成本计价也不同,得到的毛利差异在700~1 000元间浮动。

表8-2　存货售出情况

	2月16日存货售出	5月14日存货售出	6月9日存货售出
销售收入	2 000	2 000	2 000
销售成本	1 000	1 300	1 200
毛利	1 000	700	800
期末存货	5 800	5 500	5 600

注意6月9日表格栏中的余额包括三个单位成本批次的信息,代表采购时三个不同的单位成本。当以不同的单位成本采购时,就产生了新的成本批次。某一成本批次的单位出售后,这一成本批次就从存货中转移了。在实际情况下,存货由于购进批次不同、购进数量不同或供货商不同,一般有不同的购进成本。当存货购进成本不同时,就需要确定存货中的哪部分成本构成了已售商品成本。

6月10日销售后,从存货账户转出到利润表里的销售成本到底是多少,是1 000元、1 300元,还是1 200元?要回答这个问题,财务人员可采用个别辨认法(Specific Identification)或成本流转假设(Cost Flow Assumption),这两种方法在相应条件下都可使用,但企业一旦选定一种方法,就应当在销售该种商品的会计处理上持续采用这一方法,不能随意改变成本计价方法。

为了回答上述问题,可使用个别辨认法或成本流转假设进行解释。这两种方法在实务中均可使用,一旦确定其中一种方法的使用,则应该保持这一方法使用的一贯性,不能轻易变更。

8.4　永续盘存制下存货成本的核算

本节我们将讨论永续盘存制下存货成本核算的操作方法。

8.4.1　个别辨认法

当每单位存货能够单独确定实际成本时,可以使用个别辨认法。例如,若A公司的购入存货都有相应编号,可以追踪到任一单位存货,并对应到其采购发票上,这使得确认存货的价格成为可能。财务部门可以确定销售的商品成本到底是哪一个价位,采购发票上的相应采购成本就被用于销售成本的流转,即假设存货具体项目的实物流转与成本流转相一致。在这种方法下,是把每一种存货的实际成本作为计算发出存货成本和期末存货成本的基础。

个别计价法的成本计算准确,符合实际情况,但在存货收发频繁的情况下,其发出成本分辨的工作量较大。因此,该方法适用于一般不能替代使用的存货、为特定项目专门购入或制造的存货以及提供的劳务,如珠宝、名画等贵重物品。

8.4.2 成本流转假设

如果存货是大批量无本质差别的项目,则卖方可以使用更为简洁的成本流转假设处理存货计价。成本流转法常被称为流转假设。存货成本流转,是指发出存货成本的结转顺序。

从理论上讲,存货成本流转顺序应当与实物流转顺序一致,即本期发出存货应按其入库时的实际成本结转,期末结存存货成本为期末结存存货的入库成本。如果存货的品种规格很少,或收发次数很少,或每批入库存货的单位成本相同,完全可以按照理论上的方法操作。但在实际工作中,企业的存货不仅品种繁多,而且由于存货购入的时间、产地不同或生产批次不同,使得相同存货的单位成本往往不一致,很难辨认出所发出存货的入库成本是多少。因此在计算发出和结存存货成本时需要对存货成本流转做一些假设,并以此为依据计算本期发出存货和期末结存存货的实际成本。

采用成本流转假设时,企业假设被售出存货的顺序。例如,企业可能假设最后一批购进的存货最先售出,或最早购进的一批存货最先售出。实务中普遍使用的成本流转假设有以下三种:

(1) 平均成本法。这一方法假设售出存货的顺序是随机的,对已售及仍留存在存货中的商品均以平均单位成本计价。

(2) 先进先出法。这一方法假设最先购入作为存货的商品最先售出,卖方的存货由最近购入的商品构成。

(3) 后进先出法。后进先出法假设最后购入的存货最先被售出进入流转,剩下的存货是更早购入的存货。

当企业的商品同质或基本同质时,企业向客户出售了哪些单位的存货并不重要,企业的成本流转不必与商品实物流转对应。因此从财务人员角度来看,计算存货的成本流转更为重要。

成本流转假设不必再去确认每单位存货的个别成本,节省了企业的时间、精力。大量案例表明,只要特定类型的商品全部使用成本流转假设进行计价,这一方法就可以可靠地作为存货计量方法。

8.4.3 移动加权平均法

移动加权平均法是指企业按实际成本进行材料明细分类核算时,以各批材料收入数量和上批结余材料数量为权数,计算材料平均单位成本的一种方法。采用这种计价方法,每购进一批材料需重新计算一次加权平均单价,据以作为领用材料的单位成本。其计算公式如下:

$$\text{移动加权平均单价} = \frac{\text{本次收入前结存商品金额} + \text{本次收入商品金额}}{\text{本次收入前结存商品数量} + \text{本次收入商品数量}}$$

移动加权平均法计算出来的商品成本比较均衡和准确,但计算的工作量大,一般适用于经营品种不多或者前后购进商品的单价相差幅度较大的商业企业。

[例8-1续] 截至2月16日,存货中有3台SY21产品,5月14日采购后,有5台存货,包括单价为1 000元的3台与单价为1 300元的2台,总成本是5 600元,单位成本为1 120元(=5 600÷5)。若6月1日,该企业以每台1 800元的售价出售3台设备,则应编制两笔分录,一笔确认销售收入,一笔确认销售成本。

借:库存现金　　　　　　　　　　　　　　　　　　　　　　5 400
　贷:销售收入　　　　　　　　　　　　　　　　　　　　　　　　5 400
借:销售成本　　　　　　　　　　　　　　　　　　　　　　3 360
　贷:存货　　　　　　　　　　　　　　　　　　　　　　　　　　3 360

日期	采购			销售			余额		
	数量	单位成本	总成本	数量	单位成本	总成本	数量	单位成本	总成本
2月16日	3	1 000	3 000				3	1 000	3 000
5月14日	2	1 300	2 600				5	1 120	5 600
6月1日				3	1 120	3 360	2	1 120	2 240
当6月9日再次进货后,存货单位成本发生变化									
6月9日	1	1 200	1 200				3	1 147	3 440

可见在移动加权平均法下只有一个存货成本层次,售出哪一单位的存货,其销售成本的计价均相同,不需要区别进货时价格的差异,相比个别辨认法操作更为方便。

8.4.4　先进先出法

先进先出法是指以先购入的存货应先发出(即用于销售或耗用)这样一种存货实物流动假设为前提,对发出存货进行计价的一种方法。采用这种方法,先购入的存货成本单位在后购入存货成本之前转出,据此确定发出存货和期末存货的成本。具体方法是:收入存货时,逐笔登记收入存货的数量、单价和金额;发出存货时,按照先进先出的原则逐笔登记存货的发出成本和结存金额。

[例8-1续] 截至2月16日,存货中有3台SY21产品,5月14日采购后,有5台存货,包括单价为1 000元的3台与单价为1 300元的2台,总成本是5 600元。若6月1日,该企业以每台1 800元的售价出售3台设备,则应编制两笔分录,一笔确认销售收入,一笔确认销售成本。根据先进先出法,先购入的存货应先作为销售成本转出,编制会计分录如下:

借:销售成本　　　　　　　　　　　　　　　　　　　　　　3 000
　贷:存货　　　　　　　　　　　　　　　　　　　　　　　　　　3 000

完成这笔销售后,该公司存货状况如下:

日期	采购 数量	采购 单位成本	采购 总成本	销售 数量	销售 单位成本	销售 总成本	余额 数量	余额 单位成本	余额 总成本
2月16日	3	1 000	3 000				3	1 000	3 000
5月14日	2	1 300	2 600				3 2	1 000 1 300	5 600
6月1日				3	1 000	3 000	2	1 300	2 600

先进先出法可以随时结转存货发出成本,但较烦琐。如果存货收发业务较多,且存货单价不稳定时,其工作量较大。在物价持续上升时,期末存货成本接近于市价,而发出成本偏低,会高估企业当期利润和库存存货价值;反之,会低估企业存货价值和当期利润。

8.4.5 后进先出法

后进先出法是指假定后入库的存货先发出,据此计算发出存货成本的方法。采用后进先出法时,每批发出存货的成本,按存货中最后入库的那批单价计算,如果发出存货的一批数量超过最后入库的那一批数量,超过部分依次按上一批入库的单价计算。

假定存货成本按照其发生的相反次序流动,即首先发生的成本作为期末存货成本:先买进来的后卖出去。付出存货成本计算的后进先出法:是在存货的流动中计算销售和耗费的存货成本时,以最后收进存货成本作为最先付出存货成本的原则,依次类推,用对确定本期付出存货成本总额的方法。

在后进先出法下,售卖三台设备的情况如下:

日期	采购 数量	采购 单位成本	采购 总成本	销售 数量	销售 单位成本	销售 总成本	余额 数量	余额 单位成本	余额 总成本
2月16日	3	1 000	3 000				3	1 000	3 000
5月14日	2	1 300	2 600				3 2	1 000 1 300	5 600
6月1日				2 1	1 300 1 000	3 600	2	1 000	2 000

借:销售成本   3 600
 贷:存货   3 600

可见后进先出法的销售成本也是存货购入的实际成本,如果最近的一个批次存货售完,则成本使用再上一个批次的存货成本进行计价。

8.4.6 发出存货计价方法的评价

1. 个别计价法

假定某公司发出的210件存货中,单位成本为20元、21元、22元的分别为90件、50件、70件,则企业四月份存货的发出成本为4 390元。采用个别计价法进行核算,能够比较合理准确地核算发出存货和期末留存的存货成本。但实际操作中程序烦琐,负担较重,不适用于存货品种数量多、成本小、业务往来多的大型企业,主要适用于存货单位成本高、具有特殊性和专属性的存货以及提供的劳务的计价,如航空器、奢侈品等物品和著名演员提供的演出服务等专有服务。

2. 移动加权平均法

移动加权平均法下,企业要明确记录有关存货收支的每一笔业务,做好存货的明细账,因此能够使企业管理层和治理层及时了解存货的收发和结存情况,做好存货的控制和管理工作,降低控制风险。而且移动加权平均计算出来的存货单位成本较接近其公允价值,实际结转的存货成本比较客观。但由于企业每次收货都要计算其平均单位成本,工作量较大,对于业务量较大且采用手工核算的单位来说比较烦琐,但对于利用电算化管理的企业,其核算较为简便。

3. 先进先出法

先进先出法下,要逐笔登记存货的购入数量和成本,发出存货时,也应按照存货取得顺序,逐笔结转存货的发出成本,主要适用于物价基本稳定或者易腐烂变质的存货。先进先出法,可以随时结转存货发出成本,且期末存货成本也比较接近市场价值,同时也能降低企业操纵利润的可能性,因为采用这种方法可以防止随意挑选存货。但如果企业存货收发的业务较多,单位成本变动较大时,核算时其工作量较大,业务较烦琐。而且,在通货膨胀时,企业发出存货的成本与其公允价值偏差较大,可能会产生虚增企业利润的结果。

4. 后进先出法

后进先出法是基于最近的采购成本进行销售成本的核算,可以反映现行的销售成本与利润情况,除此之外,基于所得税的因素,很多企业也对后进先出法趋之若鹜,尤其是当所得税法规定只有公司在财务报表中使用后进先出法后才可以在所得税申报中使用后进先出法的时候。通常情况下,物价水平是上涨的,而在这一情况下,会低估使用存货金额,更重要的是,后进先出法会降低应纳税利润,故而达到少缴所得税的目的,因而中国新会计准则已取消这一发出存货的计价方法。

8.4.7 发出存货计价方法对企业财务状况和经营成果的影响

存货计价方法不同,对企业资产和损益的计算都会产生直接影响,从而影响企业财务状况和盈亏情况。

1. 对财务状况的影响

计价方法的不同,结转的存货成本不同,企业的流动资产和所有者权益都会产生差异。个别计价法下,存货成本最为准确,企业相应的流动资产和所有者权益计价都比较合理,但存货的成本也最容易被操纵;先进先出法下,如果存货价格波动较大,虽然期末结转存货价值和市场价值较接近,但发出存货价值与流通中的存货价值差距较大,相关财务比率的计算也不够准确,影响财务报表使用者对企业财务状况做出正确评价;加权平均法(含月末一次加权平均法和移动加权平均法)下,存货的单位成本比较平均化,计价分摊也比较折中,这种核算方法得到的存货成本不易被操纵,但这种方法在物价不稳定时,存货的账面价值与公允价值有一定差距,而且不能完全消除通胀因素,由此计算出来的财务比率也与实际存在一定误差。

2. 对经营成果的影响

不同计价方法下,企业的销售成本和期末存货价值不尽相同,对企业经营成果的影响也不尽相同。个别计价法下,存货的成本比较合理准确,由此计算的企业利润也最为准确合理,但容易被操纵,在通货膨胀,且企业连续亏损的情况下,企业很可能会通过个别计价法来降低发出存货的成本,以达到企业盈利的经营目标;先进先出法下,在存货市价波动较大的情况先企业存货的发出价值和存货的公允差距较大,如通胀时会造成企业利润虚增,而物价持续下降时,会导致利润虚减;加权平均法下,企业的销售成本不易被操纵,但是得到的销售成本很难与销售利润配比,也不能完全消除通货膨胀的影响。

3. 对税务筹划的影响

存货计价方法的不同,当期结转的销售成本可能不同,从而影响企业当期的应税所得额,企业的所得税费用也随之不同。在会计实务中,企业常考虑其所处的税制环境和物价波动等因素,采用不同的计价方法来达到合理避税的目标,以提高企业的经济效益。企业可以通过个别计价法来调节企业利润,为企业税务筹划提供一定便利,而加权平均法下,企业的利润很难操控,相应也就降低了税费的调节空间。总之,企业可以通过选择存货计价方法,来调节企业成本,为企业税务筹划、减轻税负和实现利润最大化等经济目标提供便利。

4. 与存货计价方法相关的虚假形式

作为企业流动资产的重要组成部分,存货在企业活动资金中占很大比重,因此,不法企业常利用存货变现能力慢、收支频繁等特点来操纵企业利润,使存货核算中产生账实不符的情况。例如,部分企业违规摊销存货的成本,造成账实不符,或国际间转移定价,虚增进口企业利润。不同的存货计价方法,对企业损益、报表相应数据以及所得税额的影响不同,不法企业常通过随意变更存货的计价方法来偷税。

8.4.8 一贯性原则

一贯性原则要求企业采用的会计政策在前后各期保持一致,不得随意改变。如果确有必要变更,应当将变更的原因和变化的情况及其对会计单位财务状况和经营成果的影响,在财务报告中加以说明。

8.4.9 精益生产存货系统

精益生产又称为"适时制",指将必要的零件以必要的数量在必要的时间送到生产线,并且只将所需要的零件、只以所需要的数量、只在正好需要的时间送到生产。这是为适应20世纪60年代消费需要变得多样化、个性化而建立的一种生产体系及为此生产体系服务的物流体系。所以准时生产制的出发点就是不断消除浪费,减少库存,进行持续的循环式的改进。

"精益生产"又被称为JIT生产模式,其基本思想是"只在需要的时候,按需要的量,生产所需的产品",也就是追求一种无库存,或库存达到最小的生产系统。

8.5 定期盘存制下的发货计价

实地盘存是在期末通过盘点实物,来确定存货的数量,并据以计算出期末存货成本和本期发出存货成本的一种存货盘存制。实地盘存制平时根据有关会计凭证,只登记财产物资的增加数,不登记减少数,月末或一定时期可根据期末盘点资料,弄清各种财物的实有数额,然后再根据"期初结存+本期增加数=本期实存数+本期减少数"的公式,倒算出本期减少数额,即"以存计耗""以存计销",并记入有关明细账中。实地盘存工作一般在企业的财务年度接近终了时进行,通常安排在经营旺季之后。以国内为例,通常在当年年底时进行存货盘点。

采用这种方法工作比较简单,虽然看起来账是平的,但手续不够严密,对于管理中存在的问题不易发现。

1. 定期盘存制下的成本流转假设

在定期盘存制下,强调的是对于期末存货成本的确定,不同于永续盘存制下,强调销售发生时对于销售成本的确定。

表8-3显示一年中可供出售的设备共有30台,年末库存8台,表明年内售出12台。以下分别使用个别认定法、平均成本法、先进先出法和后进先出法的成本流转假设确定年末存货成本和本年销售成本。

表8-3 设备供应商采购表

	单位数量	单位成本	总成本
期初存货	10	100	1 000
第一次采购(3月5日)	6	110	660
第二次采购(6月1日)	4	120	480
第三次采购(9月10日)	7	130	910
第四次采购(12月10日)	3	135	405
总计可供销售	30		3 455
期末存货包括的单位数	8		
已出售的单位数	12		

2. 个别认定法

采用个别认定法,企业必须认定年末的8台设备,根据购货发票确定其实际采购成本。假定8台食品加工机的实际总成本为1 410元,销售成本就是可供出售商品总成本减去年末存货成本的差额。

可供销售商品的成本	3 455
减：期末存货（个别认定法）	1 410
销售成本	2 045

3. 平均成本法

平均成本由本年可供出售的商品总成本除以可供出售商品的总数求得，所以每台的平均成本就是 115.2 元/台（＝3 455÷30），根据平均成本法期末存货成本就是 921.6 元/台（＝12 台×100），由此得销售成本 2 533.4 元（＝3 455－921.6）。

4. 先进先出法

先进先出法假设最先购入的单位最先出售，因此期末存货由最近购入的商品组成。8 台设备以下列成本计价：

12 月 10 日采购 3 台，每台 135 元	405
9 月 10 日采购 5 台，每台 130 元	650
期末存货（8 个单位，先进先出法）	1 055

年内销售成本则为 2 400 元（＝3 455－1 055），在先进先出法下，通过以最近购入价计算存货价值，再以总存货价扣减存货价值的方式，得出先进先出法下的销售成本。

5. 后进先出法

后进先出法假设最近购入的商品最先出售，因此期末存货包括的是最早采购的商品。存货中的 8 台设备计价如下：

期初存货（8 个单位×100 元）	800
期末存货（8 个单位，后进先出法）	800

后进先出法下的销售成本是 2 655 元（＝3 455－800）。比较先进先出法和后进先出法下的销售成本可见，后进先出法下的销售成本要更高，在采购成本上升时，后进先出法总产生较高的销售成本，使报告的净利润和所得税最小。

6. 定期盘存制下对于后进先出法的评价

根据以上对后进先出法的计价分析，思考永续盘存制下的后进先出法与定期盘存制下的后进先出法对于销售成本的计价是否有区别？观察本例最后一次 12 月份的采购，如果这一次采购后没有销售，则在永续盘存制下，12 月份这批单价较高的采购将计入存货；而在定期盘存制下，即便 12 月份没有销售，这批存货也计入了销售成本，导致期末存货更低，销售成本更高，也就意味着应税利润更低，所缴纳的所得税款更低。可见在价格水平上涨的情况下，定期盘存制下的后进先出法对于公司来说可以获得更多的税务优势。

8.6 实地盘存下的损耗记录

企业在实地盘存过程中若发现存货的毁损或短缺,可以通过与销售成本相同的方法记录。

假设某企业年底存货明细账列示了以下 140 个单位的某种产品:

11 月 10 日采购的 20 个单位×100	2 000
12 月 12 日采购的 120 个单位×120	14 400
总计(140 个单位)	16 400

年底实地盘点却发现只有 110 个单位的该种产品,企业应根据实地盘点调整存货记录反映 30 个单位的短缺损失。

企业所采用的发出存货计价方法也同样适用于盘点后的调整。例如,如果企业采用先进先出法,短缺的单位应以存货记录中最早的采购成本计价,因此我们认为短缺的 20 个单位的单位成本为 100 元,另 10 个单位的单位成本是 120 元。先进先出法下的短缺损失是 3 200 元(=20×100+10×120)。如果该企业采用后进先出法,短缺的单位被认为来自最近的采购(12 月 12 日),因此短缺损失就是 3 600 元(=30×120)。

如果短缺损失数额很小,从存货中转出的成本可以直接借记销售成本账户。如果损失数额较大,作为抵销的借方就应该是一个特设的损失账户,如存货短缺损失,在损益表中这个损失账户和其他费用账户一样抵减收入。

8.7 成本与可变现净值孰低法

存货除了在盘存中发现短缺与毁损外,还有可能在持有过程中发生存货减值,比如生鲜存货是最容易发生减值的一类存货,当存货发生减值时,需要借记存货减值损失账户,其金额为成本与可变现净值的差额。

借:资产减值损失——存货减值损失(成本-可变现净值)

 贷:存货跌价准备——某商品(成本-可变现净值)

可变现净值是指在日常活动中,以预计售价减去进一步加工成本和预计销售费用以及相关税费后的净值。在可变现净值计量下,资产按照其正常对外销售所能收到现金或者现金等价物的金额扣减该资产至完工时估计将要发生的成本、估计的销售费用以及相关税费后的金额计量。

成本与可变现净值孰低法,指对期末存货按照成本与可变现净值两者之中较低者计价的方法。即当成本低于可变现净值时,期末存货按成本计价;当可变现净值低于成本时,期末存货按可变现净值计价。

8.8 交易的年末分割

企业在年底时需要考虑将业务计入正确的会计期间。对于存货来说，当年采购的固定资产应计入存货账户，除非售出，否则应在实地盘点中体现。除此之外，当年所有已售的存货应记录在销售成本中。

若已售存货未转入销售成本，则结合实地盘点，有可能被财务人员误认为是存货短缺。为将存货计入正确的会计期间，企业一般在实地盘点时停业，或选择非营业时间进行存货盘点。

8.8.1 销售收入与销售成本配比的原则

为在年底获得较为准确的利润，一般将接近年底的销售收入和销售成本记录在同一会计期间。

8.8.2 在途商品

当商品在路途上需要耗费比较长的时间时，需要确认该商品的所有权属于买方还是卖方。若企业采用FOB装船点（Free on Board Shipping Point）政策，只要货物一装船，其所有权就属于买方，而当企业采用FOB目的港（Free on Board Destination）时，货物运到目的地时所有权才转移，这种情况下运输过程中所有权属于卖方。

很多企业通常在采购到货时记录采购，当商品送达买方企业时记录销售，但对于路程漫长、金额巨大的商品，交易双方需要根据具体的确认条件进行存货确认。

8.9 存货计价的影响

存货是占企业资产比重很大的一项重要资产，存货的错误计价会影响资产负债表、利润表和所有者权益表，在时间范围上，会对出错当年和下一年都有影响。因此，存货的准确计价就显得尤为重要。以下分别从对账户和时间范围的影响介绍计价错误对财务状况的影响。

8.9.1 对账户的影响

若企业在期末盘存中少登记了存货，期末存货就被低估了，未登记的存货就被错误的计入了销售成本，这将导致销售成本的高估，利润的低估。

8.9.2 对时间范围的影响

期末存货计价错误不仅影响当年的财务报表，也影响之后第二年的财务报表。

若2017年期末存货低估了10 000元,则当年的销售成本高估了10 000元,当年利润就被高估了。

2017年的期末存货是2018年的期初存货,则2018年的期初存货被低估,导致2018年的销售成本被低估,因而2018年的利润被高估。

观察可发现,连续两年的存货计价错误对于利润的影响是相反的,纵观两年,存货错误看似在两年时间里抵消掉了错误,但是这并不代表错误的后果被减轻了,这一连续错误误导了财务报表使用者对于企业发展趋势的预判,性质仍然严重。

对于存货计价错误的影响可归纳如下(见表8-4)。

表8-4 存货计价错误的影响

期末存货被低估	错误发生当年	第二年
期初存货	无影响	低估
可供销售的商品成本	无影响	低估
期末存货	低估	无影响
销售成本	高估	低估
毛利	低估	高估
净利润	低估	高估
年末所有者权益	低估	无影响
期末存货被高估	错误发生当年	第二年
期初存货	无影响	高估
可供销售的商品成本	无影响	高估
期末存货	高估	无影响
销售成本	低估	高估
毛利	高估	低估
净利润	高估	低估
年末所有者权益	高估	无影响

8.10 存货的估价

对于采用定期盘存制的企业,通常在年末时进行库存盘点,否则频繁的库存盘点耗时耗力。对于月度和季度的报表,企业常采取毛利率法和零售价法进行存货估价。

8.10.1 毛利率法

该方法假定当年毛利率与去年相同,净销售额可分为毛利与销售成本两部分,毛利率描述毛利所占的销售净额的比重,因此可根据毛利率和销售净额求得销售成本,根据期初存货和当年采购数量求得可供销售的成本;可供销售成本扣减销售成本就是存货成本。

本期可供销售的存货成本＝期初结存存货成本＋本期购货成本

销售成本＝毛利率×销售净额

期末结存存货成本＝本期可供销售的存货成本－销售成本

$$毛利率＝\frac{销售毛利}{销售净额}\times 100\%$$

毛利率法是指根据本期销售净额乘以上期实际(或本期计划)毛利率估算本期销售毛利,并据以计算发出存货和期末结存存货成本的一种方法。

[例8-2] 假设一家小商品批发商店1月1日的期初存货为85 000元,1月份的购货净额为15 000元,销售净额为200 000元,商店正常的毛利率是销售净额的60%,即销售成本就占40%。根据以上信息,可列出下表:

期初存货	85 000
采购	15 000
可供销售的存货成本	100 000
减:估计的销售成本	
销售净额	200 000
估计的成本率(1－60%)	40%
估计的销售成本	80 000
估计的期末存货	20 000

这一方法常用于商品批发为企业计算本期商品销售成本和期末库存商品成本。商品批发企业由于商品种类多,一般来讲,其同类商品的毛利率大致相同,采用毛利率法能减轻工作量。

8.10.2 零售价法

零售价法是商品零售企业经常采用的一种存货计价方法,与毛利率法类似,但是企业期末以零售价格对期末存货计价,需用成本占零售价的百分比计算出期末存货成本,然后倒挤出本期的销售成本。其具体操作流程如下:

(1) 在商品存货明细账上同时按成本价和零售价登记期初存货和本期购货,计算出本期可供销售的存货的成本和售价总额。

(2) 本期销售的存货,在其明细账中只登记售价,不登记成本价,并据此计算出期末存货的售价。

(3) 计算成本率。

$$成本率＝\frac{期初存货成本＋本期购货成本}{期初存货售价＋本期购货售价}\times 100\%$$

(4) 计算期末存货成本。

期末存货成本＝期末存货售价总额×成本率

(5) 计算本期销售成本:

本期销售成本＝期初存货成本＋本期购货成本－期末存货成本

[例 8-3] 假如某商店 2018 年 5 月份的期初存货成本为 289 480 元,期初存货售价总额为 360 000 元,本期购货成本为 620 000 元,本期购货售价总额为 806 000 元;本期销售收入为 820 000 元。请计算该商店 5 月份的期末存货成本和本期销售成本。

按照前述所列程序,计算结果如下:
本期可供销售的存货成本＝289 480＋620 000＝909 480(元)
本期可供销售的存货售价总额＝360 000＋806 000＝1 166 000(元)
期末存货的售价总额＝1 166 000－820 000＝346 000(元)

本期成本率＝$\dfrac{909\ 480}{1\ 166\ 000} \times 100\% = 78\%$

期末存货成本＝346 000×78%＝269 880(元)
本期销售成本＝909 480－269 880＝639 600(元)

零售价法为零售商店所广泛采用,特别是出售商品品种繁多的百货商店,它也适用于批发企业,但对制造企业则并不适合。这些零售或批发商业,一般都不采用永续盘存制,也很少能经常地进行实物盘点,因而用零售价法来估计存货价值是比较实用的。

8.11 对于存货流动性的评估

在流动资产中,存货所占比重较大,存货的流动性将直接影响企业的流动比率。因此,必须特别重视对存货的分析。存货流动性的分析一般通过存货周转率来进行。

存货周转率(次数)是指一定时期内企业销售成本与存货平均资金占用额的比率,是衡量和评价企业购入存货、投入生产、销售收回等各环节管理效率的综合性指标,其意义可以理解为一个财务周期内存货周转的次数。其计算公式为:

$$存货周转率(次数) = \dfrac{销售成本}{平均存货余额}$$

$$平均存货余额 = \dfrac{期初存货＋期末存货}{2}$$

$$存货周转天数 = \dfrac{计算期天数}{存货周转率(次数)}$$

$$= \dfrac{计算期天数 \times 平均存货余额}{销售成本}$$

若一家企业如某制造公司在 2017 年一季度的销售物料成本为 200 万元,其季度初的库存价值为 30 万元,该季度底的库存价值为 50 万元,那么其库存周转率为 5 次(＝200÷[(30＋50)÷2])。相当于该企业用平均 40 万的现金在一个季度里面周转了 5 次,赚了 5 次利润。照次计算,如果每季度平均销售物料成本不变,每季度末的库存平均值也不变,那么该企业的年库存周转率就变为 20 次(＝200×4÷40)。就相当于该企业一年用 40 万的现金赚了 20 次利润。

一般来讲,存货周转速度越快,即存货周转率或存货周转次数越大、存货周转天数越短,存货占用水平越低,流动性越强,存货转化为现金或应收账款的速度就越快,企业的销售能力越强,这样会增强企业的短期偿债能力及获利能力。通过存货周转速度分析,有利于找出存货管理中存在的问题,降低资金占用水平。

存货周转率的高低与企业所处行业有关,快餐快销企业的存货周转率必然较高,从存货周转率可以窥见企业管理能力的高低。例如,某企业与其竞争对手存货周转率的比较,管理层也可通过不同产品的存货周转率分析产品的销售情况,以及与之前相比的销售发展趋势。总的来说,存货周转率对于企业的存货管理非常重要。

课后习题

A. 自测选择题

1. 下列各种物资中,应当作为企业存货核算的有( )。
   A. 工程物资
   B. 房地产开发企业购入用于建造办公楼的土地
   C. 房地产开发企业购入用于建造商品房的土地
   D. 受托代销商品

2. 某制造企业为增值税一般纳税人。本月购进原材料200公斤,货款为6 000元,假设增值税为1 020元;发生的保险费为350元,入库前的挑选整理费用为130元;验收入库时发现数量短缺10%,经查属于运输途中合理损耗。该企业该批原材料实际单位成本为每公斤( )元。
   A. 32.4　　　　　　　　　　　　B. 33.33
   C. 35.28　　　　　　　　　　　　D. 36

3. 某企业2016年1月1日甲材料账面实际成本为90 000元,结存数量500吨;1月4日购进甲材料500吨,每吨实际单价为200元,1月17日购进甲材料300吨,每吨实际单价180元;1月5日和22日各发出甲材料100吨。该企业按移动加权平均法计算其发出甲材料的实际成本,那么2016年1月31日甲材料的账面余额应为( )元。
   A. 206 000　　　　　　　　　　　B. 206 250
   C. 206 452　　　　　　　　　　　D. 208 000

4. 某企业为一般纳税企业,购进原材料一批,发票中价税合计174 000元,增值税税率16%,运输过程中的保险费为500元,入库前的挑选整理费200元。这批材料的采购成本为( )元。
   A. 150 700　　　　　　　　　　　B. 174 700
   C. 150 000　　　　　　　　　　　D. 150 500

5. 某股份有限公司从2016年1月1日起对期末存货采用成本与可变现净值孰低计价,成本与可变现净值的比较采用单项比较法。该公司2016年6月30日A、B、C三种存货的成本分别为30万元、21万元、36万元,可变现净值分别为28万元、25万元、36万元。

该公司当年 6 月 30 日资产负债表中反映的存货净额为（　　）万元。
A. 85　　　　　　　　　　　　　B. 87
C. 88　　　　　　　　　　　　　D. 1

6. 期末对存货采用成本与可变现净值孰低法计价时,其可变现净值的含义是(　　)。
A. 预计售价
B. 预计售价减去进一步加工成本和销售所必需的预计税金、费用
C. 现时重置成本
D. 现时重置成本加正常利润

7. 某企业本月购入甲材料 2 060 公斤,每公斤单价(含增值税)50 元,另外支付运杂费 3 500 元(不含税),运输途中发生合理损耗 60 公斤,入库前发生挑选整理费用 620 元。该批材料入库的实际单位成本为每公斤(　　)元。
A. 50　　　　　　　　　　　　　B. 51.81
C. 52　　　　　　　　　　　　　D. 53.56

8. 在物价不断上涨时期,一个企业可以选用的存货计价方法中,若要使会计报表中的净收益最高,可以采用的计价方法是(　　)。
A. 加权平均法　　　　　　　　　B. 先进先出法
C. 移动加权平均法　　　　　　　D. 个别计价法

9. 存货采用先进先出法进行核算的企业,在物价持续上涨的情况下将会使企业(　　)。
A. 期末库存升高,当期损益增加　　B. 期末库存降低,当期损益减少
C. 期末库存升高,当期损益减少　　D. 期末库存降低,当期损益增加

10. 某公司从 2016 年年末开始于中期期末和年末计提存货跌价准备,甲材料资料如下(单位:万元):

时　间	账面成本	可变现净值
2016 年年末	50	45
2017 年 6 月末	60	50
2017 年年末	40	42

公司计提跌价准备对 2017 年利润的影响额为(　　)万元。
A. 1　　　　B. 5　　　　C. -5　　　　D. 10

B. 概念回顾与思考

1. 在永续盘存制下,确定发出存货的方法有哪些？请列举其优缺点及适用情况。
2. 在定期盘存制下,确定发出存货的方法有哪些？请列举其优缺点及适用情况。
3. 列举存货计价错误对利润表及资产负债表的影响。
4. 什么是存货估价的毛利率法？在哪些情形下该方法特别有效？
5. 使用零售价法进行存货估价的商店以商品的零售价格对存货进行实地盘点。这是否意味着其财务报表上的存货项目是按照零售价计价的？

6. 如何计算存货周转率与存货周转天数？为何短期债权人会对存货周转指标感兴趣？
7. 简述企业如何对实地盘点发现的存货短缺及毁损进行调整。
8. 后进先出法对于公司纳税有何影响？
9. 解释成本与可变现净值孰低法的应用。
10. 本章介绍的有关存货核算的会计术语列示如下：

> 零售法　先进先出法　成本与市场价格孰低法　毛利法　后进先出法　个别辨认法
> 流转假设　平均成本法

下列陈述可能概括了上述某一会计术语。请标明每一陈述所描述的会计术语；如果没有对应术语，那就回答"没有"。

(1) 把单位成本从存货账户转到销货成本的一种模式，不一定要与实际商品流转一致。
(2) 唯一一个平均分配商品相等的单位成本的流转假设。
(3) 当存货中每个单位都是不同质时用来记录销货成本的方法。
(4) 在持续通货膨胀期间最保守的流转假设。
(5) 在财务报表中提供最近的存货计价的流转假设。
(6) 根据当时会计期间的成本和销售价格之间的关系估计销货成本和期末存货的方法。

C. 业务处理

1. 企业某存货收入、发出资料如下（单位：元）：

月	日	摘要	收入 数量	收入 单价	收入 金额	发出 数量	发出 单价	发出 金额	结存 数量	结存 单价	结存 金额
5	1	结存							400	5	2 000
	8	购入	1 000	5.5	5 500						
	12	发出				1 000					
	20	购入	800	5.8	4 640						
	25	发出				900					
	合计		1 800		10 140	1 900					

[要求]　试用个别辨认法、先进先出法、移动加权平均法、后进先出法计算各次发出成本和月末结存成本。

2. 某公司期末存货采用成本与可变现净值孰低法计价，各期末存货账面余额和可变现净值资料如下（单位：元）：

期　间	账面成本	可变现净值
第一期期末	500 000	470 000
第二期期末	600 000	520 000
第三期期末	640 000	620 000

[要求] 计算各期末存货跌价损失,并编制有关会计分录。

3. 本章介绍的 8 种会计处理方法列示如下:

先进先出法	成本与市场价格孰低法
移动加权平均法	零售法
个别辨认法	毛利法
流转假设	后进先出法

下列陈述可能概括了上述某一会计术语。请标明每一陈述所描述的会计术语;若无对应术语,则回答"无"。

(1) 把单位成本从存货账户转到销售成本的一种模式,可能与实际商品流转不一致。
(2) 每次销售或采购后,单位存货成本需要重新计价的方法。
(3) 适用于高端定制奢侈品、艺术品的发出存货计价方法。
(4) 在持续通货膨胀期间内,使得所得税缴纳最少的流转假设。
(5) 在财务报表中列示存货的近期价格的存货计价方法。
(6) 根据当时会计期间的成本和销售价格之间的比例估计销售成本和期末存货的方法。

4. 7月28日早晨,王经理发现其存货被雨水泡坏了。原来梅雨季节仓库没有做好防雨措施。商店会计记录显示7月1日的存货成本为50 000元,7月1日至7月28日商店的净销售额为70 000元,净采购额 80 000 元。过去几年中商店的毛利率一直为净销售额的42%。王经理希望对损坏的商品申请保险赔偿。

[要求]
(1) 请使用毛利法估计存货被雨水泡坏后的存货成本。
(2) 王经理对存货进行的会计处理使用的是定期盘存制还是永续盘存制?请论述之。

5. A公司采用定期盘存制,但希望不进行实地盘存就确定月末存货的大致金额。A公司提供了以下存货信息:

	成本价格	零售价格
商品存货,10月31日	200 000	600 000
11月采购	120 000	336 000
11月可供出售商品	320 000	936 000
11月净销售额		800 000

[要求]
(1) 请使用零售法计价,估计销售成本和11月30日期末存货。
(2) A公司存货的成本,从相对零售价的百分比角度看,11月相比10月是高了还是低了?请解释。

6. D公司使用先进先出法和后进先出法来会计处理各个市场的存货。公司财务报表的附注指出:如果所有存货使用的是先进先出法,那么公司的存货可能会提高6 000万元(从1亿元提高到1亿6千万元)。如果D公司对所有存货采用先进先出法,指出下面各个财务指标将会变高、变低还是不受影响。请给出理由。

(1) 毛利率。

(2) 报告的净收入。

(3) 流动比率(D公司当前流动比率大于1:1)。

(4) 存货周转率。

(5) 应收账款周转率。

(6) 支付给供应商的现金。

(7) 经营活动的净现金流(D公司的经营现金流是正数)。

7. E公司最近年度报表披露了下列信息(单位:万元):

销售成本	20 000
期初存货	4 000
期末存货	6 000
收回账款的平均时间	14 天

[要求]

(1) 计算E公司当年度的存货周转率(精确到小数点后一位)。

(2) 计算E公司销售平均存货需要的天数(四舍五入到天数)。

(3) E公司的营业周期有多长?

8. 佳乐公司采取永续盘存制,有关存货采购情况如下:

(1) 9月28日,购入1 000件,单价为400元/件。

(2) 10月15日,购入1 000件,单价为420元/件。

(3) 11月8日,购入2 000件,单价为410元/件。

(4) 12月15日,出售1 800件。

(5) 12月20日,购入1 000件,单价为400元/件。

(6) 12月31日,库存存货为3 200件。

[要求] 分别计算在加权平均法、先进先出发法、后进先出法(永续盘存制)下,出售存货的销售成本和期末存货成本。

9. 太康公司2017年的销售额为99 000元,每件售价为6元,所得税率为25%。期初存货为5 000件,存货的成本为15 000元。本期进货情况如表下表所示:

进货日期	单价(元/件)	数量(件)
6月1日	2.5	3 000
6月5日	2.6	4 000
6月10日	3.2	2 500
6月20日	2.8	6 000

[要求]

(1) 采用加权平均法、先进先出法和后进先出法,计算2017年12月31日的存货,并列出算式。

(2) 编表列示存货计价方法对应纳税所得额和现金流量的影响(设销售全部为现销)。

(3) 在物价上涨时,你将选择哪一种存货计价方法?并请说明理由。

10. 甲公司 2018 年 5 月存货的记录如下：

日 期	项 目	数量(件)	单位成本(元/件)
1月1日	期初存货	100	8
1月6日	购入	60	9
1月21日	购入	150	9
1月27日	购入	90	10

甲公司的会计记录显示 1 月份销售费用 1 900 元,销售 310 件商品实现销售收入 6 770 元。

[要求]

(1) 编制甲公司 2018 年 5 月份的利润表(先进先出法和全月一次加权平均法)。

(2) 假定你是甲公司的会计主管,出于下列动机,你会选择哪种存货计价方法?并给出原因及数据证明。

① 所得税费用最小。

② 产生的利润最大。

③ 资产负债表上列示的存货项目价值最接近其现值。

D. 案例分析

1. 江左公司 2018 年 12 月 31 日期末账项结转以前,有关总分类账和明细分类账户余额如下(单位:元)：

账户名称	借方金额	贷方金额
主营业务收入		300 000
投资收益		50 000
销售费用	10 000	
管理费用	20 000	
财务费用	1 000	
本年利润		369 000
利润分配——提取盈余公积	50 000	
利润分配——应付利润	190 000	
利润分配——未分配利润		10 000

该公司 12 月 31 日发生下列经济业务：

(1) 结转已销售产品的成本 170 000 元。

(2) 按销售收入的 2% 计提本月产品销售税金及附加。

(3) 企业经批准,将一笔无法支付的应付账款 32 000 元转作营业外收入。

(4) 没收逾期未退回加收的包装物押金 585 元。

(5) 结转固定资产清理净损失 2 000 元。

(6) 将本月"主营业务收入""投资收益""营业外收入"账户金额转入"本年利润"账户。

(7) 将本月的"主营业务成本""营业税金及附加""销售费用""管理费用""财务费用""营业外支出"等账户金额转入"本年利润"账户。

(8) 将本月利润总额的 25% 计提本月应交纳的所得税,并转入"本年利润"账户。

(9) 按税后利润总额的 10% 提取盈余公积金。

(10) 计提本月应付利润 45 000 元。

(11) 将全年利润净额转入"利润分配——未分配利润"账户。

(12) 将利润分配各明细账户转至"利润分配——未分配利润"账户。

[要求] 根据上述业务编制会计分录。

2. 方达公司聘请你为顾问,请你协助公司编制利润表,向银行申请贷款 100 万元。方达公司的主要业务是向零售商销售光纤电话系统。该公司第一年的购货情况,如下表所示。方达公司预计年末尚有存货 3 500 套。因为是第一年营运,该公司尚未正式选择存货计价方法。该年销售总额 14 800 万元,营业费用 1 700 万元。该公司拟采用定期盘存制(永续盘存制)下的先进先出法或加权平均法对发出存货进行计价。

方达公司购货情况汇总表

购货月份	购货数量(套)	单位成本(元/套)	总成本(元)
2 月份	1 000	15 000	15 000
5 月份	5 000	14 000	70 000
8 月份	4 000	12 000	48 000
11 月份	2 000	11 000	22 000

[要求]

(1) 若公司打算向银行提出贷款申请,其存货成本计价应采用何种方法?为什么?

(2) 公司的所得税税率为 25%,为降低报税税款的目的,公司应采用何种存货计价方法?为什么?

第9章　固定资产、无形资产和自然资源

学习目标

1. 掌握固定资产入账价值的确定。
2. 能够区分资本性支出和收益性支出,理解二者对财务报表的影响。
3. 了解不同折旧方法的应用及其对财务报表和纳税的影响。
4. 掌握固定资产处置的会计处理方法。
5. 理解无形资产(包括商誉)的本质。
6. 掌握自然资源折耗的会计处理方法。

引导案例

顺丰凭什么稳坐国内快递龙头老大?

顺丰速运(集团)有限公司(以下简称顺丰)作为一家主要经营国际、国内快递业务的港资快递企业,在2017年成功借壳上市,是国内快递行业的当之无愧的翘楚。根据《2017年快递服务满意度调查结果》,顺丰在"快递企业总体满意度和得分"榜上排名第一,得分83.4分。快递服务申诉率排名方面,顺丰低于全国平均水平,在国内快递服务企业中排名第一。

顺丰是中国第一家使用自有飞机运输快递的快递公司。顺丰发布的《2016社会责任报告》显示,顺丰已有51架全货运包机(36架为顺丰旗下顺丰航空的自有全货机),使用6 591个散航航班,客机腹舱航线1 840条,日平均使用航班数量2 819班次。除购买货运飞机外,顺丰自建机场也在有条不紊地展开。据悉,顺丰机场将于2020年建成后投入使用,2021年货物的吞吐量有望超过100万吨,成为亚洲第一个专业的货运机场。

为了向客户提供更便捷、更安全的服务,顺丰速运网络全部采用自建、自营的方式。经过十几年的发展,顺丰已经拥有6万多名员工和15 000多台自有营运车辆,30多家一级分公司,12 000多个自建的营业网点,服务网络覆盖31个省(直辖市)和香港、台湾地区,327个地级市、2 522个县级市、7 803个乡镇。顺丰还是中国最早使用自动分拣设备的快递公司,双层自动分拣机的处理量达40 000票每小时,对于信息系统的自主研发也

与时俱进,聚焦智慧云仓、超级地面平台、无人机运输等未来发展方向。

除此之外,顺丰作为一家物流公司,其专利数量完全碾压同行业竞争对手。顺丰几乎注册了全品类的"顺丰"商标,只有29(肉类食品)、31(饲料种籽)、33(含酒精酒)、44(医疗园艺)四个大类未注册"顺丰"商标。在SooPaT上搜索"顺丰速运"得到223项专利查询结果以及"顺丰科技"98项专利查询结果,说明顺丰至少拥有专利321项。而在其他上市的快递企业中,申通则只有2个发明专利还在实审阶段,圆通和中通专利查询结果甚至为0。这就是顺丰在快递行业可以保持龙头老大地位的"本钱"。

顺丰能如此注重保护自己的商标让自己免受商标争议的困扰,并积极打造自身的品牌价值,可见无形资产对于企业发展的价值。从小到包装袋、员工着装,大到分拣快递的机器、派送工具,顺丰一直在创新,也一直在丰富着自身在知识产权领域的价值,上市后的顺丰向我们展示的将会是一个更加强大的企业。

因为顺丰不仅是带着他们的服务品质上市,还带着大量的商标与专利上市,而知识产权也是企业资产的一部分,大量的商标与专利折射出顺丰背后看不见的无形资产。所以顺丰才能在其他相对价格低的快递同行中脱颖而出,贵出新高度,稳坐行业龙头老大的位置。

(资料来源:博深知识产权,顺丰凭什么稳坐国内快递龙头老大?[J/OL]. http://www.borsam.cn/News/new_867.html.)

固定资产及无形资产通常占据企业资产的很大比重,一般情况下企业的盈利来自其对固定资产和无形资产的使用和投资。本章将分别介绍固定资产、无形资产和自然资源的核算。

固定资产(Tangible Assets)是指企业为生产产品、提供劳务、出租或者经营管理而持有的、使用时间超过12个月的,价值达到一定标准的非货币性资产,包括房屋、建筑物、机器、机械、运输工具以及其他与生产经营活动有关的设备、器具、工具等。

无形资产(Intangible Assets)是指企业拥有或者控制的没有实物形态的可辨认非货币性资产。无形资产具有广义和狭义之分,广义的无形资产包括货币资金、应收账款、金融资产、长期股权投资、专利权、商标权等,因为它们没有物质实体,而是表现为某种法定权利或技术。但是,会计上通常将无形资产作狭义的理解,即将专利权、商标权等称为无形资产。

自然资源(Natural Resources),亦称天然资源,是指在其原始状态下就有价值的货物。一般来说假如获取这个货物的主要工程是收集和纯化,而不是生产的话,那么这个货物是一种自然资源。采矿、采油、渔业和林业一般被看作获取自然资源的工业,而农业则不是。

9.1 外购固定资产

9.1.1 固定资产的定义和确认条件

1. 固定资产的定义

固定资产是指同时具有下列特征的有形资产:

(1) 为生产商品、提供劳务、出租或经营管理而持有的;
(2) 使用寿命超过一个会计年度。

2. 固定资产的确认条件

固定资产同时满足下列条件时,才能予以确认:
(1) 与该固定资产有关的经济利益很可能流入企业;
(2) 该固定资产的成本能够可靠地计量。

9.1.2 固定资产的初始计量

固定资产应当按照成本进行初始计量。固定资产的成本,是指企业购建某项固定资产达到预定可使用状态前所发生的一切合理、必要的支出。这些支出包括直接发生的价款、相关税费、运杂费、包装费和安装成本等,也包括间接发生的,如应承担的借款利息、外币借款折算差额以及应分摊的其他间接费用。

企业外购固定资产的成本,包括购买价款、相关税费、使固定资产达到预定可使用状态前所发生的可归属于该项资产的运输费、装卸费、安装费和专业人员服务费等。外购固定资产分为购入不需要安装的固定资产和购入需要安装的固定资产两类。

为使固定资产达到可用状态所发生的一切必要的附带费用都包括在资产成本中,这一概念将在下面的例子中得以证明。

[**例9-1**] 朗驰公司从深圳的制造厂订购了一台机器,价格为10 000元,分48个月支付,每月付250元,其中包括2 000元的利息支出,同时还须支付600元销售税金,1 250元运输费和400元的安装费。借记机器设备账户的机器成本计算如表9-1所示。

表9-1 固定资产入账的初始成本   单位:元

发票价格	10 000
销售税金	650
运输费	2 000
装卸费	200
人工费	300
安装费	400
总计	13 550

对于固定资产的会计处理可以理解为对于其未来使用及服务价值的购买,其使用成本作为折旧费用逐年计提,最终减值至该固定资产的残值。

当以一笔款项购入多项没有单独标价的固定资产,应按其公允价值的比例对购买价款进行分配。

[**例9-2**] 假定朗驰公司从绿色未来公司购入整个生态农业基地,经双方协商后支付的总价款为1 600 000元,以公允价值为基础的成本分配过程如表9-2所示。

表 9-2 按公允价值占比分配总成本　　　　　　　　　　　　　　单位：元

	公允价值	公允价值所占百分比	分摊到 160 万元的成本
土地	1 000 000	50%	800 000
土地改良	100 000	5%	80 000
房屋	500 000	25%	400 000
设备	400 000	20%	320 000
合计	2 000 000	100%	1 600 000

假设朗驰公司以现金购入整套设施，记录设施购置的分录如下：

借：土地　　　　　　　　　　　　　　　　　　800 000
　　土地改良　　　　　　　　　　　　　　　　 80 000
　　房屋　　　　　　　　　　　　　　　　　　400 000
　　设备　　　　　　　　　　　　　　　　　　320 000
　贷：库存现金　　　　　　　　　　　　　　　　　　　1 600 000

9.1.3　资本性支出与改良性支出

划分资本性支出与收益性支出是指会计核算应严格区分收益性支出、资本性支出的界限，以正确计算各期损益。凡支出的效益仅及于本会计期间(或一个营业周期)的，应当作为收益性支出；凡支出的效益及于几个会计期间(或几个营业周期)的，应当作为资本性支出。只有正确划分收益性支出与资本性支出的界限，才能真实反映企业的财务状况，正确计算企业当期的经营成果。

资本性支出是指通过它所取得的财产或劳务的效益，可以给予多个会计期间所发生的那些支出。因此，这类支出应予以资本化，先计入资产类科目，然后，再分期按所得到的效益，转入适当的费用科目。

在企业的经营活动中，供长期使用的、其经济寿命将经历许多会计期间的资产（如固定资产、无形资产、递延资产等）都要作为资本性支出。即先将其资本化，形成固定资产、无形资产、递延资产等。而后随着它们为企业提供的效益，在各个会计期间转销为费用，如固定资产的折旧、无形资产、递延资产的摊销等。

与资本性支出相对应的是收益性支出，又叫期间费用。会计核算应严格区分收益性支出与资本性支出的界限，以正确计算各期损益。

划分资本性支出与效益性支出原则要求在会计核算中首先将资本性支出与收益性支出加以区分，然后将收益性支出计入费用账户，作为当期损益列入损益表；将资本性支出计入资产账户，作为资产列入资产负债表。前者称为支出费用化；后者叫作支出资本化。资本化的支出随着每期对资产的耗费，按照受益原则和耗费比例通过转移、折旧和摊销等方法，逐渐转化为费用。

由此看来，与取得本期收益有关的支出，即本期的成本和费用，一是直接计入费用账户的收益性支出；二是本期从资产账户转入费用账户的资本性支出。可见区分资本性支出与收益性支出的目的是按照权责发生制和配比原则的要求，合理确定现金支出性质，正确计算当期利润。这一原则是权责发生制在现金支出中的具体运用。

9.2 折　旧

固定资产折旧是指在固定资产使用寿命内,按照确定的方法对应计折旧额进行系统分摊。使用寿命是指固定资产的预计寿命,或者该固定资产所能生产产品或提供劳务的数量。应计折旧额指应计折旧的固定资产的原价扣除其预计净残值后的金额,若是已计提减值准备的固定资产,还应扣除已计提的固定资产减值准备累计金额。因此固定资产的账面价值就是成本扣除其累计折旧。

固定资产应当按月计提折旧,并根据用途计入相关资产的成本或者当期损益。当月增加的固定资产,当月不计提折旧,从下月起计提折旧;当月减少的固定资产,当月仍计提折旧,从下月起停止计提折旧。固定资产提足折旧后,不管能否继续使用,均不再提取折旧;提前报废的固定资产,也不再补提折旧。

以运输飞机为例,其价值本来记录在资产负债表的固定资产中,当运输飞机运送货物为企业提供服务时,运输飞机的成本逐渐以折旧的方式转移到利润表的费用类账户里。

对于固定资产的入账,应借记"折旧费用",贷记"累计折旧",借方应根据固定资产服务的部门及目的不同,计入不同账户。例如,服务于办公管理的建筑折旧,应借记"管理费用",服务于销售环节的固定资产折旧借记"销售费用"。

借:制造费用(生产车间计提折旧)
　　管理费用(企业管理部门、未使用的固定资产计提折旧)
　　销售费用(企业专设销售部门计提折旧)
　　其他业务成本(企业出租固定资产计提折旧)
　　研发支出(企业研发无形资产时使用固定资产计提折旧)
　　在建工程(在建工程中使用固定资产计提折旧)
　贷:累计折旧

应注意的是,折旧不涉及现金支付。固定资产在购入或构建时一次性支出,已经一次性列入了投资活动支付的现金,在现金流量表中体现了现金的流出。现金流量表补充资料,将净利润调节为经营活动现金流量,加回固定资产折旧没有支付的现金,恰恰说明折旧时没有现金流出。但这里的加回并不表示现金的流入。

9.2.1　折旧成因

固定资产折旧是固定资产因使用磨损、自然侵蚀、科技进步和劳动生产率提高而产生的有形损耗和无形损耗。

有形损耗是固定资产在使用或间歇中发生的磨损和自然侵蚀等,影响其物理寿命短缩而发生的价值损耗。

无形损耗是劳动生产率的提高、新技术的出现,使现有资产的技术效果和生产能力相对落后和成本(价值)的降低,影响其经济寿命短缩而发生的价值损耗。例如,因无形损耗而带来产品销售市场的需求变化,为避免生产产品的过时而更新的固定资产,使原有固定资产不能继续使用的价值损失等。

9.2.2 折旧方法

折旧方法可以大体分为两大类,第一类是直线折旧法,第二类是加速折旧法。

直线折旧法包括平均年限法和工作量法。

固定资产的效用随着其使用寿命的缩短而逐渐降低,因此,当固定资产处于较新状态时,效用高,产出也高,而维修费用较低,所取得的现金流量较大;当固定资产处于较旧状态时,效用低,产出也小,而维修费用较高,所取得的现金流量较小,这样,按照配比原则的要求,折旧费用应当呈递减的趋势,这就是加速折旧的机理。加速折旧法(Accelerated Depreciation Method)包括双倍余额递减法、年数总和法等。

1. 平均年限法

平均年限法是将固定资产的折旧均衡地分摊到各期的一种方法。采用这种方法计算的每期折旧额均是等额的。计算公式如下:

$$年折旧额 = \frac{成本 - 估计残值}{使用年限} \times 100\%$$

$$月折旧额 = 年折旧率 \div 12$$

[**例 9-3**] 假定 2017 年 6 月 1 日,明治公司购置了一辆货运汽车,计算年度折旧费用所需的数据和估计年限如下:

成本　　　　　　　190 000 元
估计残值　　　　　 40 000 元
估计使用年限　　　 5 年

$$年折旧额 = \frac{成本 - 估计残值}{使用年限} = \frac{190\,000 - 4\,000}{5} = 30\,000(元)$$

表 9-3 平均年限法折旧计算表　　　　　　　　　　　　单位:元

年 份	计 算	折旧费用	累计折旧	账面价值
				190 000
第 1 年	150 000×20%	30 000	30 000	160 000
第 2 年	150 000×20%	30 000	60 000	130 000
第 3 年	150 000×20%	30 000	90 000	100 000
第 4 年	150 000×20%	30 000	120 000	70 000
第 5 年	150 000×20%	30 000	150 000	40 000
合 计		150 000		

2. 工作量法

工作量法是根据实际工作量计提折旧额的一种方法。这种方法可以弥补平均年限法只重使用时间,不考虑使用强度的缺点。计算公式如下:

$$单位工作量折旧额 = \frac{固定资产原价 \times (1 - 残值率)}{预计总工作量}$$

固定资产月折旧额＝固定资产当月工作量×单位工作量折旧额

3. 双倍余额递减法

双倍余额递减法是在不考虑固定资产残值的情况下,根据每一期期初固定资产账面净值和双倍直线法折旧额计算固定资产折旧的一种方法。计算公式如下:

$$年折旧率=\frac{2}{预计折旧年限}\times 100\%$$

$$月折旧率=年折旧率\div 12$$

$$月折旧额=固定资产账面净值\times 月折旧率$$

这种方法没有考虑固定资产的残值收入,因此不能使固定资产的账面折余价值降低到它的预计残值收入以下,即实行双倍余额递减法计提折旧的固定资产,应当在其固定资产折旧年限到期的最后两年(或者当采用直线法的折旧额大于等于双倍余额递减法的折旧额时),将固定资产账面净值扣除预计净残值后的余额平均摊销。

按双倍余额递减法计算折旧,每年的折旧额如下(表9-4):

$$双倍余额年折旧率=\frac{2}{5}\times 100\%=40\%$$

第1年应提的折旧额＝190 000×40%＝76 000(元)

第2年应提的折旧额＝114 000×40%＝45 600(元)

第3年应提的折旧额＝68 400×40%＝27 360(元)

因为第4年账面余额为41 040元,若按照双倍余额递减法继续计提折旧,则第5年账面净值必然小于残值40 000元,故从第4年起改按平均年限法(直线法)计提折旧。

$$第4年、第5年的年折旧额=\frac{41\ 040-40\ 000}{2}=520(元)$$

表9-4 双倍余额递减法折旧计算表 单位:元

年 份	计 算	折旧费用	累计折旧	账面价值
				190 000
第1年	190 000×40%	76 000	76 000	114 000
第2年	114 000×40%	45 600	121 600	68 400
第3年	68 400×40%	27 360	148 960	41 040
第4年	520	520	149 480	40 520
第5年	520	520	150 000	40 000
合 计		150 000		

4. 产量法

产量法(Units of Output)是假定固定资产的服务潜力会随着使用程度而减退,因此,将平均年限法中固定资产的有效使用年限改为使用这项资产所能生产的产品或劳务数量。产量法可以比较客观地反映出固定资产使用期间的折旧和费用的配比情况。计算公式如下:

$$单位产品的折旧费用 = \frac{固定资产原始价值 - 预计残值}{估计总产量}$$

$$固定资产年折旧额 = 当年产量 \times 单位产品的折旧费用$$

继续沿用上面的例子,假定明治公司汽车预计在10万公里里程后报废,在产量法下折旧计算如下:

$$\frac{190\,000 - 40\,000}{100\,000} = 1.5(元/每公里)$$

该方法对于生产设备等较为适用,对于建筑、电子设备等没有明显产量的固定资产不适用。

5. 年数总和法

年数总和法又称年限合计法,是将固定资产的原价减去预计净残值的余额乘以一个以固定资产尚可使用寿命为分子、以预计使用寿命逐年数字之和为分母的逐年递减的分数计算每年的折旧额。

$$年折旧率 = \frac{尚可使用寿命}{预计使用寿命的年数总和} \times 100\%$$

$$月折旧率 = 年折旧率/12$$

$$月折旧额 = (固定资产原价 - 预计净残值) \times 月折旧率$$

沿用上面的例子,采用年数总和法计算的隔年折旧额如表9-5所示。

表9-5 年数总和法折旧计算表 单位:元

年份	尚可使用寿命	原价—累计净残值	年折旧率	年折旧额	累计折旧
第1年	5	150 000	5/15	50 000	50 000
第2年	4	150 000	4/15	40 000	90 000
第3年	3	150 000	3/15	30 000	120 000
第4年	2	150 000	2/15	20 000	140 000
第5年	1	150 000	1/15	10 000	150 000

9.2.3 折旧方法对企业报表的影响

平均折旧法使得企业利润表中每年扣减的折旧费用基本相当,年度间除非有提足折旧或购进处置等情况,否则折旧额不会有大的变化。而加速折旧法在固定资产使用寿命的初期折旧额大,之后随着年份递减,这就导致利润表中扣减的折旧额在初期很多。企业管理层通常希望展示公司较强的盈利能力,加速折旧法显然不符合管理层的目标,所以在财务报表中,企业一般按照平均年限法进行折旧。但是管理层对于缴税的预期与财务报表不同,通常企业希望可以减少税金支付,通过余额递减法,可以在利润中扣除更多折旧费用,进而减少税金缴纳。会计原则与税法允许企业在财务报表和所得税申报表中使用不同的折旧方法,因而企业一般在财务报表中使用平均折旧法,而在纳税申报表中使用余额递减法。

但是折旧方法的选择对于企业真实财务状况确实有影响吗？通过各种方法计算出来的折旧都是企业财务人员根据职业判断对于折旧成本分摊的一种估计，并不会影响企业实际的财务状况，只是体现企业对于折旧分摊的一种偏好。例如，使用加速折旧法的企业对于净利润的估算更为保守等。但在所得税申报范畴，加速折旧法确实在固定资产使用初期可以为企业减少税金的缴纳，减少现金支出。

9.2.4 财务报表披露

企业必须将使用的固定资产折旧方法在财务报表的附注中予以披露。因为不同方法的选择对于固定资产的账面价值与净利润的金额是有影响的。

1. 使用寿命与残值估计

固定资产使用寿命及残值估计涉及财务人员与管理层的职业判断以及对于该固定资产的使用预期。企业对寿命及残值的估计不仅受到外部独立会计师事务所的审计，也受到国家法规的限制。

我国现行《中华人民共和国企业所得税法实施条例》中有对企业固定资产折旧有明文规定，其中第六十条规定，除国务院财政、税务主管部门另有规定外，固定资产计算折旧的最低年限分别为：企业房屋、建筑物最低折旧年限为20年；企业拥有的飞机、火车、轮船、机器、机械和其他生产设备最低折旧年限为10年；企业拥有的器具、工具、家具等与生产经营活动有关，最低折旧年限为5年；企业拥有除飞机、火车、轮船以外的运输工具最低折旧年限为4年；企业拥有的电子设备最低折旧年限为3年。另外，企业从事的行业不同其设备的折旧年限也不同，折旧年限一般小于设备的耐用年限即使用年限，参考折旧年限一般是在此基础上增加1~5年。

2. 一贯性原则

一贯性原则要求企业采用的折旧政策在前后各期保持一致，不得随意改变。如果确有必要变更，应当将变更的原因和变化的情况及其对会计单位财务状况和经营成果的影响，在财务报告中加以说明。

3. 使用寿命估计的变更

在新会计准则中使用寿命、预计净残值、折旧方法的改变均作为会计估计变更，使用未来适用法进行会计处理。未来适用法，是指将变更后的会计政策应用于变更日及以后发生的交易或者事项，或者在会计估计变更当期和未来期间确认会计估计变更影响数的方法。

例如，6月1日，某公司购置了一台新设备，初始成本200 000元，无残值，估计使用年限5年。在第2年年末时，累计折旧达80 000元。企业估计该资产还能使用4年，即总共使用6年。从第3年开始，折旧额应调整为30 000元[=(200 000−80 000)÷4]。

9.2.5 固定资产减值

固定资产发生损坏、技术陈旧或者其他经济原因，导致其可收回金额低于其账面价值，这种情况称之为固定资产减值。如果固定资产的可收回金额低于其账面价值，应当按可收回金额低于其账面价值的差额计提减值准备，并计入当期损益。

企业发生固定资产减值时：
借：资产减值损失——固定资产减值损失
　　贷：固定资产减值准备

如已计提减值准备的固定资产价值又得以恢复，根据《企业会计准则第8号——资产减值》的规定，资产减值损失一经确认，在以后会计期间不得转回。

9.2.6　固定资产处置

企业出售、转让、报废固定资产或发生固定资产毁损，应当将处置收入扣除账面价值和相关税费后的金额计入当期损益。固定资产处置一般通过"固定资产清理"科目进行核算。

企业因出售、转让、报废或毁损、对外投资、非货币性资产交换、债务重组等处置固定资产，其会计处理一般经过以下几个步骤：

第一，固定资产转入清理。固定资产转入清理时，按固定资产账面价值，借记"固定资产清理"科目，按已计提的累计折旧，借记"累计折旧"科目，按已计提的减值准备，借记"固定资产减值准备"科目，按固定资产账面余额，贷记"固定资产"科目。

借：固定资产清理
　　累计折旧
　　固定资产减值准备
　　贷：固定资产

第二，发生清理费用。固定资产清理过程中发生的有关费用以及应支付的相关税费，借记"固定资产清理"科目，贷记"银行存款""应交税费"等科目。

借：固定资产清理
　　贷：银行存款、应缴税费等

第三，出售收入和残料等的处理。企业收回出售固定资产的价款、残料价值和变价收入等，应冲减清理支出。按实际收到的出售价款以及残料变价收入等，借记"银行存款""原材料"等科目，贷记"固定资产清理"科目。

借：银行存款、原材料等
　　贷：固定资产清理

第四，保险赔偿的处理。企业计算或收到的应由保险公司或过失人赔偿的损失，应冲减支出，借记"其他应收款""银行存款"等科目，贷记"固定资产清理"科目。

借：其他应收款、银行存款等
　　贷：固定资产清理

第五，清理净损益的处理。固定资产清理完成后的净损失，属于生产经营期间正常的处理损失，借记"营业外支出——处置非流动资产损失"科目，贷记"固定资产清理"科目；属于生产经营期间由于自然灾害等非正常原因造成的，借记"营业外支出——非常损失"科目，贷记"固定资产清理"科目。固定资产清理完成后的净收益，借记"固定资产清理"科目，贷记"营业外收入"科目。

如果是净收益，则：
借：固定资产清理

贷:营业外收入
　如果是净损失,则:
　　借:营业外支出
　　　贷:固定资产清理

9.2.7　资产以旧换新

　　根据《企业会计准则第14号——收入》应用指南"四、销售商品收入确认条件的具体应用"中对"销售商品采用以旧换新方式的,销售的商品应当按照销售商品收入确认条件确认收入,回收的商品作为购进商品处理"。以旧换新通常带来利得或损失的确认,具有经济实质,可看作就固定资产的处置与新资产的购进。

　　例如,旧车账面原值20万元,已提折旧2万元,账面价18万元,现在作价16万元与一新车25万元交换,支付差价9万元。假设增值税4.25万元,印花税0.8万元。会计处理时,旧车按固定资产清理做处置固定资产账务处理,购进新车作为新购置固定资产处理。

(1) 借:固定资产清理	180 000
累计折旧	20 000
贷:固定资产——旧车	200 000
(2) 借:固定资产清理	50 500
贷:应交税费——应交增值税	42 500
银行存款(印花税等)	8 000
(3) 借:固定资产——新车	250 000
营业外支出——处置资产损失	70 500
贷:银行存款(差价)	90 000
固定资产清理	230 500

9.3　无形资产

　　无形资产是指企业拥有或者控制的没有实物形态的可辨认非货币性资产。无形资产具有广义和狭义之分,广义的无形资产包括货币资金、应收账款、金融资产、长期股权投资、专利权、商标权等,因为它们没有物质实体,而是表现为某种法定权利或技术。但是,会计上通常将无形资产作狭义的理解,即将专利权、商标权等称为无形资产。

　　无形资产在资产负债表上以成本列示,而不考虑其对企业创造的价值,对于成本数额较小的,企业通常记为当期损益处理。

9.3.1　无形资产的特征

　　(1) 由企业拥有或者控制并能为其带来未来经济利益的资源。
　　(2) 无形资产不具有实物形态。

(3) 无形资产具有可辨认性。

① 可辨认性是指该资产能够脱离企业单独存在,比如专利权,A 企业可以用,B 企业买过来也可以用,这说明此资产可以脱离企业而存在,可以单独用于交易,此即可辨认性。

② 商誉是不可单独辨认的资产。在天时、地利、人和等要素的共同作用下,企业能够创造超额收益,此能力即为商誉。

(4) 无形资产属于非货币性资产。

很多支出也能为之后多个期间提供收益,但因其收益的计量及使用寿命的不确定而被企业列入经营费用处理,如员工培训费用、办公设备的费用等。作为无形资产,必须能为未来收益提供较为准确的计量。

9.3.2 无形资产的摊销

无形资产摊销是对无形资产原价在其有效期限内摊销的方法。无形资产摊销一般采用直线法,实质上与固定资产折旧类似,摊销时借记摊销科目,贷记"无形资产"。无形资产原价减去无形资产的余额即为无形资产的累计摊销数额。为了提供企业无形资产计提摊销额的有关数据,企业更换旧账时,要注明每项无形资产的原价。无形资产当月购入当月开始摊销,处置无形资产的当月不再摊销。

9.3.3 商誉

商誉是指能在未来期间为企业经营带来超额利润的潜在经济价值,或一家企业预期的获利能力超过可辨认净资产正常获利能力(如社会平均投资回报率)的资本化价值。净资产可用资产减去负债得到,即为所有者权益部分。当企业具有赚取超额利润的能力时,意味着企业存在商誉。可辨认净资产(Net Identifiable Assets)为除商誉以外的可辨认资产与负债的差额。购买企业在确定所购入的可辨认资产和所承担的债务的公允价值时,可以采用市价、账面价值、重置成本、现值、估计售价、评估价以及可变现净值等方法。确定所采用的方法时,必须考虑所购买的资产和承担的债务在合并日后的预期用途。

1. 商誉的估计

商誉是企业整体价值的组成部分。在企业合并时,它是购买企业投资成本超过被合并企业净资产公允价值的差额。根据《企业会计准则第 6 号——无形资产》应用指南,商誉是企业合并成本大于合并取得被购买方各项可辨认资产、负债公允价值份额的差额,其存在无法与企业自身分离,不具有可辨认性,不属于无形资产准则所规范的无形资产。

该概念的基本含义有五点:① 商誉是在企业合并时产生的。投资方合并被投资方取得股权有两种情况:一是同一控制下的企业合并取得股权,如企业集团内的企业合并;二是非同一控制下的企业合并取得股权。先前的无形资产准则规定的"企业自创商誉不能加以确认"在这个新准则中更加明确。② 商誉的确认是指"正商誉",不包括"负商誉"。即"企业合并成本大于合并取得被购买方各项可辨认资产、负债公允价值份额的差额"作为商誉(正商誉)处理;如果企业合并成本小于合并取得被购买方各项可辨认资产、负债公允价值份额的差额——负商誉,则计入当期损益。③ 商誉的确认以"公允价值"为基础。④ 商誉与企业自身不可分离,不具有可辨认性。⑤ 商誉不属于"无形资产"的规范。商誉按《企业会计准则第20号——企业合并》和《企业会计准则第33号——合并财务报表》的规定进行处理。

假设有两家企业待售,这两家企业可辨认净资产公允市价的正常回报是每年20%,两家企业最近5年的盈利能力如下所示(单位:元):

	L企业	G企业
可辨认净资产的公允市价	1 000 000	1 000 000
净资产的正常回报率	20%	20%
正常收益,可辨认净资产×20%	200 000	200 000
过去5年平均实际净利润	200 000	250 000
超过正常水平的收益	0	50 000

假设一个投资者愿意出1 000 000元购买L企业,因为以可辨认净资产公允价值的价格购买它后,该企业能获得每年15%的正常回报。尽管G企业的可辨认净资产金额与前者相同,投资者或许愿意出更高的价格购买G企业,而不是L企业,因为G企业能长期赚取超额利润。投资者购买G企业愿意多付的金额就是该企业商誉的价值。

以往的超额利润只有在对购入企业的后续利用中才有价值,但是对于大多数企业来讲,未来的盈利并不能合理预期,因此对商誉的估算是购入方企业对于未来预期获益能力的估计,在实务中,企业购买方一般支付超额利润的4~5倍作为商誉的价值。

较为常用的一种商誉估算方法是割差法。割差法是用企业的总体价值扣除各项有形资产和可辨认的无形资产价值后的差额,以之来确定企业商誉价值的一种评估方法。商誉评估值的最低为零。

割差法的基本思路是企业总体价值大于各单项资产价值之和的差额是企业实际已拥有,但尚未入账的资产,确认为商誉。割差法评估商誉是以资产的价值为基础。这一思路在理论上是合理的,在确定的企业总体价值和各单项资产价值都是公允和真实的情况下,评估的商誉价值也是客观和可信的。但是,割差法没能反映商誉是超额收益的实质,再加上人为评估的因素,评估的商誉与企业实际拥有的商誉差距较大。

假设对于当地经营成功的公司一般以其年收入的8倍进行收购,则G企业的价值约为200万元(=250 000×8),因为企业的可辨认净资产的公允价值只有100万元,所以估计商誉的估价为100万元。

企业整体的估计价值	2 000 000
可辨认净资产的公允价值	1 000 000
商誉的估价	1 000 000

2. 商誉的记录

财务报表中对于商誉的记录只认可非同一控股下合并产生的商誉,购买方将支付的合并价款与被购买方的可辨认净资产的差额确认为商誉。而对于公司内部估算的商誉则不能在资产负债表上列示,这也造成资产负债表不能准确表达公司的全部价值的原因。

对于商誉的后续计量应包括计提减值,当商誉受损,应记录为减值损失,在利润表中反映损失,在资产负债中反映为资产的减少。

9.3.4　专利

专利权(Patent Right),简称"专利",是指专利权人在法律规定的范围内独占使用、收益、处分其发明创造,并排除他人干涉的权利,是知识产权的一种。根据我国《专利法》的有关规定,发明专利权期限为二十年,实用新型专利权和外观设计专利权期限为十年,均自申请日起计算。我国于1984年公布《专利法》,1985年公布该法的实施细则,对有关事项做了具体规定。

专利权具有时间性、地域性及法律确认性。此外,专利权还具有如下法律特征:① 专利权是两权一体的权利,既有人身权,又有财产权;② 专利权的取得须经专利局授予;③ 专利权的发生以公开发明成果为前提;④ 专利权具有利用性,专利权人如不实施或不许可他人实施其专利,有关部门将采取强制许可措施,使专利得到充分利用。

企业购得专利时,借记"无形资产——专利权"账户,贷记购买价款。国的发明专利权期限为二十年,专利应在其使用寿命内进行分摊,若使用寿命预计短于二十年,则应以较短的期限进行专利权的摊销。

9.3.5　商标权

商标权是指商标所有人对其商标所享有的独占的、排他的权利。在我国由于商标权的取得实行注册原则,因此,商标权实际上是因商标所有人申请、经国家商标局确认的专有权利,即因商标注册而产生的专有权。商标是用以区别商品和服务不同来源的商业性标志,由文字、图形、字母、数字、三维标志、颜色组合、声音或者上述要素的组合构成。

如果是自行构建商标权,其主体成本影视广告宣传费用,若企业外购商标权,则这一成本通常金额巨大,会计法要求企业将其资本化,并将其成本在于其寿命内摊销。若企业的商标终止使用或其产生收益的能力不确定,则该商标未摊销部分应立即注销。

9.3.6　特许经营权

特许经营权(Franchising)是指由权利当局授予个人或法人实体的一项特权。国际特许经营协会(International Franchise Association)认为:特许经营是特许人和受许人之间的契约关系,对受许人经营中的经营诀窍和培训的领域,特许人提供或有义务保持持续的兴趣;受许人的经营是在由特许人所有和控制下的一个共同标记、经营模式和过程之下进行的,并且受许人从自己的资源中对其业务进行投资。

特许经营权的成本通常很大,可在特许使用权的寿命内进行摊销,但摊销期最长不能超过预期使用寿命的年限。

9.3.7　版权

版权亦称"著作权",指作者或其他人(包括法人)依法对某一著作物享受的排他性权利,用于激励文学艺术作品的创作和销售,保护期限为创作者有生之年加死后50年,若版权的取得成本巨大,可将版权资本化,并在版权期内进行摊销。若取得成本较小,可直接记为当期损益。

9.3.8 其他无形资产和递延费用

无形资产除了上面的部分还有厂房重新装修费、配方、电影版权、工艺技术等,除了划分为无形资产,有的企业将这些归类为递延费用,因为这些支出对应的收益将延续几期,而根据收入费用对应原则,应将费用摊销在寿命期内。还有的企业将这类资产划归资产负债表中的其他资产。

9.3.9 研发成本

研发支出在一些高科技公司、互联网技术公司的总成本、总费用中占有很大比重。对于研发支出的成本有的公司采用资本化,有的直接记为当期损益,导致不同公司之间的财务报表不好进行比较,因此美国财务会计准则委员会(FASB)规定研发支出一律记为费用,统一公司之间的会计处理,使公司之间的财务报表更具有可比性。

9.4 自然资源

自然环境中与人类社会发展有关的、能被利用来产生使用价值并影响劳动生产率的自然诸要素,通常称为自然资源,可分为有形自然资源(如土地、水体、动植物、矿产等)和无形的自然资源(如光资源、热资源等)。自然资源具有可用性、整体性、变化性、空间分布不均匀性和区域性等特点,是人类生存和发展的物质基础和社会物质财富的源泉,是可持续发展的重要依据之一。自然资源可分为生物资源、农业资源、森林资源、国土资源、矿产资源、海洋资源、气候气象、水资源等。

9.4.1 自然资源的会计处理

自然资源的显著特点是从自然环境中开采出来之后成为人类经济获得的存货。以天然气为例,天然气是在特殊地理环境下的自然资源,被开采出来之后成为人类的能源,未售的天然气就是存货。对于天然气资源来说,当天然气矿里的天然气被开采殆尽之后,这一天然气矿藏就完全折耗了。

以 T 公司为例,其花费 1 000 万买下了 S 天然气矿,该矿蕴藏天然气 400 万立方米,天然气开采完毕的残值为 200 万元,矿藏使用年限内要折耗的成本是其原始成本减去残值,即 800 万元,每开采一立方米天然气计提折耗 2 元(=800÷400)煤矿,假设第一年开采了 100 万立方米,计提折耗的分录如下:

借:存货   2 000 000
    贷:累计折耗——S 天然气矿   2 000 000

天然气矿一旦开采出来就是存货,计入资产负债表的存货账户,在出售后,由存货转入销货成本账户。累计折耗相当于固定资产的累计折旧,即无形资产的总折耗,面值减去累计折耗就是自然资源有待开发的部分。

与自然资源密切相关的厂房与建筑,可按其自身使用寿命与自然资源使用寿命孰低来计算折旧。

9.4.2 折旧摊销与折耗的共同目的

折旧摊销与折耗都是根据配比原则,将资产的成本分摊到其收益期间去,使得利润的计算较为合理准确。

9.5 固定资产交易与现金流量

固定资产交易对现金流量的影响无法在利润表中反映。购入固定资产时通常会产生现金流出,而处置固定资产时一般会产生现金流入。固定资产的购入与处置所引起的现金流量变化应当在现金流量表中予以反映,通常被归类为投资活动现金流量。

并不是所有的固定资产购入和出售业务在当前会计期间均产生现金流入或流出。例如,若以应付票据支付固定资产购入,在处置时也以非现金方式获得收入,则这两种情况均属于非现金投资活动。折旧和摊销虽然会冲减利润,但并不影响现金流量。资产减值的注销则是非现金支出或费用的又一个例子,同样不会对现金流量产生即时的影响。

不涉及现金的投资和筹资活动应当作为现金流量表的辅助信息予以单独列示,这将在本书后续章节予以详细介绍。

课后习题

A. 自测选择题

1. 某企业于2018年3月购入一台不需要安装的生产设备,买价1 000万元,增值税税额为160万元,支付的运杂费为10万元,款项以银行存款支付。该企业的会计处理为(   )。

　　A. 借:固定资产　　　　　　　　　　　　　　　　　11 700 000
　　　　贷:银行存款　　　　　　　　　　　　　　　　　　　　　11 700 000
　　B. 借:固定资产　　　　　　　　　　　　　　　　　10 000 000
　　　　应交税费——应交增值税(进项税额)　　　　　　 1 600 000
　　　　销售费用　　　　　　　　　　　　　　　　　　　 100 000
　　　　贷:银行存款　　　　　　　　　　　　　　　　　　　　　11 700 000
　　C. 借:固定资产　　　　　　　　　　　　　　　　　10 100 000
　　　　应交税费——应交增值税(进项税额)　　　　　　 1 600 000
　　　　贷:银行存款　　　　　　　　　　　　　　　　　　　　　11 700 000
　　D. 借:固定资产　　　　　　　　　　　　　　　　　11 600 000
　　　　贷:银行存款　　　　　　　　　　　　　　　　　　　　　11 600 000

2. 某项固定资产原值为 15 500 元,预计使用年限为 5 年,预计净残值为 500 元,按双倍余额递减法计提折旧,则第二年年末该固定资产的账面价值为( )元。
   A. 5 580   B. 6 320
   C. 5 900   D. 6 500

3. 作为企业的固定资产除要符合其定义外,还要符合其确认的条件是( )。
   A. 该项资产包含的经济利益很可能流入企业
   B. 该项资产包含的经济利益可能流入企业
   C. 该固定资产的成本能够计量
   D. 该固定资产的成本有可能能够可靠地计量

4. 固定资产的无形损耗是指( )。
   A. 由于经济环境发生变化使固定资产价值发生增值
   B. 由于环保要求使固定资产价值发生损失
   C. 科技进步使固定资产价值发生增值
   D. 科技进步使固定资产价值发生损失

5. 企业外购固定资产时在达到预定可使用状态前发生的可直接归属于该资产的其他支出,如场地整理费、运输费、装卸费、安装费和专业人员服务费等正确的做法是( )。
   A. 作为企业损失处理   B. 作为企业管理费用处理
   C. 作为企业销售费用处理   D. 列入固定资产成本

6. 某公司的一台机器设备采用工作量法计提折旧。原价为 153 万元,预计生产产品产量为 450 万件,预计净残值率为 3%,本月生产产品 7.65 万件。则该台机器设备的月折旧额为( )万元。
   A. 2.679 03   B. 2.629 59   C. 2.522 97   D. 2.522 835

7. 以一笔款项购入多项没有单独标价的固定资产,确定固定资产成本的正确方法是( )。
   A. 按各项固定资产价值比例对总成本进行分配
   B. 按各项固定资产金额比例对总成本进行分配
   C. 按各项固定资产重量比例对总成本进行分配
   D. 按各项固定资产公允价值比例对总成本进行分配

8. 某企业为增值税一般纳税人,购入生产用设备一台,增值税专用发票上价款为 10 万元,增值税税额 1.6 万元,发生运杂费 0.5 万元,保险费 0.3 万元,安装费 1 万元,该设备取得时的成本为( )万元。
   A. 10   B. 11.6   C. 11.7   D. 13.4

9. 下列项目中,应确认为无形资产的是( )。
   A. 企业自创商誉
   B. 企业内部产生的品牌
   C. 企业内部研究开发项目研究阶段的支出
   D. 企业购入的专利权

10. 某企业于 2018 年 3 月 12 日接受政府补助资金 60 万元用于购买专利技术,预计摊销年限为5年,在2018年年末应该确认的营业外收入是( )万元。
A. 60　　　　　B. 12　　　　　C. 9　　　　　D. 10

B. 概念回顾与思考

1. 可可可乐的独特商标较之于其瓶装工厂对公司来说更有价值,但是瓶装工厂的价值体现在可可可乐公司的资产负债表上,而其商标则未在资产负债表上反映。请解释原因。
2. 资本性支出与收益性支出之间有何联系与区别?
3. 如果一项资本性支出被错误地划为收益性支出,当年的利润将被高估还是低估?这一错误对未来年度的利润有何影响?
4. 列举几种常见的折旧方法,并描述其适用范围。
5. 什么是加速折旧法? 加速折旧法在财务报表或所得税申报表中是否得到广泛的应用?
6. 财务会计与税法在计提折旧方面有何异同之处?
7. 固定资产发生减值时应当如何处理?
8. 无形资产具备哪些特征? 其摊销如何进行会计处理?
9. 如何对商誉进行估价和会计处理?
10. 固定资产的折旧计提与自然资源的折耗计提有何差异?

C. 业务处理

1. 指出以下事项是收益性支出还是资本性支出。
(1) 购买了一辆新的送货卡车后,立即获得商家因在该车辆上宣传其名称以及其他广告材料所支付的2 000元。
(2) 运货卡车使用两年后进行抛光的成本为450元。
(3) 为使用两年的货车购买电池支出100元。
(4) 为一栋已使用多年但没有电梯的3层楼房安装电梯支出71 500元。
(5) 购买办公用剪刀花费15元。
(6) 期初预计运货卡车的使用寿命为4年,采用直线折旧法,每年折旧25%。但使用3年后,公司决定彻底修理卡车,包括更换新发动机。
2. 三江公司为一般纳税企业,适用增值税税率为16%。2018年2月购入设备一台,价款380万元,增值税60.8万元,运杂费3.75万元,立即投入安装。安装中领用工程物资22.40万元;领用原材料的实际成本为5万元;领用库存商品(应税消费品)的实际成本为18万元,市场售价20万元(不含税),消费税税率10%。安装完毕投入使用,该设备预计使用5年,预计净残值为20万元。

[要求]
(1) 计算安装完毕投入使用的固定资产成本。
(2) 假定2018年4月10日安装完毕并交付使用,采用平均年限法计算2018年、2019年和2023年的年折旧额。

3. 2017年6月2日,利康公司购入一台需要安装的机器设备,取得的增值税专用发票上注明的设备价款为270 000元,增值税为43 200元,支付的装卸搬运费为3 000元,款项已通过银行转账支付;安装设备时实际支付安装费用15 000元,应支付安装工人薪酬4 000元,机器设备安装完毕于2017年7月4日交付使用。假定不考虑其他相关税费,该项固定资产可以运行50万机器工时,预计净残值率为3%,该公司采用工作量法计提固定资产折旧。

[要求] 编制利康公司购买机器设备的会计分录,并计算该项机器设备的单位折旧额。

4. 新柯建设公司在8月3日购买了一台专用设备,价值100万元,预计该设备使用寿命为8年,残值为5万元。当年购入按半年折旧期计算。

(1)使用直线法计算每年的折旧费用。

(2)使用双倍余额递减法计算每年的折旧费用,当需要最大化折旧费用时切换为直线法折旧。

(3)在使用该设备的前两年中,上述哪种方法能使财务报告中的净利润更高?请论述之。

5. 2017年1月5日,甲公司准备自行建造一座厂房,为此购入工程物资一批,材料价款为300 000元,增值税进项税额为48 000元,全部款项以银行存款支付。2017年1—6月份,工程先后领用工程物资301 500元;为进行工程建设实际支付60 000元;辅助生产车间为该项工程提供有关劳务支出50 000元;应支付工程人员薪酬56 800元;2017年7月1日,工程达到预定可使用状态并交付使用。剩余工程物资转为该公司的生产用原材料,其所含的增值税进项税额可以抵扣,甲公司适用的增值税税率为16%,不考虑其他相关税费。该项固定资产可以使用10年,采用双倍余额递减法提取固定资产折旧,预计净残值率为5%。

[要求] 编制甲公司建造固定资产的会计分录,并编制2017年提取固定资产折旧的会计分录。

6. 艾弗里公司最近几年的年度净利润平均为54万元。目前该公司被拍卖,会计上记录的净资产(总资产减总负债)账面价值为280万元,但是艾弗里公司的公允价值为300万元。

一名正在进行购买谈判的投资者提出的价格为净资产的公允价值并且承担所有负债。另外,该投资者愿意按超过平均净收益的金额支付3年的商誉价值。

基于上述协议,该投资者的出价是多少?该行业公允价值净资产回报率一般为15%。

7. 利兴公司在本年度发生以下支出,这些支出应该被归类为营业成本或无形资产:

(1)员工的定期培训支出。平均每名员工在公司工作4年,每位员工根据岗位需要至少1年培训1次。

(2)购买S公司的控股权。这项支出产生很大的商誉,利兴公司希望这项投资能获得高于平均收益的回报。

(3)利兴公司发生了很大一笔研发支出。公司希望该研发能被授予专利,专利的法律保护年限只有20年,利兴公司希望该产品的销售可以带来至少25年的销售收入。

(4) 利兴公司花大价钱购买了专利权 G,该专利剩余的法律保护期限为 8 年,但公司只希望生产和销售此产品 4 年。

(5) 利兴公司花大价钱赞助足球世界杯的电视转播,公司管理层希望使更多观众了解公司及其产品。

[要求] 解释上述每一项支出应当被确定为营业成本还是无形资产。对于确认为无形资产的支出,指出其摊销期限。请阐述你的理由。

8. 威盛公司有一台设备,因使用期满经批准报废。该设备原价为 186 400 元。累计已计提折旧 177 080 元、减值准备 2 300 元。在清理过程中,以银行存款支付清理费用 4 270 元,收到残料变卖收入 5 400 元。

[要求] 编制威盛公司的相关会计分录。

9. 某企业于 2017 年 9 月 5 日对一生产线进行改扩建,改扩建前该生产线的原价为 900 万元,已提折旧 200 万元,已提减值准备 50 万元。在改扩建过程中领用工程物资 300 万元,领用生产用原材料 58.5 万元。发生改扩建人员工资 80 万元,用银行存款支付其他费用 61.5 万元。该生产线于 2017 年 12 月 20 日达到预定可使用状态。该企业对改扩建后的固定资产采用年限平均法计提折旧,预计尚可使用年限为 10 年,预计净残值为 50 万元。2019 年 12 月 31 日该生产线的可收回金额为 690 万元。假定固定资产按年计提折旧,固定资产计提减值准备不影响固定资产的预计使用年限和预计净残值。

[要求]
(1) 编制上述与固定资产改扩建有关业务的会计分录。计算改扩建后固定资产的入账价值。
(2) 计算改扩建后的生产线 2018 年和 2019 年每年应计提的折旧额。
(3) 计算 2019 年 12 月 31 日该生产线是否应计提减值准备,若计提减值准备,编制相关会计分录。
(4) 计算该生产线 2020 年和 2021 年每年应计提的折旧额。

10. 萨湾开采公司以现金 2 100 万元购买北部边疆矿藏。该矿估计储藏了 250 万吨矿石,残值为 100 万元。该公司经营第 1 年共开采矿石 50 000 吨,出售了其中的 40 000 吨。

(1) 编制日记账分录记录当年的折耗。
(2) 第 1 年经营后,萨湾开采公司资产负债表中该矿藏和累计折耗应如何列示?
(3) 说明(1)中计算的所有折耗是否应从收入中扣减以确定当年利润?请解释。
(4) 说明(1)中日记账分录如何影响公司的流动比率(流动资产除以流动负债)。你认为这一分录汇总的活动能使公司流动性更强还是更弱?请解释。

D. 案例分析

1. 作为上海实业公司某一重要部门的部门经理,你的职责之一就是监督部门的会计处理。你需要持续关注的问题是特定成本是应该立即费用化还是资本化。根据公司会计政策指南的规定,如果某一成本可使多个会计期间受益,那这笔成本就应当资本化,否则就费用化。同时,根据重要性原则,如果一笔成本非常小,那么即使它可使多个会计期间受益,仍应将它立即费用化。除此之外,公司会计政策指南未提供对如何应用这些一般概念的额外指导,在实际操作中,财务人员时常感到这一指导不够明确。

任职经理几年来,你发现公司财务人员一直倾向于将成本资本化而非费用化。在公司内,虽然你和你的同事不会因为业绩表现受到直接的物质奖励,但是上级管理层对于业绩一直非常关注,并会以会议或书面等形式对于业绩表现良好的部门及个人予以表彰。实际上在你的部门内部也是如此,你会对于业绩表现良好的员工大加表扬,而对业绩不佳的员工深表担忧。

上海实业公司会在雇佣员工之初介绍公司的职业行为准则。该准则要求,所有员工都应以诚信和责任感执行公司政策,而不能以公司利益为代价谋求个人利益。与上述公司会计政策指南一样,该准则也没有相应的具体指导措施。

［要求］

(1) 你作为部门经理评价员工时,或是你的上级在评价你时,哪些行为将影响你对成本资本化或费用化的选择?

(2) 你如何确保所属员工及自己不做出违反公司会计政策指南和职业行为准则的行为?

2. 制药行业每年要支出数十亿元的研发成本,而制药公司并未将这些巨额研发成本资本化,而是被要求将其作为整年的费用支出。

请使用搜索引擎(谷歌或百度)对制药公司的一系列研发产品进行一次调查。选择其中三家作为重点搜索对象,使用上海证券交易所或深圳证券交易所网站,或直接进入公司官网搜集年度报告信息。

［要求］

(1) 对于选择的每家公司,确定:

① 当前年度的总研发成本;

② 研发成本占营业成本的百分比;

③ 研发成本占净利润的百分比;

④ 如果研发成本被列为无形资产而不是费用,那么营业收入将增加多少个百分点?

(2) 运用年报信息,简要对比总结每家公司研发的药物种类。对于潜在的投资者,哪家公司最具有创新意识及良好的投资前景?

第 10 章 负 债

学习目标

1. 了解负债的定义以及流动负债与非流动负债之间的区别。
2. 掌握应付票据和利息费用的会计处理方法。
3. 掌握职工薪酬的计算及其会计处理
4. 编制摊销表,将分期付款在利息和本金间分配。
5. 了解公司债券并理解债务融资的节税效应。
6. 掌握债券折价或溢价发行的会计处理。
7. 定义预计负债、或有损失和承诺,并说明其在财务报表中的披露。

引导案例

海航让人惊讶的融资能力哪里来?

近年来,海南航空控股股份有限公司(以下简称"海航")的投资动作之大让人咋舌。国企、世界 500 强、旗下数十家上市公司、疯狂"全球购"买买买……这是关于海航报道的热度标签。这家传统公司一年内还参投了 Uber、途牛、乐视体育,不断与互联网发生着交集。

"土豪"海航胃口如此之大,能吞下这么多公司的前提是能获得足够资金。而在 1993 年,37 岁的陈峰受海南省政府之命拿着 1 000 万元起手,正式组建运营海南航空公司时,用陈峰本人的话说,那点钱"飞机翅膀都买不起",但当年的陈锋已经谙知资本"杠杆"的力量。

海航建立之初,陈峰通过向海南省政府提出的股改申请,顺利进行了 2.5 亿元人民币定向募资,这算是海航步入正轨的开篇。

为了更快、更多地融资,海航系通过抱团举债的方式大量举债。陈锋在 1993 年出奇招,把当年定向募资而来的 2.5 亿元作为信用担保,向银行贷款 6 亿元,用来买 2 架波音 737,开通了海口至北京的首航。然后又以 2 架波音 737 为担保,再向美国方面定购 2 架飞机……如此循环,屡试不爽。

海航的债务融资带来的是整体高负债率,海南航空起家时负债率一度高达 90% 以上。海航集团及控股子公司在2017年的互保额度为280亿元。通过多样化的融资渠道,海航的资产规模急剧放大,在敲开了资本市场的大门之后,海航正在构建以航运、金融以及实业三大业务则作为构建这两条"全产业链"的核心组件,走向更为广阔的发展道路。

(资料来源:李清乐.海航的资本"空手道":从"飞机翅膀都买不起"到6 000亿资产.投中网,https://www.chinaventure.com.cn,2016年11月23日。)

资产负债表的右侧包括负债及所有者权益两大部分,可将这两者合称为企业的资本结构,资本结构主要描述了企业的两种融资渠道。本章将重点介绍负债部分的内容。

企业负债的提供者即债权人,而所有者权益的提供者为所有者。两者都是公司资金的所有者,目的都是希望能够从与公司的交易中获得收益。但是债权人和公司股东又是两种性质不同、权利义务有别、法律地位迥异的利益主体。

首先,负债与所有者权益的最明显区别在于,两种权益的偿还期限不同。所有负债都有确定的到期日(Maturity Date),公司到期必须足额偿付利息和本金,否则将面临破产清算的风险。而股东权益在公司经营期内除依法转让外不得抽回资金,股东权益只有在清算后尚存剩余财产时才有可能补偿投入资本。

尽管所有负债都有到期日,但是它们的到期日有所不同。某些负债的期限非常短暂,在财务报表到达外部使用者的办公桌之前,它们已被支付。与此相反,长期负债可能多年以后才到期。重要负债的到期日可能是一个企业偿债能力的关键因素。

其次,股东权益与债权人权益在公司经营中所处的地位不同。债权人与公司之间只是存在债权债务关系,他们无权参与公司的日常经营活动,可以将债权人权益称为"不参与权益"。而股东凭借其所拥有的权益可以直接参与公司的经营管理,也可以委托他人间接进行经营管理,可以将股东权益称为"参与权益"。但在企业财务困境这一特殊时期,债权人可能会要求赋予其企业。

但在一份契约性合同中,以上传统定位也有可能被打破。在公司陷入财务困境的情况下,债权人也有可能通过附加借款条件来坚决要求企业的某些经营的参与权,以保障自己的资金安全。对于管理层薪金和股利的限制,以及对于追加的借款和巨大的资本支出,可能是债权人要求获得企业经营参与权的重点领域。

最后,股东权益和债权人权益各自承担的风险不同。从财产求偿权来看,债权人权益优先于股东权益。所有者权益是剩余权益,在偿还了债权人权益后,剩余部分才是所有者权益。债权人权益是企业债权人对企业全部资产的要求权;而所有者权益是企业投资者对企业净资产的要求权。当企业进行清算时,在支付了破产、清算费用后将优先用于偿还负债,如有剩余资产,才能按比例返还所有者。

10.1 负债的含义及本质

负债,是指企业过去的交易或者事项形成的,预期会导致经济利益流出企业的现时义务。负债一般按其偿还速度或偿还时间的长短划分为流动负债和长期负债两类。负债具有以下四个方面的特征:

(1) 负债是企业承担的现时义务。

这里的现时义务是指企业在现行条件下已承担的义务。未来发生的交易或者事项形成的义务，不属于现时义务，不应当确认为负债。

(2) 负债预期会导致经济利益流出企业。

预期会导致经济利益流出企业是负债的一个本质特征，只有在履行义务时会导致经济利益流出企业的，才符合负债的定义。

(3) 负债是由企业过去的交易或者事项形成的。

负债应当由企业过去的交易或者事项所形成。换言之，只有过去的交易或者事项才形成负债，企业将在未来发生的承诺、签订的合同等交易或者事项，不形成负债。

(4) 未来流出的经济利益的金额能够可靠地计量。

10.2 流动负债

流动负债(Current Liabilities)是指将在1年或超过1年的一个营业周期(取两者中较长者)内偿还的债务，主要包括短期借款、应付票据、应付账款、预收货款、应付职工薪酬、应交税费、应付利润、其他应付款、预提费用等。

从理论上讲，流动负债与流动资产是密切相关的，用于判定两者的时间期限是相同的，通过两者的比较可以大致了解企业的短期偿债能力和清算能力。例如，营运资本、流动比例等都可以有效判断企业的短期偿债能力。

10.2.1 应付账款

应付账款是企业应支付但尚未支付的手续费和佣金，用以核算企业因购买材料、商品和接受劳务供应等经营活动应支付的款项。通常是指因购买材料、商品或接受劳务供应等而发生的债务，这是买卖双方在购销活动中由于取得物资与支付贷款在时间上不一致而产生的负债。

应付账款的入账时间应以与所购买物资所有权有关的风险和报酬已经转移或劳务已经接受为标志，但在实际工作中应区别情况加以处理：

(1) 在物资和发票账单同时到达的情况下。应付账款一般待物资验收入库后，才按发票账单登记入账。这主要是为了确认所购入的物资是否在质量、数量和品种上都与合同上订明的条件相符以免因先入账而在验收入库时发现购入物资错、漏、破损等问题再行调账。

(2) 在物资和发票账单未同时到达的情况下，由于应付账款需根据发票账单登记入账，有时货物已到，发票账单要间隔较长时间才能到达，由于这笔负债已经成立，应作为一项负债反映。为在资产负债表上客观反映企业所拥有的资产和承担的债务，在实际工作中采用在月份终了时将所购物资和应付债务估计入账待下月初再用红字予以冲回的办法。

应付账款一般按应付金额入账，如果应付账款是带有现金折扣的，应付账款入账金额的确定按发票上记载的应付金额的总值(即不扣除折扣)记账。在这种方法下。应按发票上记载的全部应付金额,借记有关科目,贷记"应付账款"科目,获得的现金折扣冲减财务费用。

10.2.2 应付票据

应付票据是指企业在商品购销活动和对工程价款进行结算因采用商业汇票结算方式而发生的,由出票人出票,委托付款人在指定日期无条件支付确定的金额给收款人或者票据的持票人,它包括商业承兑汇票和银行承兑汇票。除此之外,获得银行贷款、用票据取代过期应付账款等情况也可能使用应付票据。应付票据相比应付账款具有更强的保障,当企业无力偿还到期的应付票据时,将应付票据转入应付账款账户。

在我国,商业汇票的付款期限最长为6个月,因此应付票据即短期应付票据。应付票据按是否带息分为带息应付票据和不带息应付票据两种。带息应付票据的利率与票据本金分开列示。

[例10-1] 假定2017年10月1日B公司从N银行按12%的年利率,借入10万元,为期5个月。到2018年3月1日,B公司将支付银行本金10万元,加上5 000元(=100 000×0.12×5/12)的利息。作为这笔借款的凭据,银行会要求B公司签发一张应付票据。

B公司在2017年10月1日借入款项时的记账分录为:

借:库存现金　　　　　　　　　　　　　　　　　　　　100 000
　　贷:应付票据　　　　　　　　　　　　　　　　　　　　100 000

观察上述分录,不难发现取得贷款时并未登记利息,在2017年10月1日当天B公司仅有票据本金一笔负债,利息在借款期间不断产生。到12月31日,三个月的利息费用已经产生,年末编制调整分录如下:

借:利息费用　　　　　　　　　　　　　　　　　　　　3 000
　　贷:应付利息　　　　　　　　　　　　　　　　　　　　3 000

为简明起见,我们将假定B公司仅在年末作调整分录。因此2018年3月1日登记票据偿付的分录是:

借:应付票据　　　　　　　　　　　　　　　　　　　　100 000
　　应付利息　　　　　　　　　　　　　　　　　　　　3 000
　　利息费用　　　　　　　　　　　　　　　　　　　　2 000
　　贷:库存现金　　　　　　　　　　　　　　　　　　　　105 000

10.2.3 一年内到期的长期负债

长期负债很多情况下通过定期支付一定金额分期偿还,称为分期付款(Installments),就像房屋贷款。对于长期负债中自编表日起一年内到期的长期负债,形式上是在长期负债账户里反映,本质上是一种流动负债,需要在资产负债表流动负债中单独列示。本项目应根据"长期借款""应付债券""长期应付款"等科目所属有关明细科目的期末余额分析填列。

一年内到期的长期借款仍在"长期借款"账户核算,但期末填列资产负债表有关项目时,应在流动负债中单设"一年内到期的长期负债"项目加以反映,而"长期借款"项目中则要将其扣除后再反映。

对于一年内到期的其他长期负债也应比照一年内到期的长期借款处理。其会计分录如下：

借：长期借款（应付债券）
　　贷：一年内到期的长期负债

10.2.4　应计负债

应计负债（Accrued Liability）也称应计费用或应付费用，是已经发生但尚未支付的费用，如已欠但尚未支付的工资、税金、利息和股利。应付费用的局限性在于其并非是真正可自由支配的融资方式，如税款的推迟缴纳会受到惩罚；工资的延迟支付会影响职工士气与工作效率。

应计负债由费用引起，为正确计算各项损益，应进行收入与费用相互配比，以正确的时间确认应计负债。在实务中，应计负债需要频繁支付，通常在流动负债中不会占很大的比重。

10.2.5　应付职工薪酬

职工薪酬，是指企业为获得职工提供的服务或终止劳动合同关系而给予的各种形式的报酬。企业提供给职工配偶、子女、受赡养人、已故员工遗属及其他受益人等的福利，属于职工薪酬。职工薪酬主要包括短期薪酬、离职后福利、辞退福利和其他长期职工福利。

职工的工资、奖金、津贴和补贴，大部分的职工福利费、医疗保险费、工伤保险费和生育保险费等社会保险费，住房公积金、工会经费和职工教育经费一般属于货币性短期薪酬。

企业应当根据职工提供服务情况和工资标准计算应计入职工薪酬的工资总额，按照受益对象计入当期损益或相关资产成本，借记"生产成本""制造费用""管理费用"等科目，贷记"应付职工薪酬"科目。发放时，借记"应付职工薪酬"科目，贷记"银行存款"等科目。企业发生的职工福利费，应当在实际发生时根据实际发生额计入当期损益或相关资产成本。

企业为职工缴纳的医疗保险费、工伤保险费、生育保险费等社会保险费和住房公积金，以及按照规定提取的工会经费和职工教育经费，应当在职工为其提供服务的会计期间，根据规定的计提基础和计提比例计算确定相应的职工薪酬金额，并确认相关负债，按照收益对象计入当期损益或相关资产成本。其中：① 医疗保险费、工伤保险费、生育保险费和住房公积金。企业应当按照国务院、所在地政府或企业年金计划规定的标准，计量应付职工薪酬义务和应相应计入成本费用的薪酬金额。② 工会经费和职工教育经费。企业应当分别按照职工工资总额的2%和1.5%的计提标准，计量应付职工薪酬（工会经费、职工教育经费）义务金额和应相应计入成本费用的薪酬金额；从业人员技术要求高、培训任务重、经济效益好的企业，可根据国家相关规定，按照职工工资总额的2.5%计量应计入成本费用的职工教育经费。按照明确标准计算确定应承担的职工薪酬义务后，在根据受益对象计入当期损益或相关资产成本。

[例10-2]　2017年6月，某家公司当月应发工资1 560万元，其中：生产部门直接生

产人员工资1 000万元;生产部门管理人员公资200万元;公司管理部门人员工资360万元。

所在地政府规定公司分别按照职工工资总额的10%和8%计提医疗保险费和住房公积金,缴纳给当地社会保险经办机构和住房公积金管理机构。公司分别按照职工工资总额的2%和1.5%计提工会经费和职工教育经费。假定不考虑所得税影响。

应计入生产成本的职工薪酬金额=1 000+1 000×(10%+8%+2%+1.5%)
=1 215(万元)

应计入制造费用的职工薪酬金额=200+200×(10%+8%+2%+1.5%)
=243(万元)

应计入管理费用的职工薪酬金额=360+360×(10%+8%+2%+1.5%)
=437.40(万元)

公司应根据上述业务,做如下账务处理:

借:生产成本	12 150 000
制造费用	2 430 000
管理费用	4 374 000
贷:应付职工薪酬——工资	15 600 000
——医疗保险费	1 560 000
——住房公积金	1 248 000
——工会经费	312 000
——职工教育经费	234 000

10.2.6 预收账款

预收账款(Unearned Revenue)是指企业向购货方预收的购货订金或部分货款。企业预收的货款待实际出售商品、产品或者提供劳务时再行冲减。预收账款是以买卖双方协议或合同为依据,由购货方预先支付一部分(或全部)货款给供应方而发生的一项负债,这项负债要用以后的商品或劳务来偿付。预收款项所设计的后续劳务或商品偿付属于企业的正常经营活动,因此归入流动负债。

(1) 收到预收账款时:
借:库存现金
 贷:预收账款
(2) 以商品或劳务偿付预收账款时:
借:预收账款
 贷:收入账户(如主营业务收入等)

10.3 长期负债

长期负债是指偿还期在1年或超过1年的一个营业周期以上的债务,包括长期借款、应付债券、长期应付款等。长期负债一般来自较大的融资需求,比如建造新厂房、创办新公司、购置昂贵的大型设备、并购或用于对即将到期的长期负债的再融资。而流动负债一般有企业的日常经营活动引起。

在本章开头已讨论债权和所有者权益的联系与区别,两者最明显的区别在于债权有明确的到期日而所有者权益没有,但在实务中,很多企业通过对即将到期的长期债务进行再融资,即用一笔新的长期债务替代即将到期偿还的长期债务,而将长期债务作为企业可持续使用的融资部分。

10.3.1 拟重新融资的即将到期债务

管理层如果对本期内即将到期的长期债务,既有意图也有能力在此基础上进行重新融资,那么这项债务就归入长期负债范畴。对于这类债务的判断需要运用财务人员的职业判断,根据"实质重于形式"原则,根据其经济实质而非法律形式进行判断与归类。例如,企业可能有一笔每年都会到期的借款,但在到期前都会进行延期,而公司和债权人可能都有在长期基础上进行这一安排的意图。

10.3.2 应付分期付款票据

企业根据融资需求,在大额购置不动产或昂贵设备时,常会发行分期偿付的长期票据,这一偿付过程被称为债务清偿。一些分期付款票据要求再分期付款期内只付利息费用,而本金在规定的到期日支付。而大多数情况下,分期付款期内每期支付金额是大于每期应付利息费用的一笔固定金额,包括利息和一部分本金,则在付款期内,随着本金的减少,利息费用的支付逐渐减少,而本金偿付的部分逐渐增多。

1. 分期付款在利息和本金间的分配

财务人员对于分期付款票据的会计处理需要通过摊销表(Amortization Table)的编制来实现。通过摊销表,财务人员可以明确每期支付的利息和本金的数额。

[例10-3] 假定第一年10月15日,M公司以200 000元的总成本购进新能源设备。该公司签发一张200 000元的应付分期付款票据,加上每年12%(或每月1%)的利息。这张票据将从10月15日开始,以20笔,每月一次、每次11 083.06元的分期付款予以支付。这张应付分期付款票据的摊销表见表10-1(利息费用数额四舍五入至元)。

表10-1 应付票据摊销表　　　　　　　　　　　　　单位:元

期　数	付款日		月付款额 (A)	利息费用 (B)	本金支付 (C)	总未付余额 (D)
发行日	第一年	10月15日	—		—	200 000.00
1		11月15日	11 083.06	2000	9 083.07	190 916.94
2		12月15日	11 083.06	1909.17	9 173.90	181 743.04
3	第二年	1月15日	11 083.06	1817.43	9 265.64	172 477.41
4		2月15日	11 083.06	1724.77	9 358.29	163 119.12
5		3月15日	11 083.06	1631.19	9 451.88	153 667.25

续 表

期 数	付款日	月付款额 （A）	利息费用 （B）	本金支付 （C）	总未付余额 （D）
6	4月15日	11 083.06	1536.67	9 546.40	144 120.86
7	5月15日	11 083.06	1441.21	9 641.86	134 479.01
8	6月15日	11 083.06	1344.79	9 738.28	124 740.73
9	7月15日	11 083.06	1247.41	9 835.66	114 905.08
10	8月15日	11 083.06	1149.05	9 934.02	104 971.06
11	9月15日	11 083.06	1049.71	10 033.36	94 937.71
12	10月15日	11 083.06	949.38	10 133.69	84 804.03
13	11月15日	11 083.06	848.04	10 235.03	74 569.00
14	12月15日	11 083.06	745.69	10 337.38	64 231.63
15 第三年	1月15日	11 083.06	642.32	10 440.75	53 790.88
16	2月15日	11 083.06	537.91	10 545.16	43 245.73
17	3月15日	11 083.06	432.46	10 650.61	32 595.12
18	4月15日	11 083.06	325.95	10 757.12	21 838.01
19	5月15日	11 083.06	218.38	10 864.69	10 973.33
20	6月15日	11 083.06	109.73	10 973.33	—
合 计		221 661.26	21 661.26	200 000.00	—

注：在最后期间（第20期），利息费用等于上一期的总未付余额减剩下的未付余额后的数额。从而补偿了四舍五入利息数额至元的累积影响。

表10-1是以月度为付款单位编制的，A列是每月付款金额，B列、C列分别是每月偿付金额中的利息费用部分和本金部分。表中所用的利率必须对应付款日期之间的间隔，在此情境中，所用利率是月利率。

摊销表以该负债的初始金额及票据的本金200 000元开始，将其列在(D)总未付余额栏的顶部。A列列示由分期付款合同规定的每月固定的付款金额。B列是每月的偿付的利息费用部分，每月通过把月利率应用于该月月初的总未付余额予以计算。C列是每次付款减少负债数额的部分，由A列减B列计算得出，是每次付款偿付的本金部分。最后，D列示负债的总未付余额，由月初总未付余额减去每月的未付余额的减少得到。

不难发现表格中A列的金额每月是不变的，B列利息费用每月在减少，而C列本金支付每月增加。因为每月的还款中包括本金部分，本金逐渐减少，利息费用也就随之逐渐减少，在固定还款中，本金偿付比例也就逐渐增多。

M公司选择了每月持续付款的形式清偿债务，否则本可以在任何时间，通过支付当前展示为未付余额的数额，付清这笔负债。借助电子表格或借款计算器，只需填列本金数、利率和付款期或定期付款数额就可以简单快捷地计算出摊销表。

2. 摊销表的会计处理

摊销表编成后，财务人员即可按照摊销表上的金额对每次付款入账。例如，第一次付款(11月15日)的分录为：

  借：利息费用   2 000
    分期付款应付票据   9 083.07
    贷：库存现金   11 083.06

类似地，第一年12月15日第二次付款的分录为：

  借：利息费用   1 909.17
    分期付款应付票据   9 173.90
    贷：库存现金   11 083.06

若M公司的资产负债表日是12月31日，则应编制一笔调整分录，以记录本月15日付款后到月末期间形成的利息费用的分录。这笔利息的计息基础是摊销表中上一次付款(12月15日)的总未付余额。12月下半月利息费用的调整金额应为908.72元(＝181 743.04×1%×1/2)。相应会计分录如下：

  借：利息费用   908.72
    贷：应付利息   908.72

3. 长期债务的流动部分

在摊销表中可以看出，第一年的12月31日，票据余额是181 743.04元，在第二年12月31日，仅剩64 231.63的未付余额，可见M公司在第二年偿付了117 511.41元(＝181 743.04－64 231.63)本金。在第一年的资产负债表中，该票据金额中的117 511.41元预期将在未来一年内偿付，因此将其列入流动负债项目。

10.3.3 应付债券

  企业可通过应付票据进行融资，但若需要筹集大额长期资本，发行应付债券或增发股本更为合适。相比应付票据，应付债券的债权人可以是单位或个人，筹资范围更为广泛，当企业进行新市场开发、并购公司等时，债券能更好地满足公司的资金及偿付时间需求。

  债券作为一种有价证券，也具有较强的流动性，此外，企业发行债券时，购买单位或个人一般对于企业的偿债能力了解程度较低。应付债券是企业以发行债券的形式，向社会筹资所形成的一种长期负债，其实质是一种长期应付票据。

1. 债券的定义

  债券(Bonds/Debenture)是一种金融契约，是政府、金融机构、工商企业等直接向社会借债筹借资金时，向投资者发行，同时承诺按一定利率支付利息并按约定条件偿还本金的债权债务凭证。债券的本质是债务的证明书，具有法律效力。债券购买者或投资者与发行者之间是一种债权债务关系，债券发行人即债务人(Debtors)，投资者(债券购买者)即债权人(Creditors)。

  应付债券是将大额借款分割成大量单独且可转让的单位，这些单位称为债券。每个单独的债券面值称为本金，当债券到期时，本金是必须偿付的金额。债券本金一般是1 000元的整数倍，债券利息可以到期一次支付，或1年、半年或者3个月支付一次，但大多数情况下一般是半年支付一次。

  当社会公众购买了债券后，即可获得债券发行方定期的利息支付，等到债券到期，可以获得本金的偿付。虽然债券的到期日通常较为遥远,可能需要数十年到期,但债券投资者也可在任何想转手的时间将债券按照市价转卖给其他投资者,及早收回投资。

例如,C公司发行利率是10%的债券,2050年8月15日到期。这些债券上的利息每半年于2月15日和8月15日应予支付。关于这次债券发行,C公司通过发行8 000张每张1 000元的债券,借到800万元人民币。

2. 债券的发行

公司通常以投资银行作为承销商进行债券的发行,证券承销商是指与发行人签订证券承销协议,协助公开发行证券,借此获取相应的承销费用的证券经营机构。依《证券法》第28条的规定,发行人向不特定对象发行的证券,法律、行政法规规定应当由证券公司承销的,发行人应当同证券公司签订承销协议。

一般情况下,企业可以按面值发行、溢价发行和折价发行债券。但报价不影响债券的计息基础,无论如何报价,债券都以面值计息,到期也是按照面值偿付本金。

3. 债券的种类

(1) 按有无抵押担保,可分为有抵押担保公司债券和信用债券。财务状况良好实力雄厚的大型企业的信用债券可能比财务表现常年不太好的公司的抵押担保债券拥有更高的评级。

(2) 按债券可否提前赎回,公司债券可分为可提前赎回债券和不可提前赎回债券。如果公司在债券到期前有权定期或随时购回全部或部分债券,这种债券就称为可提前赎回公司债券,反之则是不可提前赎回公司债券。

(3) 按可否转换股票,分为可转换债券和不可转换债券。企业可转换债券是指发行债券的股份有限公司许诺,在一定条件下,债券的持有者可以将其转换成公司的股票。

可转换债券(Convertible Bond)一般是在企业初创阶段,需要大量中长期发展资金而获得较少,但预计今后效益看好的情况下发行的。发行这一债券的目的是让公众在一段时间内只得到较低的利息,但债券一旦转换成了股票,那么,就能得到较为丰厚的收益。在此利益驱动下,投资者就会踊跃购买债券,这样,企业就能以较少的代价获得所需要的资金。

企业可转换债券是一种潜在的股票,在发行时要明确转换的时间、转换的比例、转换时是按面值还是按市价等事项,以防转换时发生纠纷。当然,购买这种企业可转换债券还是有一定风险的,如果企业发展情况不好,那么,换成股票后,其收益就很小。

(4) 按债券是否记名,公司债券可分为记名公司债券和无记名公司债券。如果公司债券上登记有债券持有人的姓名,投资者领取利息时要凭印章或其他有效的身份证明,转让时要在债券上签名,同时还要到发行公司登记,那么,它就是记名公司债券;反之为无记名公司债券。

理论上来讲,债券投资更吸引风险偏好保守型的投资者,因为债券有定期稳定的利息收入,到期还可以获得本金偿付,一些公司为保证到期债券的偿付,还设有偿债基金(Sinking Fund),专门用于偿付债券,偿债基金归类为资产负债表中的"长期投资",在流动资产之下列示。

4. 垃圾债券

垃圾债券亦称"高息债券",美国公司发行的一种非投资级的债券。美国的债券通常分为政府债券、"投资级"公司债券和"非投资级"的"垃圾债券"三种。美国95%的公司发行的债券都是后者。通常由一些规模较小的新行业,或者信贷关系较短的公司发行。但也有一些大公司发行这种债券,它们的债券原本属于投资级,但由于公司出现财政困难或整个行业衰退等原因,其债券被贬为"垃圾债券"。若经营情况好转,"垃圾债券"也可反弹为投资级债券。通常,"垃圾债券"的利率高于政府债券的利率。

10.3.4 债券融资的优缺点

1. 债券融资的优点

(1) 可利用财务杠杆。无论发行公司的盈利多少,持券者一般只收取固定的利息,若公司用资后收益丰厚,增加的收益大于支付的债息额,则会增加股东财富和公司价值。

(2) 保障公司控制权。持券者一般无权参与发行公司的管理决策,因此发行债券一般不会分散公司控制权。

(3) 便于调整资本结构。在公司发行可转换债券以及可提前赎回债券的情况下,便于公司主动合理调整资本结构。

(4) 资本成本较低。与股票的股利相比,债券的利息允许在所得税前支付,公司可享受税收上的利益,故公司实际负担的债券成本一般低于股票成本。例如,某公司根据其应税利润按30%的税率支付所得税,如果这家公司发行800万元的10%的应付债券,它将每年发生80万元的利息费用。尽管如此,利息费用将减少应税利润80万元,因而减少公司的年度所得税24万元。最终借入800万元的税后成本仅为56万元。

2. 债券融资的缺点

(1) 财务风险较高。债券通常有固定的到期日,需要定期还本付息,财务上始终有压力。在公司不景气时,还本付息将成为公司严重的财务负担,有可能导致公司破产。

(2) 限制条件多。发行债券的限制条件较长期借款、融资租赁的限制条件多且严格,从而限制了公司对债券融资的使用,甚至会影响公司以后的筹资能力。

(3) 筹资规模受制约。公司利用债券筹资一般受一定额度的限制。我国《公司法》规定,发行公司流通在外的债券累计总额不得超过公司净产值的40%。

10.3.5 应付债券的会计处理

应付债券的会计处理可比对应付债券的步骤。债券的处理流程可分为债券的发行、债券的分期付息、会计年度终了时的应计利息调整、债券到期时的债券赎回。

债券发行价格有三种形式,债券可能按面值发行,也可能溢价或折价发行。当债券折价或溢价发行时,其折价或溢价部分必须在债券到期日前进行摊销。在到期日,债券的面值必须全额偿付。如果债券属于可提前赎回债券,公司也可提前将债券从投资者处赎回。

1. 债券面值发行的会计处理

[例10-4] 假定2018年4月1日,E公司发行100万元的8%、5年应付债券。这

些债券注明日期2018年4月1日,并从这日开始计算利息。债券上的利息,每半年的10月1日和4月1日应予以支付。如果全部债券按面值(面额)售出,4月1日债券的发行将以下列分录予以登记:

  借:库存现金   1 000 000
   贷:应付债券   1 000 000

在债券发行存在年限内的每一个10月1日,E公司必须付给债券持有人40 000元(=1 000 000×8%×1/2)利息。这种每半年一次的利息支付将如下所示予以登记:

  借:债券利息费用   40 000
   贷:库存现金   40 000

每到12月31日,E公司必须作一个调整分录以记录10月1日付款后产生的3个月应计利息。应计至12月31日止3个月的债券利息等于为20 000元(=1 000 000×8%×3/12)。这一应计利息将在次年内支付,应记为流动负债。

  借:债券利息费用   20 000
   贷:应付债券利息   20 000

三个月后的4月1日,对债券持有人作半年一次的利息支付,会计分录将是:

  借:债券利息费用   20 000
    应付债券利息   20 000
   贷:库存现金   40 000

5年后,即2023年4月1日该债券到期时,需要做两个分录:第一个登记定期的半年利息的支付,第二个登记债券本金的赎回。登记债券赎回的分录是:

  借:应付债券   1 000 000
   贷:库存现金   1 000 000

在实务中,债券经常发行于付息期之间,在这种情况下,一般要求投资者支付购买日至上一个付息期之间的利息,之后公司在下一个付息期支付给投资者完整的半年利息。这种做法使得公司能够在下一个付息期支付完整的六个月利息。

[例10-5] 沿用上例,假定E公司于6月1日——在印刷于债券上的日期以后两个月,面值发行100万元、利率为8%的债券。现在收自债券购买者的数额将包括两个月的应计利息,会计分录如下:

  借:库存现金   1 013 333
   贷:应付债券   1 000 000
    应付债券利息   13 333

4个月后,在定期的半年利息支付日,不论债券持有人何时购进其债券,完整的6个月的利息将支付给所有的债券持有人。半年利息支付的分录如下:

  借:应付债券利息   13 333
    债券利息费用   26 667
   贷:库存现金   40 000

从投资者角度来看,4个月后,他们预交的这2个月利息费用已经收回。对于公司来说,这种方法也使其账务处理较为简便,否则公司需要支付部分利息给在付息期间购买债券的投资者。

2. 债券折价发行的会计处理

债券承销商通常以略低于债券面值的价格收购债券,而以接近票面价值的价格出售给社会投资者。虽然承销商收购的折价较小,但是发行方需用票面价值偿还到期债券,以收到的价款记录负债,所以在债权到期日前,借款人应将负债从收购价逐步增长到到期支付价。本章对于折价与溢价的摊销使用直线摊销法,实际利率法相比更为常见,这一方法将在高阶会计教材中介绍。

[例 10-6] 假定 2018 年 4 月 1 日,E 公司以 98 元的价格(每张债券 98 元)发行 100 万元的 8%、5 年期债券。2018 年 4 月 1 日,从证券承销商处收到现金 980 000 元,并将这一金额作为负债入账。5 年后,E 公司应付债券持有人 100 万元,相对于账上的负债金额,在债权存续期间增加了 20 000 元。

债务人偿还的金额高于从承销商收到的初始金额,这一折价是借款过程中的成本,但这一成本直到借款到期日才偿付,根据配比原则,这一成本需要在债务存续期间逐步确认。

在发行债券时,折价部分借记应付债券折价。E 公司债券发行的账务处理如下:

借:库存现金　　　　　　　　　　　　　　　　980 000
　　应付债券折价　　　　　　　　　　　　　　 20 000
　贷:应付债券　　　　　　　　　　　　　　　　　　　1 000 000

2018 年 4 月 1 日 E 公司从承销商处收到 98 万元,而当债券到期时,E 公司需向债券持有人支付 100 万元人民币,因为折价导致的差额 2 万元人民币并不是发行企业的损失,而是企业在债券存续期间对利息费用的一种调整。在每次付息期,将部分折旧余额转为利息费用,通过这一操作,越接近到期日,债券的持有价值越接近债券面值,而折价部分下降最终降至零。

每年 10 月 1 日,公司需要进行付息以及折价调整的账务处理:

借:债券利息费用　　　　　　　　　　　　　　42 000
　贷:库存现金　　　　　　　　　　　　　　　　　　　40 000
　　　应付债券折价　　　　　　　　　　　　　　　　　2 000

虽然折价摊销使 E 公司半年利息费用增加了 2 000 元,但这并不代表 E 公司在每个付息期需要支付这一部分金额,直到债券到期这一部分摊销所确认的利息才被支付。

到财务年度终了的 12 月 31 日,E 公司需编制一笔分录以调整 10 月 1 日应计的利息费用。

借:债券利息费用　　　　　　　　　　　　　　21 000
　贷:应付债券利息(1 000 000×8%×3/12)　　　　　20 000
　　　应付债券折价(20 000/5×3/12)　　　　　　　　1 000

三个月后,每年 4 月 1 日,账务处理如下:

借:债券利息费用(20 000/5×3/12+1 000 000×8%×3/12)　21 000
　　应付债券(1 000 000×8%×3/12)　　　　　　　　20 000
　贷:库存现金　　　　　　　　　　　　　　　　　　　40 000
　　　应付债券折价(20 000/5×3/12)　　　　　　　　1 000

5 年债券到期时,需编制两笔分录,一笔是半年度额付息分录,一笔是本金偿还分录。

折价债券在到期日,折价部分已经完全摊销至利息费用里,折价账户余额为零,债券的持有价值调整成面值,偿还本金的分录为:

借:应付债券　　　　　　　　　　　　　　　　　　　　1 000 000
　　贷:库存现金　　　　　　　　　　　　　　　　　　　　　　　1 000 000

应当注意到 E 公司在债券存续期内确认的利息费用一共是 420 000 元,包括半年付息的利息和债券折价的摊销。

3. 债券溢价发行的会计处理

[**例 10-7**] 假定 2018 年 4 月 1 日,E 公司以 102 元(每张债券 102 元)的价格发行 100 万元的 8%、5 年期债券。2018 年 4 月 1 日,从证券承销商处收到现金 1 020 000 元,并将这一金额作为负债入账。5 年后,E 公司只需付债券持有人 100 万元,相对于账上的负债金额,E 公司需要通过债务处理使负债在存续期间减少 20 000 元,这种减少分摊到每年就是 4 000 元($=20 000÷5$)。

(1) 溢价作为借款成本的抵减。

借:库存现金　　　　　　　　　　　　　　　　　　　　1 020 000
　　贷:应付债券溢价　　　　　　　　　　　　　　　　　　　　　20 000
　　　　应付债券　　　　　　　　　　　　　　　　　　　　　　1 000 000

(2) 溢价的摊销。

在债券存续期内,越接近到期日,溢价越少,直至最终在到期日降为零,债券持有价值降至债券面值。10 月 1 日付息期的分录为:

借:债券利息费用($1 000 000×8\%×1/2$)　　　　　　　　38 000
　　应付债券溢价($20 000/5/2$)　　　　　　　　　　　　　2 000
　　贷:库存现金　　　　　　　　　　　　　　　　　　　　　　　400 000

当 12 月 31 日时,应计 10 月 1 日至年底的 3 个月利息及应摊销溢价:

借:债券利息费用　　　　　　　　　　　　　　　　　　　19 000
　　应付债券溢价($20 000/5×3/12$)　　　　　　　　　　　1 000
　　贷:应付债券利息($1 000 000×8\%×3/12$)　　　　　　　　　20 000

3 个月后的 4 月 1 日,应做如下分录:

借:债券利息费用($1 000 000×8\%×3/12-20 000/5×3/12$)　19 000
　　应付债券利息　　　　　　　　　　　　　　　　　　　20 000
　　应付债券溢价　　　　　　　　　　　　　　　　　　　　1 000
　　贷:库存现金　　　　　　　　　　　　　　　　　　　　　　　40 000

借:应付债券　　　　　　　　　　　　　　　　　　　　1 000 000
　　贷:库存现金　　　　　　　　　　　　　　　　　　　　　　1 000 000

4. 债券折价和溢价发行的思考

其实债券溢价或折价发行是对票面利率与市场利率之间的差异所作的调整,其差异的值就是一种利息费用。发行企业多收的溢价是债券购买人因票面利率比市场利率高而对发行企业的一种补偿,而折价则是企业因为票面利率比市场利率低而对购买者做的利息补偿。可见票面利率和市场利率的关系影响到债券的发行价格。因而债券溢价或折价都不是企业发行债券的利益损失,而是由债券从发行到到期日整个期限内对利息费用的调整。

例如,某企业欲发行债券,面值1 000元,年利率8%,每年复利一次,5年期限。那么对这个债券的估价就是估计现在的面值1 000元债券在5年后有多少现金流入,也就是未来现金流入的现值。当市场报酬率高于票面利率时,债券的价值低于债券的面值;而当市场报酬率低于票面利率时,债券的价值高于债券的面值,此时债券就值得购买。

无论发行价格如何,企业日后实际支付的债券利息均按照票面利率计算。所以债券的折价溢价并不是发行企业的损失或收益,而是企业在债券存续期间对利息费用的一种调整。折价发行表明企业将日后少付的利息提前补偿给投资者;溢价发行则表示企业将以后各期多付的利息提前向投资者收回。必须指出的是,在我国,债券可以溢价发行,但不允许折价发行。

10.3.7 债券市场价格的影响因素

基于现值的概念,债券的发行价格由债券发行期间的现金流量的现值确定,债券的发行价格是本金和利息的现值。如果投资者要求比债券合同利率更高的投资回报率,就会折价购买债券,若债券合同利率高于市场利率,投资者就会溢价购买债券。债券发行价格受市场利率、到期时长两方面影响。

债券的市场价格与市场利率的变动呈反比。市场利率下降,投资者愿意支付更多去购买债券;反之,投资者只愿意支付更少购买债券。

债券与到期日之间的时长也是影响债券市价的一个因素,越接近到期日,债券市价越接近其面值,因为债券到期是以面值偿还投资者的。此外,当市场利率波动时,如市场利率上升3个百分点,与到期日较远的债券受到的市价影响比即将到期的债券更大,因为在债权存续期内,债券的利息支付将多年低于市场利率,投资者也就只愿意支付更少的价格购买这一债券。

当然,债券发行企业只对从承销商处获得的初始金额以及付息等有记录,债券市价的波动不影响债券发行公司的收益,而影响的是债券持有人的收益。

10.3.8 债券提前赎回

发行人提前赎回债券通常是由于利率下调,新的低利率环境使得公司需要支付更多的成本,所以发行人倾向于赎回之前发行的债券,再以新利率为基准发行新的债券以减少利息支出。

大多数债券附有提前赎回条款,允许公司以略高于面值的价格提前赎回债券,即使债券发行时没有附加提前赎回条款,发行方也可在公开市场回购自己发行的债券,若以低于账面价值的价格赎回,应确认债券清偿利得,反之确认损失。

[例10-8] 假定G公司有发行在外的8%、1 000万元的债券,可在任何付息日以102元/张的价格提前赎回,再假定债券按面值发行,10年才到期。最近的市场利率已降至5%以下,而G公司的债券价格已上涨至110元/张。

不论市价,根据债券的提前赎回条款,G公司可以102元/张提前赎回这些债券。如

果该公司对债券的10%(100万元的面值)行使这项提前赎回条款,会计分录将是:
  借:应付债券   1 000 000
    债券提前赎回损失   20 000
  贷:库存现金   1 020 000

10.4　预计负债、或有损失和承诺

10.4.1　预计负债

  预计负债是指根据或有事项等相关准则确认的各项预计负债,包括对外提供担保、未决诉讼、产品质量保证、重组义务以及固定资产和矿区权益弃置义务等产生的预计负债。尽管预计负债在金额上不确定,但可以进行合理的估计。因此,预计负债能够在财务报表中得以确认。预计负债包括对外提供担保、未决诉讼、产品质量保证、重组义务以及固定资产和矿区权益弃置义务等产生的预计负债。

  以家电生产企业为例,家电通常附有几年免费保修协议,根据收入费用的配比原则,这一保修费用要求在产品出售时予以确认,但免费质保一般延续数年,质保是否发生、产生的费用等均不可确定,所以这一金额的确认需要依赖财务人员的专业判断进行估计,通常在财务上把这一金额归为流动负债。

10.4.2　或有负债

  或有负债(Contingent Liability)是指因过去的交易或事项可能导致未来所发生的事件而产生的潜在负债,或过去的交易或事项形成的现时义务。例如,过去已存在的交易或事项导致诉讼的发生,而诉讼的结果又须视法院的判决而定,故未决诉讼便具有或有负债的性质。一般而言,或有负债的支付与否视未来的不确定事项是否发生而定履行该义务不是很可能导致经济利益流出企业或该义务的金额不能可靠计量。

  或有负债无论是现时义务还是潜在义务,因不符合负债的确认条件,一般不能确认为负债,只能在附注中披露。但若或有负债很可能发生,且负债金额可以合理估计,则可以确认为负债。图10-1区分了不同情形下或有负债的会计处理。

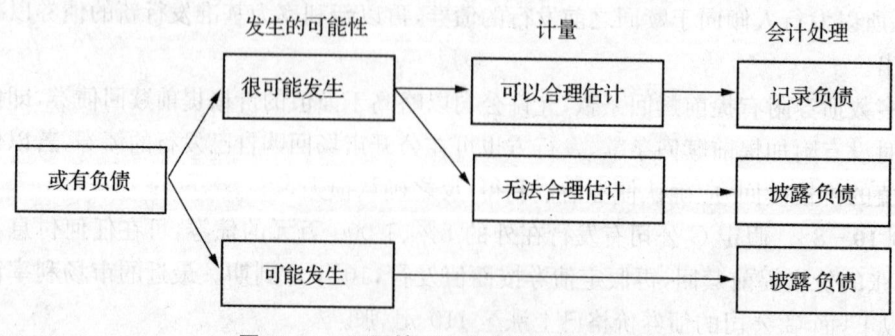

图10-1　不同情形下或有负债的会计处理

或有负债与预计负债的区别在于：首先，预计负债是企业承担的现时义务，或有负债是企业承担的潜在义务或不符合确认条件的现时义务；其次，预计负债导致经济利益流出企业的可能性是"很可能"且金额能够可靠计量，或有负债导致经济利益流出企业的可能性是"可能""极小可能"，或者金额不能可靠计量的；再次，预计负债是确认了的负债，或有负债是不能加以确认的或有事项；最后，预计负债需要在会计报表附注中作相应的披露，或有负债根据情况（可能性大小等）来决定是否需要在会计报表附注中披露。

例如，某公司被另一公司提起诉讼，该公司将要承担的赔偿不确定，预计流出企业的可能性小于50%，这就是该公司承担的现时义务，但是履行该赔偿的金额不确定，因此，不符合预计负债的确认条件，也不会导致经济利益流出企业，属于或有负债；当预计赔偿的金额已知为10万元，且很可能流出企业，则10万元为预计负债。

对或有负债披露的具体内容如下：
(1) 或有负债形成的原因。
(2) 或有负债预计产生的财务影响（如无法预计，应说明理由）。
(3) 获得补偿的可能性。

为了保护企业的合法利益，《企业会计准则——或有事项》规定了例外情况。如果按准则要求披露全部或部分信息预期对企业造成重大不利影响，则企业无须披露这些信息。但是这并不表明企业可以不披露任何相关信息。在这种情况下，企业至少应披露未决诉讼、仲裁的形成原因。

10.4.3 承诺

承诺计划在未来交易，金额重大的须在财务报表附录中进行披露。例如，一家公司与一位高级经理人以100万年薪签约三年，属于对未来提供服务的承诺，在高级经理人入职以前，企业并没有产生负债，因此不属于负债项目。此类例子还包括在未来购买或销售产品、创建大型项目的合同等。

课后习题

A. 自测选择题

1. 下列各项中，导致负债总额变化的是（   ）。
   A. 从银行借款直接偿还应付账款　　　　B. 赊购商品
   C. 开出银行汇票　　　　　　　　　　　D. 用盈余公积转增资本

2. 2018年2月1日某企业购入原材料一批，开出一张面值为116 000元，期限为3个月的商业承兑汇票。2018年5月1日该企业无力支付票款时，下列会计处理正确的是（   ）。
   A. 借：应付票据　　　　　　　　　　　　　　　　　　116 000
      　　贷：短期借款　　　　　　　　　　　　　　　　　　116 000

B. 借：应付票据　　　　　　　　　　　　　　116 000
      贷：其他应付款　　　　　　　　　　　　　　　　116 000
   C. 借：应付票据　　　　　　　　　　　　　　116 000
      贷：应付账款　　　　　　　　　　　　　　　　　116 000
   D. 借：应付票据　　　　　　　　　　　　　　116 000
      贷：预付账款　　　　　　　　　　　　　　　　　116 000

3. 预收货款业务不多的企业，可以不设置"预收账款"科目，其所发生的预收货款，可以通过(　　)核算。
   A. "应收账款"科目借方　　　　　　　B. "应付账款"科目借方
   C. "应收账款"科目贷方　　　　　　　D. "应付账款"科目贷方

4. 下列关于应付账款说法错误的是(　　)。
   A. 企业预付账款业务不多时，可以不设置"预付账款"科目，直接通过"应付账款"科目核算企业的预付账款
   B. 在所购货物已验收入库，但发票账单尚未到达，待月末暂估入账时应贷记"应付账款"科目
   C. 企业在购入资产时形成的应付账款账面价值应是已经扣除了商业折扣和现金折扣后的金额
   D. 确实无法支付的应付账款，直接转入"营业外收入"科目

5. (　　)是权益而不是负债的特征。
   A. 在企业清算中具有优先要求全
   B. 所有者获得稳定的利息收入
   C. 资本提供者拥有企业经营的参与权
   D. 到期偿还

6. 下列各项中，对或有负债的表述错误的是(　　)。
   A. 或有负债是过去的交易或事项形成的潜在义务，其存在须通过未来不确定事项的发生或不发生予以证实
   B. 或有负债是过去的交易或事项形成的现时义务，该义务的金额不能可靠地计量
   C. 极小可能导致经济利益流出企业的或有负债一般不予披露
   D. 根据谨慎原则，或有负债必须在会计报表附注中披露

7. A公司因采购商品开具面值40万元，票面利率4%，期限3个月的商业汇票一张，票据到期时，A公司一共应付(　　)元。
   A. 400 000　　　　　　　　　　　　　B. 404 000
   C. 412 000　　　　　　　　　　　　　D. 440 000

8. 下列事项中，不属于或有事项的有(　　)。
   A. 对售出商品提供质量保证　　　　　B. 代为偿付担保债务
   C. 因某交易而发生的未决仲裁　　　　D. 企业公开承诺的环境恢复义务

9. 对债券持有人来说，公司(　　)对其债权保障不利。
   A. 发行公司的利息保障倍数逐年上升　B. 发行公司的资产负债率逐年下降
   C. 发行公司存货周转率逐年上升　　　D. 市场利率大幅上升

10. (　　)需要在2018年登记一项负债。

A. 2018年某公司生产和销售音响设备,承诺三年质保

B. 2018年某剧院收到即将在2019年演出的门票预付款

C. 2018年公司成为一场诉讼案的被告。公司律师觉得公司败诉的可能性很大,这意味着公司很可能需要支付一笔不菲的赔偿款

D. 2018年某农垦集团担心灾害天气将导致农作物大幅度减产

B. 概念回顾与思考

1. 什么是负债?试列举负债区别于所有者权益的几个特征。

2. 如何区分流动负债与非流动负债?在什么情况下发行的10年期债券被归入流动负债?在什么情况下30天期的应付票据被归入非流动负债?

3. 企业基于何种目的签发应付票据?应付票据的签发及其利息支付应当如何进行会计处理?

4. 债券在折价与溢价发行时的会计处理有何区别?

5. 影响债券发行价格的因素有哪些?

6. 如何编制应付票据的摊销表?

7. 简要分析公司通过发行债券,而不是发行股票融资的优势所在。

8. 为什么债券的价格与利率呈反向变动?

9. 什么是预计负债、或有负债和承诺?三者之间的区别是什么?

10. 预计负债、或有负债和承诺在财务报表披露要求上是否有差异?

C. 业务处理

1. 2017年12月31日,甲上市公司委托证券公司以7 755万元的价格发行3年期分期付息公司债券,该债券面值为8 000万元,票面年利率为4.5%,实际年利率为5.64%,每年付息一次,到期后按面值偿还,支付的发行费用与发行期间冻结资金产生的利息收入相等。甲公司发行的公司债券筹集的资金用于建造专用生产线。

生产线建造工程采用出包方式,于2018年1月1日开始动工,发行债券所得款项当日全部支付给建造承包商,2019年12月31日所建造生产线达到预定可使用状态。

假定各年度利息的实际支付日期均为下年度的1月10日,2021年1月10日支付2020年度利息,一并偿付面值。所有款项均以银行存款收付。

[要求] 分别编制甲公司与债券发行2018年12月31日和2020年12月31日确认债券利息、2021年1月10日支付利息和面值业务相关的会计分录(答案中的金额单位用万元表示,"应付债券"科目应列出明细科目)。

2. 假设你下个月大学毕业时要向父母偿还6年期5万元的贷款。从毕业后第1年起,贷款中的未付余额加4%的年息,分6年每年9 387.12元进行分期偿还。你已经获得一份高收入工作并考虑3年内对整个未付余额提前还款(在偿还第3年的9 387.12元之后)。

[要求] 编制一份摊销计划,说明你毕业后3年内还清父母全部未付贷款余额所能节省的金额数量。

3. M公司是生产服装的供应商。以下是公司每年福利的相关成本汇总(单位:元):

工薪支出(其中170万直接从员工薪资移至税务部门)	6 200 000
工薪税	460 000
员工薪酬保险费	180 000
团体健康保险费	675 000
员工养老计划供款	340 000

[要求]
(1) 计算当年公司与工资相关的总成本。
(2) 计算实际支付给员工的现金净额(实发工资)。
(3) 以百分比形式列示相关工资总成本:① 总工薪支出;② 员工的实收薪资。

4. G公司获得以800万元面值发行10年期债券的权利。该债券注明日期为2018年6月1日,并有6%的合同利率。公司在12月1日和6月1日支付利息。该债券以100元加上3个月应计利息的价格于2018年9月1日发行。

[要求] 以普通日记账形式编制必要的日记账分录:
(1) 2018年9月1日,记录债券的发行。
(2) 2018年12月1日,记录该债券发行的第一次半年期利息支付。
(3) 2018年12月31日,记录全年的应计利息费用。
(4) 2019年6月1日,记录第二次半年期利息支付。
(5) 该债券发行日的市场利率是多少?请做出解释。

5. 2017年10月1日,凯盛公司因为购买设备向荣昌银行签发了一张6年期、80万元的应付票据。该票据有12%的年利率(每月1%),在72个月的期间内完全摊销。银行发给凯盛公司的摊销表显示了贷款期间每月利息和本金支出的分配。该摊销表的一小部分列示如下(为方便起见,金额四舍五入至元):

应付票据摊销表

计息期	付款日	月付款	本金减少	利息费用	未付余额
	2017年10月1日				800 000.00
1	11月1日	15 640.15	7 640.16	8 000.00	792 359.85
2	12月1日	15 640.15	7 716.56	7 923.60	784 643.29

[要求]
(1) 解释利息费用金额和未付本金的减少是否有可能以某种预测模式按月变化。
(2) 编制日记账分录来记录该票据最初两个月的支付。
(3) 完成这份摊销表接下来两个月的分期付款。
(4) 与这张6年期票据有关的任何金额会被归类为凯盛公司2017年12月31日资产负债表中的流动负债吗?请解释(但不要求计算任何其他的金额)。

6. 2018年9月1日,S公司发行了1 000万元、10年期、12%利率的应付债券。每半年,即3月1日和9月1日,支付利息。债券的折价和溢价在每次利息支付日和年终进行摊销。公司的会计年度在12月31日结束。

[要求]

(1) 在以下每种假设下,编制2018年12月31日必要的调整分录和记录2019年3月1日债券利息支付的日记账分录。

① 债券以98元的价格发行。

② 债券以104元的价格发行。

(2) 在以上①和②假设下,计算在2019年12月31日的净债券负债。

(3) 在以上①或②哪种假设下,投资者的实际利率更高?请作出解释。

7. 苏建公司于2015年4月1日按102元的价格发行了20年期、利率为8%、800万元的债券。利息在每年3月31日和9月30日支付,发行的全部债券在2035年3月31日到期。公司财务年度截至12月31日。

[要求] 编制如下日记账分录:

(1) 2015年4月1日,记录债券的发行。

(2) 2015年9月30日,支付利息和摊销债券溢价。

(3) 2035年3月31日,支付利息、摊销债券溢价、到期赎回债券(编制两个分录)。

(4) 简要说明摊销债券溢价对以下指标的影响:① 年度净利润;② 年度经营活动净现金流量(不考虑可能的所得税影响)。

8. 某企业为增值税一般纳税人,增值税税率为16%,2017年12月有如下主要业务:

(1) 委托外单位加工一批材料(非金银首饰),原材料价款70万元,加工费用20万元,消费税税率为10%,材料已经加工完毕验收入库,加工费用等尚未支付。该委托加工材料收回后用于连续生产应税消费品。

(2) 将应税消费品用于对外投资,产品成本700万元,计提的存货跌价准备为40万元,公允价值和计税价格均为1 000万元。该产品的消费税税率为10%(具有商业实质)。

(3) 出售一厂房,厂房原价1 500万元,已提折旧500万元,计提减值准备100万元。出售所得收入1 000万元存入银行,用银行存款支付清理费用5万元。厂房已清理完毕,营业税税率为5%。

(4) 转让无形资产所有权,收入25万元,无形资产的原值为30万元,已摊销的无形资产金额是6万元,没有计提无形资产减值准备。营业税税率为5%。

(5) 出租一项当月取得的无形资产,取得价款300万元,预计使用寿命5年,预计净残值为零,采用直线法进行摊销。当月取得租金收入10万元,营业税税率为5%。

[要求] 编制上述业务的相关会计分录。

9. 以下是2017年12月31日丹福食品公司年终会计记录的部分账户资料(单位:元):

应付票据——西北银行	500 000
所得税	40 000
应计费用	60 000
抵押应付票据	750 000
抵押应付票据的应计利息	5 000

续表

应付账款	250 000
未赚取收入	15 000
未决诉讼或有负债	100 000

其他资料：

(1) 欠西北银行的应付票据在60日内到期，已经做出续借该票据12个月的安排。

(2) 抵押需要每月支付6 000元。摊销表显示到2018年12月31日余额减少至739 000元。

(3) 抵押应付票据的应计利息每月都要支付。下一期支付在2018年1月的第一周末左右。

(4) 公司遭到一起16万元的合同纠纷诉讼。然而即便要偿付，在此时也不可能对公司可能遭受的损失做出合理估计。

[要求]

(1) 使用所提供的信息，编制2017年12月31日公司资产负债表的流动负债和长期负债部分（在每个类别中，项目顺序自定）。

(2) 简要解释以上四条信息的每一条是如何影响公司报告负债的。

10. 百特公司曾发行两种债券，目前均流通在外。债券基本信息如下：

	票面利率	到期年份	当前市场价格
A	6%	2020	115
B	6%	2024	118

[要求] 回答以下问题：

(1) 债券A或B，哪一个的有效利率更高？为什么？

(2) 假定两种债券的单位面值均为1 000元。在一年中债券A和B分别可为投资者提供总计多少利息？

(3) 虽然债券A和B同为百特公司所发行，票面利率相同，信用等级亦相同，为什么二者的当前市场价格会不同？

D. 案例分析

思考以下每一种情况，分析其是否应作为或有负债在ACE航空公司的财务报表中披露。如果不属于或有负债，请说明应如何在财务报表中列示（假设相关金额均重大）。

(1) ACE航空公司估计有70万元的应收账款无法收回。

(2) 公司总裁健康状况不佳，之前已经有两次心脏病发作的经历。

(3) 与其他航空公司一样，ACE航空公司面临若未来航班坠毁将造成的重大损失的风险。

(4) 由于航空公司的某些航班出现超额预订，公司取消了一些乘客的预订，而没有为这些乘客提供足够的补偿，使得ACE航空公司正身陷赔款达到1 000万元的起诉。这项诉讼在一年或更长时间内不会得到解决。

就管理层在编制财务报表中对或有负债进行披露的道德责任进行分析。

第 11 章　股东权益：缴入资本

学习目标

1. 了解公众持股公司和内部持股公司在财务会计与报告要求上的差异。
2. 掌握缴入资本的会计处理和企业资产负债表权益部分的编制。
3. 比较普通股和优先股的不同特征。
4. 讨论影响优先股和普通股市场价格的因素。
5. 解释股本的账面价值和市场价值的重要性。
6. 了解股票分割的目的及其影响。
7. 掌握库存股的会计处理。

引导案例

中国移动通信集团公司

股东权益是公司资源的主要来源。股东权益主要来源于两个主要的渠道：一是股东从公司直接购买股份而形成的原始出资；二是公司自成立以来累积的、已扣除股利支付和其他调整项的收益。

对于中国移动通信集团公司（简称中国移动）来说，股东权益作为资本的主要来源其意义非常重大。中国移动2017年度资产负债表显示其股东权益总额为9 856.36亿元，约占公司总资产的65%。股东权益中有约41%系股东的原始投入，其余则来源于经营利润的累积。

像中国移动这样的公司会很审慎控制其债务与股东权益之比例。与负债不同，股东权益无到期日。如果中国移动的股东拟出售其投资，他们会在股票交易所或场外交易场所出售股票。财经报道上经常见到的股票价格是买卖双方，而不是买方和发行公司之间资源交易的价格。

（资料来源：中国移动通信集团公司官方网站，www.chinamobileltd.com。）

本章讨论与股东权益相关的问题，包括库存股交易、优先股和股票分割。此外，还将讨论企业为何采用公司制组织形式，分析公开市场上股票价格的影响因素。

11.1 公　司

公司(Corporation)是依法成立的、独立于其所有人之外的法人实体,享有类似于自然人的大多数权利。通常将公司的所有人称为股东(Stockholders 或 Shareholders)。公司可分为两种:私人持股公司和公众持股公司(上市公司)。私人持股公司不面向公众出售其股票,因此公司通常只有个别股东;公众持股公司则是面向社会大众出售其股票,因此可能会有成千上万的股东。

11.1.1　企业采用公司制的原因

企业采用公司制的原因有很多,但是最重要的两点是:一是有限个人责任;二是所有权的可转让性。

有限个人责任是指股东不以个人名义承担公司的债务。因此,如果公司有财务问题,股东仅会失去他们的所有权投资。

公司制另一个特征是所有权的可转让性,即由股份代表的所有权可以进行买卖。对于小的家族企业,这就带来了转让所有权并且控制一代又一代的产业的便利性。对于大公司来说,这一特征使得企业所有权成为能在有组织的股票交易所进行买卖的高流动性投资。

11.1.2　公众持股公司

公众持股公司作为一种重要的企业组织形式,利弊共存(见表 11-1)。很多人都与公众持股公司的经济利益有着重要的联系。购买该公司的股份,会与该公司的经济利益有着更直接的联系,购买者被称作持股人。共同基金或养老金也会对公众持股公司有着大规模的投资。投资共同基金或养老金,同样也会与公众持股公司有着间接的经济利益联系。

表 11-1　公众持股公司的优缺点

优　点	缺　点
为社会公众提供了一个简单有效的投资场所,便于筹集和吸收社会资本	设立程序严格、复杂,公司规模庞大、成员结构也庞杂
在规模经济方面具有突出的优越性。一方面使某些需要巨额资本的部门和企业得以建立,另一方面使整个社会生产规模得以迅速扩大	股权分散,每个股东只占公司总资本的极小部分,股东虽对公司拥有部分所有权,但这对绝大多数小股东而言却无关紧要,而且股东的变动也很大
保证了企业生命的延续性。由于股票不能退还,从而使股票投资成为一种永久性投资。只要公司不破产,股权资本就会永远存于企业之中,从而使公司作为一个独立的民事主体而长存,避免了独资企业或合伙企业因投资人死亡或合作者退出等因素造成企业半途夭折的现象	股权分散,股东人数很多,但只要掌握一定比例以上的股票,就能控制公司的命脉。因此,公司董事会很容易对公司进行操纵和利用,损害众多小股东的利益

如果公司的股票不在证券交易所交易,那么这种公司被称作内部持股公司(Closely Held Corporation)。因为不存在买卖这些股份的市场,这些公司通常只有较少的持股人。通常情况下,内部持股公司由某个人或某个家族所持有。

公众持股公司面临着不同的规则条例,政府为了保护公众的利益,对于公众持股公司的管制要比内部持股公司更加严苛[①]。例如,法律上对公众持股公司做出了如下规定:

(1) 遵照国际财务报告准则编制和发布季度或者年度财务报表。

(2) 由独立的会计师事务所对其年度财务报表进行审计。

(3) 遵守证券法律,包括向公众故意或者无意散布误导信息应承担的刑事处罚和民事责任。

(4) 将财务信息提交相关政府机构审查。

内部持股公司通常可以免于以上管制。本章研究公众持股公司所面临的财务会计与报告问题。

11.2 公司的缴入资本

公司股东权益的增加通常有两个途径:① 投资者投资以换取股本,称为缴入资本(Paid in Capital)或实收资本(Contributed Capital);② 公司历年赚得利润的累计留存,称为留存收益(Retained Earnings)。本章着重介绍与缴入资本有关的问题。

11.2.1 股本的核准和发行

股份是公司股本的基本组成单位,包括额定股份(Authorized Shares)、已发行股份(Issued Shares)、未发行股份(Unissued Shares)、库存股份(Treasury Shares)和发行在外的股份(Outstanding Shares)。股本指股东在公司中所占的权益。公司的股本应在核定的股本总额范围内发行股票取得。公司通过发行股票来筹集经营所需资金。股票通常由证券承销商(Underwriter)承销,也可直接卖给股东。

1. 面值

股票面值(Par Value)又称设定价值(Stated Value)、名义价值(Nominal Value),是股份公司在所发行的股票票面上标明的票面金额,它以元/股为单位,其作用是用来表明每一张股票所包含的资本数额。我国上海和深圳证券交易所流通的股票面值均为每股1元[②]。股票面值的作用之一是表明股票认购者在股份公司的投资中所占比例,作为确定股东权利的依据。第二个作用是在首次发行股票时,将股票面值作为发行定价的一个依据。一般来说,股票的发行价格都会高于其面值。

当股票进入流通市场后,股票面值与股票价格会出现背离。股票的市场价格有时高

[①] 有关公司设立的条件、程序、股东权利、董事会和公司高级管理人员的职责,参见《中华人民共和国公司法》。

[②] 唯一例外是紫金矿业的股票面值为0.1元。

于其票面价格,有时低于其票面价格。但是,不论股票市场价格发生什么变化,其面值都是不变的,尽管每一股份实际代表的价值可能已发生变化。

2. 发行普通股的会计处理

发行普通股的会计处理中,等于面值或设定价值部分的实收资本增加额,贷记股本账户;超过面值或设定价值部分的实收资本增加额,贷记股本溢价账户。对于无设定价值的无面值股票,实收资本增加额全部贷记股本账户。

下面分几种情况介绍普通股发行的会计处理:

(1) 面值发行。

[例 11-1] 某公司发行面值为 1 元的普通股 20 万股,以面值发行。

借:库存现金	200 000	
贷:普通股		200 000

(2) 溢价发行。

一般发行价都超过面值,称为溢价发行。溢价部分不属于收益,而是属于超面值缴入的股本。

[例 11-2] 某公司按每股 4 元的价格发行面值为 1 元的普通股 10 万股。

借:库存现金	400 000	
贷:普通股		100 000
股本溢价		300 000

(3) 发行无面值股票。

无设定价值的,发行所得全部记入股本。

[例 11-3] 某公司发行 100 000 份无面值普通股票,发行价为每股 4 元。

借:库存现金	400 000	
贷:普通股		400 000

(4) 发行有设定价值的无面值股票,账务处理与有面值溢价发行相同。

(5) 发行股票取得非现金资产。

取得的资产按现时市价记账,而不论其原账面价值为多少。

[例 11-4] 某公司发行 15 000 份面值为 1 元的普通股,取得价值为 4 000 元的设备和一座价值为 120 000 元的建筑。

面值=15 000×1=15 000(元)

溢价=124 000-15 000=109 000(元)

借:机器设备	4 000	
建筑物	120 000	
贷:普通股		15 000
股本溢价		109 000

11.2.2 普通股

普通股(Ordinary Shares)是指在公司的经营管理和盈利及财产的分配上享有普通权利的股份,代表满足所有债权偿付要求及优先股东的收益权与求偿权要求后对企业盈利和剩余财产的索取权,它构成公司资本的基础,是股票的一种基本形式,也是发行量最大,最为重要的股票。普通股股东的权利包括以下几个方面:

(1) 在股东大会上的表决权(Voting Right)。在股东大会上投票参与管理,每股一票。

(2) 分享公司利润的权利。分享公司税后利润的权利。每一股份获得相同的股利。

(3) 对剩余资产的要求权。公司清算(Liquidation)时,对剩余资产的要求权。

(4) 优先认股权(Preemptive Right)。发行新股时,优先购买,以保证股东的权益不变。

11.2.3 优先股

优先股(Preference Shares)是相对于普通股而言的,主要指在利润分红及剩余财产分配的权利方面,优先于普通股。优先股有两种权利:① 在公司分配盈利时,拥有优先股票的股东比持有普通股票的股东,分配在先,而且享受固定数额的股息,即优先股的股息率都是固定的,普通股的红利却不固定,视公司盈利情况而定,利多多分,利少少分,无利不分,上不封顶,下不保底;② 公司解散分配剩余财产时,优先股在普通股之前分配。

1. 优先股的主要特征

(1) 优先股通常预先定明股息收益率。由于优先股股息率事先固定,所以优先股的股息一般不会根据公司经营情况而增减,而且一般也不能参与公司的分红,但优先股可以先于普通股获得股息,对公司来说,由于股息固定,它不影响公司的利润分配。

(2) 优先股的权利范围小。优先股股东一般无选举权和被选举权,对股份公司的重大经营无投票权,但在某些情况下可以享有投票权。

(3) 如果公司股东大会需要讨论与优先股有关的索偿权,即优先股的索偿权先于普通股,而次于债权人。

2. 优先股的种类

(1) 累积优先股和非累积优先股。

累积优先股指的是将以往营业年度内未支付的股息累积起来,由以后年度的盈利一起支付的优先股股票;非累积优先股是按当年盈利分派股息,对累积下来的未足额的股息不予补付的优先股股票。

(2) 参加分配优先股和不参加分配优先股。

参加分配优先股是指那种不仅可以按规定分得当年的定额股息,而且有权与普通股股东一起参加公司利润分配的优先股股票;不参加分配优先股是指只按规定股息率分取股息,不参加公司利润分配的优先股股票。

(3) 可转换优先股和不可转换优先股。

可转换优先股是持股人可以在特定条件下将优先股股票转换成普通股股票或公司债券的优先股股票;不可转换优先股是指不能转换为普通股股票或公司债券的优先股股票。

(4) 可赎回优先股和不可赎回优先股。

可赎回优先股是指股票发行公司可以按一定价格赎回的优先股股票;不可赎回优先

股是指股票发行公司无权从股票持有人手中赎回的优先股股票。

（5）股息可调换优先股和股息不可调换优先股。

股息可调换优先股是指股息率可以调整的优先股股票；股息不可调换优先股的股息率不能调整。

11.2.4　普通股的每股账面价值

每股账面价值（Book Value per Share）即每股净资产额，是股东权益总额与发行股票的总股数之比。将每股账面价值与股票票面价值相比较，可以看出公司经营状况的好坏。其计算公式为：

$$每股账面价值 = \frac{股东权益总数}{优先股数 + 普通股数}$$

该指标反映每一普通股所含的资产价值，即股票市价中有实物作为支持的部分。一般经营业绩较好的公司的股票，每股净资产额必然高于其票面价值。接着拿每股账面价值与每股市场价值来做比较，财务分析师便可以判断股票市场是如何看待一家公司的价值。

11.3　股票市价

股票市价（Market Value）是股票在股票交易市场上流通转让时的价格。股票市价不同于股票发行价格，其特点包括：① 它是股票持有者和受让者在股票交易市场上买卖股票时适用的股票价格，目的是完成股票交易过程，实现股票所有权的让渡；② 股票的市价是不确定的，由双方当事人随行就市来确定。由于股票是在完成了发行活动以后进入股票交易市场的，处于不断的流动过程中，从而它已脱离了股份有限公司的直接支配，成为股票持有者的独立财产。所以，股票的流通买卖是股票持有人行使处分权的结果。股票持有人依自己的意愿，根据股票行情的发展变化情况，独立地决定股票的市价。

对一家上市公司来说，其股票市场价格乘以发行的总股数，即为该公司在市场上的价值，也就是公司的市价总值。将所有上市公司的市值加总，可得出整个股票市场的市价总值。股市的市场总值是衡量一个国家股票市场发达程度的重要指标。

11.3.1　影响优先股市价的主要因素

股利支付率反映公司的股利分配政策和股利支付能力。因此股利支付率是确定优先股市价的一个重要的因素。

从长期来看，公司必须取得足够的盈利后才可能发放股利。如果公司没有盈利或者不发放股利，那么优先股的市价就很可能下跌。所以影响优先股市价的另一个因素是风险。

第三个影响优先股市价的重要因素是市场利率水平。对于按面值100元的原始价格发行股利为8%的优先股，如果因为政府的政策和其他的一些因素促使市场长期的利率提高到了10%,那么该优先股的市场价值会怎样变化? 如果其他风险相同的投资渠道可以提供12%的报酬率,那么投资者将不再愿意支付100元来购买每年仅提供8%股利的优先股。如此一来,优先股的市价将大约下跌至原发行价格的三分之二,约为每股67元。按照这个市价,股票才能给购买优先股的投资者提供12%(=8÷67×100%)的股利收益率(Dividend Yield)。

优先股的市场价值与市场利率呈反向变动。当市场利率提高时,优先股的市场价值会降低;相反,当市场利率降低时,优先股的市场价值会提高。

11.3.2 影响普通股市价的主要因素

市场利率水平也会影响普通股的市价。公司的经营情况好,支付给普通股股东的股利金额可能会提高,相应的股票的市场价值也很可能会提高。相反,公司的经营情况不乐观,公司一度亏损,普通股股东甚至连原始的投资金额都收不回。由此可见,影响普通股的市价最重要的因素是投资者对公司未来盈利能力和不盈利风险的预期。

11.3.3 股票分割

股票分割(Stock Split)是指通过成比例地降低股票面值而增加普通股的数量。股票分割适用于所有普通股,包括未发行股票、已发行股票和库存股。股票分割的一个主要目标是降低每股市价。这样公司可以吸引更多股票投资者,扩大股东数量。

[例11-5] 假设A公司有面值为100元的流通在外的普通股10 000股。每股市价为150元。董事会宣告股票分割,相关信息如下:每位普通股股东持有的1股股票都将变成5股股票,即5:1股票分割。最终流通在外的普通股为50 000股(=10 000×5)。普通股每股面值会降为20元(=100÷5)。股票分割前后,流通在外普通股面值总额都是1 000 000元(见表11-2)。

表11-2 股票分割的影响

	分割前	分割后
股数	10 000	50 000
每股面值(元/股)	100	20
面值总额(元)	1 000 000	1 000 000

股票分割前后,A公司每位股东持有的股票面值不变。例如,某股东在分割前持有4股面值为100元的普通股(总面值为400元),分割后持有20股面值为20元的普通股(总面值为400元),只有股票的数量和面值发生了变化。

股票分割后,流通在外的普通股数量增加,股票市价会下跌。上例中分割后流通在外普通股股数变成之前的5倍,因此预期股票市价会从150元跌到30元(=150÷5)。因为只有股票的数量和面值发生了变化,所以股票分割不会影响财务报表项目,但一般要在财务报表附注中披露股票分割的细节。

11.4 库存股

库存股(Treasury Stock)是指发行之后再被发行公司回购,但并未被注销的公司自己的股票。库存股可能被无限期持有,或者在任何时候再次发行。公司所持有的库存股一般无获取股利、表决的权利,在公司清算时亦不享有剩余资产所有权。库存股是很多公司实施股票期权计划的股票重要来源之一。

11.4.1 库存股的购入

购入库存股会使公司的资产和权益同时减少相同的金额。关于库存股的会计处理方法,本章仅讨论应用最为广泛的成本法。

[例11-6] 表11-3列示了B公司购入库存股前的各账户余额,该公司无负债。

表11-3 B公司购入库存股前的各账户余额　　　　　　　　单位:元

资产	金额	股东权益	金额
库存现金	30 000	普通股:面值为10元,核准发行股数为1万股,已发行在外的股票为1万股	100 000
其他资产	95 000	留存收益	25 000
资产合计	125 000	股东权益合计	125 000

10月1日,B公司花费11 500元人民币购入自己公司股票1 000股。为此,公司编制如下会计分录:

借:库存股——普通股　　　　　　　　　　　　　　　　　　　11 500
　　贷:库存现金　　　　　　　　　　　　　　　　　　　　　　　11 500

库存股账户借记的是购入股票的成本而非面值。该账户是权益抵消账户。购买库存股时,公司通过付款给一个或多个股东来冲销部分股东权益。购买库存股应视为股东权益的减少,而不是资产的购置。因此,库存股账户应在资产负债表上列为股东权益部分的减项。库存股是核准且发行的股票,但其由发行公司持有,而不是流通在外。表11-4列出了该业务发生之后各账户的余额。

表11-4 B公司购入库存股后的各账户余额　　　　　　　　单位:元

资产	金额	股东权益	金额
库存现金	18 500	普通股:面值为10元,核准发行股数为1万股,已发行1万股,库存股为1 000股	100 000
其他资产	95 000	留存收益(其中11.5万元已用于购买库存股) 减:库存股成本	25 000 11 500
资产合计	113 500	股东权益合计	113 500

11.4.2 库存股的再发行

库存股可以按照低于、高于或者等于购入成本的价格重新发行。

1. 以成本价出售

如果库存股按照成本价重新发行,会计分录与购入时正好相反。

[例11-6续] B公司10月21日以每股11.50元的成本将10月1日买入的100股库存股卖出,公司应编制如下分录:

借:库存现金	1 150	
贷:库存股——普通股		1 150

2. 以高于成本价的价格出售

如果库存股的售价高于成本,超出部分应贷记股本溢价账户。出售库存股不需要确认收益。

[例11-6续] 10月25日B公司以每股12元的价格将成本价为每股11.50元的400股库存股卖出,为此,公司应编制如下会计分录:

借:库存现金	4 800	
贷:库存股——普通股		4 600
股本溢价——库存股		200

3. 以低于成本价的价格出售

如果库存股的售价低于其成本,如何编制会计分录取决于库存股账户是否有贷方余额。如果库存股账户余额为0,成本高于售价的部分应该借记留存收益。如果库存股账户有贷方余额,成本高于售价的部分应该借记该账户,但是以其原有余额为限,剩余部分再借记留存收益。

[例11-6续] 11月10日,B公司将剩下的500股库存股以每股10元的价格卖出,股东权益将减少750元(=500股×每股成本高于售价的1.50元)。为此,公司应编制如下会计分录:

借:库存现金	5 000	
库存股	200	
留存收益	550	
贷:普通股		5 750

该分录抵消了10月25日产生的库存股账户200元的贷方余额,不足以抵消的成本价高于售价的550元进而减少留存收益。公司无须确认出售库存股的收益或损失。

11.4.3 股票回购计划

库存股交易涉及的交易金额若不大,则其对投资者或者其他财务报表使用者来说无关紧要。但是有些公司会制定股票回购计划(Share Buyback Program),大规模回购自身的普通股股票。此时,库存股即成为资产负债表上的重要项目。

公司与股东之间的交易被归入现金流量表的融资活动。库存股的购入反映在现金流量表的融资活动现金流出部分。库存股的再发行时收到现金,反映在现金流量表的现金流入部分。库存股的交易不产生利得或者损失,因此不会影响利润表。库存股的购入价格与再发行价格之差额反映为公司股本的增加或减少。

课后习题

A. 自测选择题

1. 当企业组建公司时,(　　)是正确的。
   A. 股东按照持股百分比对公司的债务负责
   B. 股东收到的股利不需要支付个税,因为公司已缴纳企业所得税
   C. 流通在外的股票市场价格的波动不会直接影响股东权益总额在资产负债表中的列示
   D. 所有股东都有权按照合同约束公司,并制定其他的管理决策

2. 股票实质上代表了股东对股份公司的(　　)。
   A. 债权　　　　　　　　　　　　　B. 收益权
   C. 物权　　　　　　　　　　　　　D. 所有权

3. (　　)不是大型公众持股公司普通股的特征。
   A. 股份可以从一个投资者转到另一个投资者而不损害企业的持续经营
   B. 选举董事会的投票权
   C. 获得股利的累积权
   D. 发行后,股票的市值与面值无关

4. 下列关于优先股的说法,不正确的是(　　)。
   A. 公司解散时,可优先得到分配的剩余资产
   B. 股息与公司盈利状况正相关
   C. 股东一般没有参与公司决策的表决权
   D. 股东根据事先确定的股息率优先取得股息

5. 2016年10月10日,思明公司以每股60元的价格回购公司面值5元的股票2 000股。在2013年,500股库存股以每股70元的价格再次发行。以下描述正确的是(　　)。
   A. 购入的库存股按照成本记录,并在公司2016年12月31日的资产负债表中列示为资产
   B. 这两笔库存股交易导致公司股东权益净减少85 000元
   C. 公司对2017年再次发行的500股库存股确认获得10元每股的收益
   D. 回购库存股时,公司股东权益增加110 000元

6. 斯沃公司成立后,获准发行了10万股面值为1元的普通股。摩根公司以每股5元的价格发行了4万股给公司的发起人。公司尚未发行其他股份。以下描述准确的是(　　)。
   A. 摩根公司拥有该公司40%的股东权益
   B. 该公司在发行这些股份时应确认160 000元利得
   C. 如果资产负债表包括了留存收益50 000元,缴入资本总计250 000元
   D. 不论公司成立后是盈利还是亏损,资产负债表中股本溢价的余额始终是16万元

7. 三洲电器是一家已经连续42年盈利的公司,每年都会提高分配给普通股股东的

股利。( )项最不会影响到公司优先股的市价。
A. 市场长期利率的下降
B. 市场长期利率的上升
C. 董事会宣布增加本年度普通股股利
D. 优先股是否有转换权

8. 下列有关股票分割的表述中,正确的有( )。
A. 股票分割的结果会使股数增加、股东权益增加
B. 股票分割的结果使股东权益各账户的余额发生变化
C. 股票分割会使每股收益和每股市价降低
D. 股票分割不影响股票面值

9. 下列有关每股收益说法中,正确的是( )。
A. 每股收益是衡量上市公司盈利能力的财务指标
B. 每股收益多,反映股票所含的风险大
C. 每股收益多的公司市盈率就高
D. 每股收益多,则意味着每股股利高

10. 下列信息摘自四维公司的资产负债表:

缴入资本总额	5 400 000 元
流通在外股票数量:	
普通股,面值 5 元	100 000 股
6%优先股,面值 100 元	10 000 股
拖欠的优先股股利	2 年
股东权益总额	4 700 000 元

以下正确的是( )。
A. 拖欠的优先股股利 12 万元应该列示在资产负债表的负债一栏
B. 普通股每股的账面价值是 35 元
C. 资产负债表的股东权益部分应列示 70 万元亏损(留存收益为负值)
D. 公司在过去的两年未发放普通股股利

B. 概念回顾与思考

1. 股票股利和股票分割的区别是什么?
2. 为什么法律限制库存股的购买?
3. 介绍并说明与公司股利相关的三个日期的重要性。
4. 优先股股东与普通股股东在公司权利的分享上有哪些差异?
5. 每股市价和每股面值的区别是什么?
6. 普通股的账面价值代表的经济含义是什么?是否意味着普通股股东在公司清算时可分得的财产价值?
7. 所有者权益由股本和留存收益两部分组成。影响一家公司股本金额的重大交易

和财务活动有哪些？试举几例，并指出其对股本的影响是增加还是减少。

8. 如何区分公众持股的股份公司和内部持股的股份公司？

9. 企业在权益融资时如何在普通股和优先股之间做出选择？

10. 影响优先股和普通股市场价格的因素是什么？

C. 业务处理

1. 雷喜思工业系统公司成立后，核准予以发行 8% 累积优先股 5 000 股，每股面值 100 元，普通股 100 000 股，每股面值 2 元。一半的优先股以每股 103 元的价格发行，70 000 股普通股以每股 13 元的价格发行。2017 年年末公司留存收益为 382 000 元。

[要求]

(1) 编制公司 2017 年年末资产负债表股东权益部分。

(2) 假设 2017 年年末公司普通股以每股 24 元的价格进行交易，优先股以每股 107 元的价格进行交易。这些是否会影响公司(1)中编制的股东权益部分？

2. 万利公司资产负债表中股东权益部分如下(单位:元)：

股东权益：	
9% 累积优先股，面值 50 元，核准发行并流通在外 40 000 股	2 000 000
12% 非累积优先股，面值 100 元，核准发行并流通在外 8 000 股	800 000
普通股，面值 5 元，核准发行并流通在外 400 000 股	2 000 000
缴入资本总额	4 800 000

假设所有股票均在 1 月 1 日发行，在经营的前两年未支付股利，第三年公司支付现金股利总额 376 000 元。

[要求]

(1) 计算第三年期间上述三类股票分别应分配的现金股利。

(2) 计算第三年期间上述三类股票每股的现金股利。

(3) 每种类别的优先股的平均发行价格是多少？

3. 如下信息用于计算洛坤公司净资产(股东权益)和每股账面价值(单位:元)：

8% 优先股，面值 100 元	200 000
普通股，面值 5 元，核准 100 000 股，发行在外 60 000 股	300 000
股本溢价	452 800
亏损(留存收益为负值)	146 800
拖欠一年的优先股股利	16 000

[要求]

(1) 计算公司净资产(股东权益)。

(2) 计算普通股每股账面价值。

(3) 如果公司终止经营或清算，(2)中计算的每股账面价值是普通股股东预期收到的金额吗?

4. 泽达公司有关库存股的交易如下:

2月10日,以现金购买库存股17 000股,每股价格25元;

6月4日,以每股33元的价格再发行库存股6 000股;

12月22日,以每股22元的价格再发行库存股4 000股。

[要求]

(1) 编制日记账分录记录上述交易。

(2) 由于12月31日公司尚有库存股未再次发行,计算被限制的留存收益金额。

(3) 解释说明留存收益的限制是否会影响资产负债表中报告的留存收益金额。

5. 2016年10月15日菲达公司以每股45元的价格对普通股进行交易。一年后,2017年10月15日,每股交易价格是80元。同一天,公司董事会决定分割公司普通股股票。

[要求]

(1) 如果公司以1拆2的比例进行分割,预测分割后影响每股股票交易的价格是多少?

(2) 如果公司以1拆4的比例进行分割,预测分割后影响每股股票交易的价格是多少?

(3) 菲达公司董事会为什么决定分割股票?

6. 斯米利公司核准发行100万股普通股,面值10元;6%优先股5万股,面值100元。本年末,公司实际出售普通股55万股,每股价格12元;出售优先股4万股,每股价格110元。另外,公司又将出售的55万股普通股以每股60元的价格回购4万股,并将其作为库存股,以便满足公司未来拟实施的股票期权计划的要求。

[要求]

(1) 按要求编制上述交易的日记账分录。

(2) 编制反映上述已记录事项的公司资产负债表中股东权益部分。

7. 李先生于2014年1月组建长江运输公司。当年对经核准的20万股普通股的一半以每股8元价格发行,面值2元。2015年1月2日公司按面值全部出售经核准的8%非累积优先股5 000股,面值100元。2016年1月2日公司需要资金,发行经核准的9%非累积无面值优先股10 000股中的5 000股,取得总价款51.2万元。无面值优先股的指定股利为每股9元。

公司宣布2014年和2015年不分配股利,2015年年末公司留存收益余额为17万元。2016年和2017年公司共赚取利润89万元。公司宣布2016年以每股50分股利,2017年以每股1.60元股利支付给普通股股东。

[要求]

(1) 编制公司2017年12月31日资产负债表股东权益部分,明细显示资产负债表日计算的留存收益的报告金额。

(2) 假设公司于2015年1月2日可用利率为8%的50万元长期借款来替代所发行的5 000股、面值100元的非累积优先股。指出公司选择发行非累积优先股而不采用长期借款的财务策略的两个原因。

8. 年初,张先生和几个朋友组建了一家公司,名为伯乐通信公司。该公司经核准可发行5万股面值100元的10%累积优先股和40万股面值2元的普通股。当年发生的交易如下:

1月6日,按每股14元发行2万股普通股换取现金。这些股票发行给张先生和其他10位投资者;

1月7日,增发500股普通股给张先生,支付其组建公司时的服务费。经股东同意,其服务作价7 000元;

1月12日,发行2 500股优先股,换取现金25万元;

6月4日,以15 000股普通股换取建筑用地。考虑到土地的估价和公司的成长,针对该交易董事会同意以每股15元计价;

11月15日,宣告优先股的第一次年度股利,每股10元,于12月20日发放(注意:记录该股利时借记股利、贷记应付股利);

12月20日,发放11月15日宣告的现金股利;

12月31日,将收入和费用结转至损益汇总账户后,该账户显示147 200元的净利润。

[要求]

(1) 以普通日记账形式编制记录上述交易日记账分录,包括12月31日结清损益汇总账户和股利账户的分录。

(2) 编制伯乐通信公司12月31日资产负债表股东权益部分。

9. 2015年年初菲勒公司成立,经核准并发行普通股50 000股,面值1元,所有股票发行价格为每股8元。公司报告2015年净利润82 000元,2016年净利润25 000元,2017年净利润78 000元。3年来未宣布任何股利。

2016年公司在公开市场回购股份35 000元。2017年,公司将全部库存股再次发行,获得资金40 000元。

[要求]

(1) 编制公司2017年12月31日资产负债表股东权益部分并编制反映资产负债表日留存收益金额的计算表。

(2) 计算公司12月31日普通股每股账面价值。

(3) 解释如何在公司的现金流量表中报告2016年和2017年的库存股交易。

10. 吉大公司年末资产负债表中股东权益部分如下(单位:元):

股东权益:	
7%非累积优先股,面值100元	15 000 000
普通股,面值5元,核准500万股,400万股发行并且流通	20 000 000
股本溢价——普通股	44 000 000
留存收益	64 450 000
股东权益总额	143 450 000

根据上述信息,回答下列问题:

(1) 公司已发行优先股股数是多少?

(2) 每年支付给优先股股东的股利总额是多少?
(3) 计算普通股平均每股发行价格。
(4) 法定股本数额、累计发行且全部支付的股本数额是多少?
(5) 计算普通股每股账面价值。
(6) 从上述股东权益部分是否能够确定普通股每股公允价值?

D. 案例分析

1. 亚明公司是一家拥有多种股份的上市公司。在过去十年,该公司一直赚取适当利润,并将普通股股息每股提高 0.05~0.10 元。近来公司推出几款新产品,你认为这将导致未来的销售和利润大幅增加。你还预计长期利率将可能从目前约 11% 升至 12%~12.25%。

[要求]

基于上述预测,你判断亚明公司以下股票的市场价格将上涨,还是下跌?请逐一给出理由。

(1) 10% 面值 100 元的优先股(目前每股售价 90 元)。
(2) 面值 5 元的普通股(目前每年每股支付 2.5 元股息,每股售价 40 元)。
(3) 7% 面值 100 元的可转换优先股(目前每股售价 125 元)。

2. 以下每一种情况都描述了影响特定公司股票市场价格的事件:

(1) 在传出公司即将申请破产的消息后,日本航空公司股价两天内从每股 67 日元跌至每股 7 日元,两周后更是跌至每股 1 日元。
(2) 因担心葡萄牙、爱尔兰、意大利、希腊和西班牙的财政债务,汇丰银行股价在两天内下跌 5.9%。
(3) 医疗设备制造商葛兰素史克在宣布将关闭意大利研发中心并裁员 500 多人后,其股价下跌 1.63%。

[要求]

针对上述每一种独立情形,解释股票市场价格变动可能的基本原理。

第12章 利润和留存收益的变动

学习目标

1. 描述非经常性损益在利润表中如何列示。
2. 计算每股收益。
3. 区分基本每股收益和稀释后每股收益。
4. 定义其他综合收益和综合收益总额,并解释其与利润的区别。
5. 编制利润和其他综合收益表。
6. 掌握现金股利和股票股利的会计处理,并解释这些交易对公司财务报表的影响。
7. 编制股东权益变动表和资产负债表中股东权益部分。
8. 描述管理层为提升公司净利润可能采取的措施。
9. 确定前期调整数并解释其在财务报表中如何反映。

引导案例

中国石油化工集团公司

营业额和利润是评价公司财务业绩的关键因素。以中国石油化工集团公司(简称"中石化")为例,该公司2015年位居《财富》世界500强企业第2名,2016年、2017年连续入选《财富》世界500强。

中石化在营业额和利润方面有着很好的表现。按照国际财务报告准则,2017年公司实现营业额及其他经营收入人民币2.36万亿元,同比增长22.2%,该公司股东应占利润为人民币512.44亿元,每股盈利人民币0.423元,同比增长9.9%。综合考虑该公司盈利水平、现金流状况、股东回报和未来的发展需要,董事会建议派发末期股息每股人民币0.40元,加上中期已派发股息每股人民币0.10元,全年股息每股人民币0.50元,同比增长100.8%。

三年来,公司经营收入和资产规模不断增长,实现了快速发展,综合实力进一步增强。与2014年年底相比,按国际财务报告准则,总资产增长9.9%,股东权益增长22.4%。累计宣派股息达人民币1 088亿元,为股东提供了良好回报。2017年公司实现营业收入

2.36万亿元,同比增长22.2%;实现净利润511.19亿元,同比增长10.1%。公司董事会建议每股派发0.40元股利(含税)。

这些数据展现了令人印象深刻的财务业绩,代表了公司向顾客提供商品和服务的能力以及按照有利于公司股东的方式运营的能力。

(资料来源:中国石油化工集团公司官方网站,http://www.sinopec.com。)

本章将仔细审视利润表,并解读财务报表中可获取的用以制定重要投资和信贷决策的有用信息。除了进一步掌握如何编制利润表外,你还将了解每股收益、股利和其他反映公司财务业绩的重要指标。

12.1 报告经营成果

收入(Revenue)衡量的是出售给客户的产品或者服务的总价值,是指企业在日常活动中形成的、会导致所有者权益增加的、与所有者投入资本无关的经济利益的总流入。不论收入是发生在当期的利润表中还是更早或更晚的时间,通常情况下,收入都会增加现金的流入。

费用(Expense)是提供给客户的产品或者服务的总成本,代表来自盈利活动的公司资产的减少,是指企业在日常活动中发生的会导致所有者权益减少的、与向所有者分配利润无关的经济利益的总流出。不论费用是发生在当期,还是更早或更晚的时间,费用都会导致现金的减少。

利润表是反映企业在一定会计期间经营成果的报表。通过利润表分析,可以从总体上了解企业收入、成本和费用、净利润(或亏损)的实现及构成情况;同时,通过利润表提供的不同时期的比较数字(本月数、本年累计数和上年数),可以分析企业的获利能力及利润的未来发展趋势,了解投资者投入资本的保值增值情况。因为利润表对于分析企业的经营成果有着至关重要的作用,所以在编制利润表时应特别关注非常规事件和交易。

对于使用财务报表的投资人、债权人和其他使用者来说,为了可以更清晰有效地报告财务信息,非经常性或一次性项目的结果应当与公司常规经营的结果分开来列示。两类需要特殊处理的非经常性或一次性项目是:① 终止经营的结果;② 异常项目的影响。下面以实例来说明。

12.1.1 报告非常规项目

为了说明终止经营和异常项目的结果如何在利润表中列示,假定中州公司同时经营一家小型的连锁零售商店和两家汽车旅店。2017年年底该公司出售了两家汽车旅店给其他公司。表12-1展示了报告这些事项的正确格式。

表 12-1 中州公司利润表
（截至 2017 年 12 月 31 日）   单位：元

销售收入	8 000 000
销售成本	4 500 000
毛利	3 500 000
销售费用	1 500 000
管理费用	920 000
诉讼费用损失	80 000
税前利润	1 000 000
所得税费用（持续经营项目）	300 000
来自持续经营项目的利润	700 000
终止经营：	
汽车旅店经营损失（扣除 90 000 元节税收益）	210 000
出售汽车旅店收益（扣除 195 000 元所得税）	455 000
本年利润	945 000

12.1.2 持续经营

中州公司 2017 年 12 月 31 日利润表的第一部分反映了这段时间持续经营的销售收入、销售成本、经营费用及纳税状况，报表结果为公司实现的利润或形成的亏损。持续经营利润的合计金额衡量了公司持续经营业务的经营情况是盈利还是亏损。根据上表数据，中州公司若无其他重大变化，可以预测明年大约可以获得 70 万元净利润。

值得注意的是，中州公司 2017 年利润表中所得税费用 300 000 元仅仅与持续经营相关，所以其列示在持续经营部分。其他非常规项目的所得税应当在利润表中单独列示。

12.1.3 终止经营

终止经营（Discontinued Operations）是指企业已被处置或被划归为持有待售的、在编制财务报表时能够单独区分的组成部分。该组成部分按照企业计划将整体或部分进行处置。

利润表中终止经营有两部分内容：第一部分处理该业务所发生的经营损益；第二部分是处置（出售）该业务的损益。如中州公司 2017 年利润表所示，汽车旅店经营损失（扣除 90 000 元节税收益）210 000 元以及出售汽车旅店收益（扣除 195 000 元所得税）455 000 元，应该单独列示在终止经营项目中。与终止经营相关的所得税应该单独列示，与持续经营所发生的所得税费用要区分开来。

12.1.4 异常项目

除了需要单独处理的第一类终止经营的结果以外，第二类需要单独列示的还有异常项目(Extraordinary Item)。异常项目在本质上是不常见的,并且在可预见的将来是不会再发生的。例如,某公司的厂房因为地震而遭受了损失,该公司地处一个很少发生地震的区域,以后预计不会再发生类似的情况。

异常项目应该列示在终止经营部分之下,可以紧接着"异常项目前利润"小计之后。异常项目前利润可以帮助投资者了解在未发生异常项目的情况下,公司的净利润是多少。异常项目以扣除相关所得税影响后的净额来列示。

12.1.5 区分非经常项目与异常项目

非经常项目(Unusual Item)是指本期已经发生,但对可预见将来的重复发生不能做出合理预期的事项,如资产处置与股权转让等。非经常项目所产生的收益,称为非经常性收益;非经常项目所产生的损失,则称为非经常性损失。报告期内,非经常性损失与非经常性收益二者相抵后的净额称为非经常性损益。其与异常项目之间有很大的区别。有些公司会将一些损失归类到异常项目里面,将利得纳入正常的持续经营活动,由此导致过高报告"异常项目前利润"。虽然这样并不影响最终的净利润总额,但是为避免这样错误的归纳带来的误导,现在对于异常项目的界定会慎之又慎,异常项目的清单也没有明确的、权威的定义,所以具体的一些事项还需要根据主观判断而定。

12.1.6 每股收益

普通股每股收益(Earnings Per Share,EPS)是指税后利润与股本总数的比率。它是测定股票投资价值的重要指标之一,是分析每股价值的一个基础性指标,是综合反映公司获利能力的重要指标。该比率反映了每股创造的税后利润,比率越高,表明所创造的利润就越多。若公司只有普通股时,每股收益就是税后利润,股份数是指发行在外的普通股股数;若公司还有优先股,应先从税后利润中扣除分派给优先股股东的利息。

1. 基本每股收益的计算

基本每股收益的计算公式如下:

基本每股收益＝归属于普通股股东的当期净利润÷当期发行在外普通股的加权平均数

从公式中可以看出,计算基本每股收益,关键是要确定归属于普通股股东的当期净利润和当期发行在外普通股的加权平均数。在计算归属于普通股股东的当期净利润时,应当考虑公司是否存在优先股。如果不存在优先股,那么公司当期净利润就是归属于普通股股东的当期净利润。如果存在优先股,在优先股是非累积优先股的情况下,应从公司当期净利润中扣除当期已支付或宣告的优先股股利;在优先股是累积优先股的情况下,公司净利润中应扣除至本期止应支付的股利。

新发行普通股股数应当根据发行合同的具体条款,从应收对价之日(一般为股票发行日)起计算确定。当期发行在外的普通股可能处于不断的变化中,所以在计算每股收益时应计算其加权平均数。其计算公式如下:

$$当期发行在外普通股加权平均数 = 期初发行在外普通股股数 + \frac{当期新发行普通股股数 \times 发行在外时间}{报告期时间} - \frac{当期回购普通股股数 \times 已回购时间}{报告期时间}$$

在计算当期发行在外普通股加权平均数时,权数可以按天数来计算,在不影响计算结果合理性的前提下,亦可以按月来计算。

在计算当期发行在外普通股的加权平均数时,有两个问题值得注意:其一,在企业合并采用权益结合法处理的情况下(同一控制下的企业合并),应根据合并过程中发行或取消的股票数调整加权平均数;其二,在发生不改变企业资源但将引起当期发行在外普通股股数发生变动的情况下(如派发股票股利、公积金转增股本、拆股和并股),需重新计算所有列报期间的股份数,并追溯调整所有列报期间的每股收益。

在计算流通在外普通股加权平均数时,特别要注意的是企业合并中所采取的核算方法,核算方法不同,外发普通股在外流通的时间也不相同。非同一控制下的企业合并应采用购买法核算。在购买法下,被合并企业的合并前的净利润不包括在合并企业的净利润中,只有合并以后的利润才包括在合并企业的净利润中,所以在购买法下,因合并而发行的股票流通在外的时间应从股票发行的时间开始计算。同一控制下的企业合并应采用权益结合法核算。

2. 稀释的每股收益

(1) 潜在普通股是否具有稀释性的判别。

如果公司存在潜在普通股,首先应判断潜在普通股是否具有稀释性。如果潜在普通股不具有稀释性,那么公司只需计算基本每股收益;如果潜在普通股具有稀释性,公司还应当根据具有稀释性的潜在普通股的影响,分别调整归属于普通股股东的当期净利润以及当期发行在外普通股的加权平均数,据以计算稀释的每股收益。

这里涉及潜在普通股的概念和潜在普通股是否具有稀释性的判定。所谓潜在普通股,是指赋予其持有者在报告期或以后期间享有取得普通股权利的一种金融工具或其他合同,如可转换公司债券、期权、认股权证等。随着股票交易方式的发展,还会出现新的交易方式,只要会影响普通股股数的,都称为潜在普通股。

在衡量潜在普通股是否具稀释性时,我国的每股收益准则采用了国际会计准则中的规定,即以是否会减少每股持续正常经营净利润作为衡量潜在普通股是否具稀释性的尺度。持续正常经营净利润是指在扣除优先股股利和与非持续经营有关的项目后的正常经营净利润,不包括会计政策变更及重大会计差错更正的影响。该项目应结合"终止经营""财务报告的列报"及"会计政策、会计估计变更及会计差错更正"准则要求提供的信息综合考虑。

如果潜在普通股转换成普通股会增加持续正常经营每股收益或减少持续正常经营每股亏损,则该潜在普通股是具反稀释性的。在计算稀释的每股收益时,只考虑具有稀释性的潜在普通股的影响,不考虑具有反稀释性或不具有稀释性的普通股的影响。

(2) 稀释的每股收益的计算。

计算稀释的每股收益时,应对基本每股收益的分子和分母进行调整。就分子而言,当期可归属于普通股股东的净利润,应根据下列事项的税后影响进行调整:① 当期已确认为费用的稀释性潜在普通股的利息;② 稀释性的潜在普通股转换时将产生的收益或费用。这里主要是指可转换公司债券。

就分母而言,普通股加权平均股数为在计算基本每股收益时的股份加权平均数加上全部具稀释性潜在普通股转换成普通股时将发行的普通股的加权平均数量。以前发行的具稀释性潜在普通股应视为已在当期期初转换为普通股,本期发行的潜在普通股应视为在发行日转换成普通股。对分母的调整主要涉及期权和认股权证。具有稀释性的期权和认股权证不影响归属于普通股的净利润,只影响普通股的加权平均数。只有当行权价格低于平均市场价格时,股票期权和认股权证才具有稀释性。计算时,应假定已行使该期权,因此发行的普通股股数包括两个部分:一是按当期平均市场价格发行的普通股,不具有稀释性,计算稀释的每股收益时不必考虑;二是未取得对价而发行的普通股,具有稀释性,计算稀释的每股收益时应当加到普通股股数中。调整增加的普通股股数用公式表示如下:

$$\frac{\text{调整增加的}}{\text{普通股股数}} = \frac{\text{拟行权时转换的}}{\text{普通股股数}} - \frac{\text{行权价格} \times \text{拟行权时转换的普通股股数}}{\text{平均市场价格}}$$

3. 优先股股利和每股收益

优先股股东仅以优先股股利为限参与净利润分配。为了确定属于普通股的收益,首先要从净利润中去除当年的优先股股利。即使董事会在当年没有宣告股利,也要扣除累计优先股的年度股利。如果出现拖欠优先股股利,那么在计算每股收益时只需减去当年的累计优先股股利。非累积优先股股利只有在被宣告时才需要扣除。

假设华瑞公司当年有 200 000 股普通股和 12 000 股 6 元每股的优先股在外流通。2017 年利润是 595 000 元。普通股的每股收益计算如表 12 - 2 所示。

表 12 - 2　普通股的每股收益　　　　　　　　　　　　　　　　单位:元

利润	595 000
减:优先股股利(12 000 股×6)	72 000
普通股的收益	523 000
加权平均的流通在外普通股数量	200 000
普通股的每股收益(523 000÷200 000)	2.62

4. 利润表中每股收益的列示

所有的公众持股公司都必须按照国际财务报告准则的规定在利润表中列示每股收益数字。如果利润表列示了持续经营利润或非持续经营利润的合计,每股数字也要列示。这些额外的每股数字由前面计算中的净利润数字用恰当的小计金额来替代即可。

为了说明所有可能的每股数值的计算,假定华瑞公司的利润表中包含持续经营利润和非持续经营利润。然而,所有这些数值事实上很少出现在同一张利润表中。

利润表简表给出了报告这些每股收益值的正确格式以供分析,如表 12 - 3 所示。

表 12 - 3　利润表简表

销售额	9 115 000
成本与费用(包括持续经营的所得税)	8 310 000
持续经营的利润	805 000
终止经营的损失(扣除节税利益)	210 000
本年利润	595 000

续 表

每股收益:	
持续经营的利润	3.67①
终止经营的损失	1.05
净利润	2.62②

对于消息灵通的财务报表使用者,每个数字都有着不同的意义。来自持续经营的每股收益代表了持续的普通商业活动的结果:一方面,这些数字对于预测未来的经营结果有着很大的作用——每股净收益;另一方面,每股收益展示了当年总体的经营结果,包括任何的终止经营和异常的项目。

12.2 影响留存收益的其他交易

12.2.1 现金股利

股利(Dividend)是公司按照股份比例分配给股东的公司盈余,主要有现金股利和股票股利。一般以每股为单位,计算确定一个特定的数额。分派股利的条件是:① 经营获利,有留存收益;② 具有未指定用途的留存收益。

现金股利(Cash Dividend)是指以现金形式分派给股东的股利,是股利分派最常见的方式。大多数投资者都喜欢现金分红,因为是到手的利润。企业发放现金股利,可以刺激投资者的信心。现金股利侧重于反映近期利益,对于看重近期利益的股东很有吸引力。

现金股利的派发有以下两个主要作用:

(1) 对于股东来说,现金股利的派发是除了卖出股份之外,投资回报变现的重要渠道;

(2) 对于上市公司来说,从留存收益中派发现金给股东,是传达公司重要信号的好机会。

支付现金股利有以下三点要求:

(1) 留存收益。因为股利代表了股东对收益的一种分配。理论上来说股利的最大化是指公司为分配利润的总额,即留存收益账户的贷方余额。实际操作中,很多公司将股利限制在远低于当年利润的水平。因为公司未来实现增长和应对竞争,必须将大部分净利润留在公司。

(2) 充足的现金头寸。当公司报告收益时并不意味着其手中有大量的现金。现金收益可能会用于投资新的项目、厂房等,或者用于清偿负债,或者去购买大量的存货。留存收益账户的余额与现金账户的余额并没有直接的必然联系。所谓的用留存收益支付股利实际上带有一定的误导性。现金股利事实上只能够用现金来支付。

---

① 3.67=(805 000−72 000)÷200 000;72 000 为优先股股利。
② 2.62=(595 000−72 000)÷200 000。

③ 董事会的股利措施。尽管可能公司的净利润很多,而且现金头寸也很让人满意。但是这并不代表公司会自动发放股利。只有当董事会采取一些措施正式宣告派发股利才可以。

例如,B 公司宣布分派现金股利 400 000 元时,会计分录如下:

借:留存收益   400 000
  贷:应付股利   400 000

B 公司在支付现金股利时,会计分录如下:

借:应付股利   400 000
  贷:库存现金   400 000

12.2.2 股利日期

股利的派发权是属于股东大会,但派发股利的具体方案则由董事会提出。公司股票是可以转让的。为了确定哪些人可以领取股利,必须在发放股利前确定日期界限。这里有四个重要日期需要注意,因为它们无论对于那些注重当前收入的人,或是对注重资本利得的人都十分重要。

1. 股利宣告日(Declaration Date)

董事会宣布支付股利的日期。宣布派发的股利成为公司的一项法定债务,应借记"留存收益"账户,贷记"应付股利"账户。

2. 股权登记日(Date of Record)

凡在公司股东名册上有名字的人均可分享到最近一次股利。由于股票交易与股东是不断变化的,公司很难确定某期股息派发中股东有哪些人。因此,董事会必须决定某一天为股权登记日,让股东进行股权登记,以便公司确认股东并派发股息。在股权登记日当天收盘前持有股票的投资者都可以领取此次的股利。

3. 股利除息日(Ex-dividend Date)

应在股权登记日前三天办好所有权转移手续,此日之后拥有的股票为除息股票,不能获得股利。

4. 股利发放日(Payment Date)

向股权登记日在册的股东发放现金股利的日期。

上述日期对股票交易是十分重要的。如果持股人在除息日前一天卖出股票,那么他将失去他享有股利的权利。如果持股人在除息日当天或以后买进股票,那么他也无权享有即将分配的一次股利,这次股利仍将归原股东领取。很显然,股利的宣告日和发放日对股票交易价格有一定的影响。

通常情况下,公司仅在宣告日和支付日需要编制日记账分录,具体分录如下:

股利宣告日分录:

借:股利
  贷:应付股利

股利支付日分录:

借:应付股利
    贷:库存现金

在除权日或登记日不编制分录。这些日期仅对确定股利支付给谁显得很重要。从股东角度看,在除权日确定了谁可收到股利。登记日主要是对股票过户代理人和股票登记代理人而言重要。

在会计期末,需要编制结账分录将股利账户借方余额结转到留存收益账户。有些公司使用替代的方法,在宣告股利时借记留存收益账户而不是股利账户。两种方法下,留存收益账户的余额最终都减去当期宣告的全部股利。

12.2.3 清算股利

一般来说,股利的支付来自留存收益。但是当公司支付的股利超过留存收益账户时,即以缴入资本发放股利时,称为清算股利(Liquidating Dividend)。用留存收益支付股利是对股东的投资回报,而清算股利相当于向股东返还缴入资本。

12.2.4 股票股利

股票股利亦称"股份股利"。股份公司以股份方式向股东支付的股利。采取股票股利时,通常由公司将股东应得的股利金额转入资本金,发行与此相等金额的新股票,按股东的持股比例进行分派。一般来说,普通股股东分派给普通股票,优先股股东分派给优先股票。这样,可以不改变股东在公司中所占股份的结构和比例,只是增加了股票数量。分配股票股利既不影响公司的资产和负债,也不影响股东权益总额(增加股本,减少留存收益)和各个股东的所有权份额。

分派股票股利的原因有几方面:① 既发放股利,又保留了公司现金;② 股东分享了收益,且可免交所得税;③ 降低股票市价以吸引广大的投资者;④ 宣布股票股利不会产生一项负债。

1. 区分少量股票股利和大量股票股利

少量股票股利是指分派的股票股利少于原有股数的20%。因对市价影响较小,可按市场价格结转。例如,某公司普通股数为100 000股,面值10元,宣布10%(即10 000股)的股票股利。宣布日市场价格为每股55元。应编制如下分录:

借:留存收益   550 000
    贷:已分配普通股股利   100 000
        资本公积——股本溢价   450 000

大量股票股利是指分派的股票股利大于原有股数的20%,影响市价,应按面值结转。例如,该公司宣布100%的大量股票股利,则按面值结转。应编制如下分录:

借:留存收益   1 000 000
    贷:已分配普通股股利   1 000 000

2. 现金股利和股票股利之间的区别

(1) 现金股利与股票股利的概念差异。

现金股利是指以现金形式分派给股东的股利,是股利分派最常见的方式。大多数投资者喜欢现金分红,因为是到手的利润。企业发放现金股利,可以刺激投资者的信心。现金股利侧重于反映近期利益,对于看重近期利益的股东很有吸引力。

股票股利是指公司用无偿增发新股的方式支付股利,因其既可以不减少公司的现金,又可使股东分享利润,还可以免交个人所得税,因而对长期投资者更为有利。股票股利侧重于反映长远利益,对看重公司的潜在发展能力,而不太计较即期分红多少的股东更具有吸引力。

(2) 现金股利与股票股利适用的条件不同。

现金股利适用于现金较充足、分配股利后企业的资产流动性能达到一定的标准,并且拥有有效广泛筹资渠道的企业。股票股利只要符合股利分配条件,即企业不管是否拥有足够现金,只要账面有盈利,即可以采用股票股利。

(3) 现金股利与股票股利在性质上的差异。

现金股利的发放致使公司的资产和股东权益减少同等数额,是企业资财的流出,会减少企业的可用资产。现金股利是利润的分配,是真正的股利。

股票股利是将原来属于股东所有的盈余公积转化为股东所有的缴入资本。只不过不能再用来分派股利,实质上是留存利润的凝固化、资本化,不是真实意义上的股利。股票股利并无资财从企业流出,发给股东的仅仅是其在公司的股东权益份额和价值。股东在公司里占有的权益份额和价值,不论是否派发股票股利都一样不会变动。

3. 股票股利的账务处理

无论是现金股利的发放,还是股票股利的发放,均需要经过宣告发放和实际发放两个步骤。这两种股利形式在各自的两个步骤中形成的以下四种情况,所对应的账务处理以及对所有者权益总额的影响是不同的。

(1) 现金股利分配方案获批,宣告分派时应编制会计分录:

借:利润分配——应付现金股利
　　贷:应付股利

借记"利润分配"科目,因此会减少未分配利润,从而可能会减少企业的所有者权益总额。

(2) 股票股利分配方案获批,宣告分派时不做任何账务处理,因此不会对企业的所有者权益总额产生影响。

(3) 企业向股东实际发放现金股利时,应编制会计分录:

借:应付股利
　　贷:银行存款

分录不涉及所有者权益项目,因此也不会影响企业所有者权益总额。

(4) 企业向投资者实际发放股票股利时,需要做账务处理,应编制会计分录:

借:利润分配——转作股本的股利
　　贷:股本

4. 发放股票股利的优点

从股东的角度来看:① 若盈利总额和市盈率不变,股票股利发放不会改变股东持股的市场价值总额。有时股价并不成比例下降,反而可使股票价值相对上升。② 由于股利收入和资本利得税率的差异,如果股东将股利所得股票出售,可为其带来资本利得纳税上的好处。

从公司的角度来看:① 不需要向股东支付现金,在再投资机会较多的情况下,公司可以为再投资提供成本较低的资金,从而有利于公司的发展;② 可以降低公司股票的市场价格,既有利于促进股票的交易和流通,又有利于吸引更多的投资者成为公司股东,进而使股权更为分散,有效地防止公司被恶意控制;③ 可以传递公司未来发展良好的信息,从而增强投资者的信心,在一定程度上稳定股票价格。

5. 股票分割与股票股利的区别

股票股利是上市公司直接从当年利润拿出一部分分给投资者;股票分割又称股票拆细,即将一张较大面值的股票拆成几张较小面值的股票。股票分割对公司的资本结构不会产生任何影响,一般只会使发行在外的股票总数增加,资产负债表中股东权益各账户(股本、资本公积、留存收益)的余额都保持不变,股东权益的总额也保持不变。股票分割给投资者带来的不是现实的利益,但是投资者持有的股票数增加了,给投资者带来了今后可多分股息和更高收益的希望,因此股票分割往往比股利派发对股价上涨的刺激作用更大。

12.2.5　留存收益表

留存收益表(Statement of Retained Earnings)是反映企业在某一会计期间净利润的形成、股利分配以及分拨等变动情况的报表。它是连接资产负债表和利润表的纽带,也是公司股东所关心的财务报表之一。在会计实务中,公司一般不单独编制这张报表,而是将其合并在损益表中。

留存收益表是根据留存收益账户记录情况来编制的,其主要是将该账户本期增减变动以及分拨情况用表格的形式列示出来。该账户会因本期转入的净收益以及前期调整而增加,因本期净亏损、股利分配、前期调整而减少,所有这些增减情况都必须分别列示。公司有时候还会发现以前期间的净利润计量存在重大差错。因为净利润要结转到留存收益账户,所以报告净利润时的差错会导致资产负债表中的留存收益的金额同样发生错误。一旦发现这种错误,就需要及时纠正,这种纠正就称作是前期调整(Prior Period Adjustment)。前期调整需要列示在留存收益表中,对留存收益的当年年初余额进行调整,调整后的金额按照扣除所有相关的所得税影响后的净额进行列示。

表12-4是福德公司2017年年底含前期调整的留存收益表。福德公司发现上一期财务报表夸大了收入。因此在扣除税收后,在该表的留存收益中减去了65 000元。通过该表还可以看出2017年的净利润要加到留存收益的期初余额上面。根据前面章节的学习,作为期末结账和编制财务报表的一部分,收入和费用都要结转为零。换言之,表格中的项目净额(净利润或者净损失)要加计或减计在所有者权益上。对于福德公司而言,2017年实现的净利润327 500元需要加计在该公司2017年的留存收益中。在留存收益表中加入净利润这个项目也是反映这样一个结账的过程。值得注意的是,对于福德公司,其当年发放的现金股利100 000元和股票股利200 000元均会使得2017年年底公司的留

存收益余额减少。

表 12-4 福德公司留存收益表
截至 2017 年 12 月 31 日　　　　　　　　　　　　　　单位：元

留存收益,2016 年 12 月 31 日	1 250 000
前期会计错误调整	(65 000)
留存收益,2016 年 12 月 31 日重新陈述	1 185 000
2017 年净利润	327 500
小计	1 512 500
减：股利	
现金股利	(100 000)
股票股利	(200 000)
留存收益,2017 年 12 月 31 日	1 212 500

12.2.6　综合收益

综合收益(Comprehensive Income)是指公司在一定期间内除了所有者投资和所有者分派之外的所有者权益变动,分为净收益和其他综合收益。综合收益能够更好地计量企业业绩,因为其包含报告期内企业净资产的所有变动,捕捉到价值创造的所有来源,并使管理当局考虑影响公司价值的外部因素,而不仅仅是内部的经营性因素。

综合收益的报告存在三种方式：① 单一报表方式；② 两张报表方式,即在保留原来的收益表或损益表的基础上,增加一张综合收益表；③ 权益变动表法。美国财务会计准则委员会(FASB)和国际会计准则理事会(IASB)在不同的历史时期考虑的报告综合收益的格式不尽相同。

12.2.7　股东权益表

股东权益表(Statement of Stockholders' Equity)列示每个权益账户的期初和期末余额,以及本期内账户的变动情况。股东权益表的一般格式是用列代表权益的组成部分,用行描述本期发生的事项。

股东权益变动表描述在某一特定时间内,股东权益如何因企业经营的盈亏及现金股利的发放而发生的变化。它是解读管理层是否公平对待股东的最重要的信息。股东权益增减变动表包括在年度会计报表中,属于资产负债表的附表。

股东权益增减变动表全面反映了企业的股东权益在年度内的变化情况,便于会计信息使用者深入分析企业股东权益的增减变化情况,并进而对企业的资本保值增值情况做出正确判断,从而提供对决策有用的信息。许多公司会报告股东权益表,而不是简单的留存收益表。股东权益表更具包容性,可以披露所有权益账户的变化,而不仅仅是留存收益。表 12-5 是麦克斯公司 2017 年年底的股东权益表,显然该表较之留存收益表更加全面。

表 12-5 麦克斯公司股东权益表

截至 2017 年 12 月 31 日   单位：百万元

	普通股 股数	普通股 金额	留存收益金额	总计
2017 年 1 月 1 日的余额	821	2 500	9 500	12 000
股票发行	17	500		500
股票回购和退股	17	260	925	1 185
现金股利			500	500
其他（税后）			70	70
净利润			1 523	1 523
2017 年 12 月 31 日余额	821	2 740	9 668	12 408

12.2.8 资产负债表中的股东权益部分

表 12-6 是资产负债表中股东权益部分的一个例子。各大公司披露的财务报表显示，构成股东权益的各项并没有一个标准的格式或排列方式，包括标题的选择、项目的排序、分类的详细程度都有不少差异。很多公司为了避免报告的资产负债表过于详细，通常会将有联系的、同类别的多个分类账账户合并成一个项目列示在资产负债表之中。

表 12-6 阪美公司股东权益表   单位：元

股本：	
普通股—10 元面值；授权 50 000 股	
发行 30 000 股并流通在外	300 000
优先股—100 元面值；授权 1 000 股	
发行 500 股并流通在外	50 000
超面额缴入股本：	
来自普通股	375 000
来自优先股	10 000
总实缴资本	735 000
留存收益	116 500
股东收益合计	851 500

课后习题

A. 自测选择题

1. 2017 年 6 月 1 日公司董事会宣布 100 元面值的 2 500 股，8% 优先股分红。股利在 7 月 15 日支付。( )是 7 月 15 日应编制的会计分录。
　　A. 借:留存收益　　　20 000　　　　B. 借:应付股利　　　20 000
　　C. 贷:应付股利　　　20 000　　　　D. 贷:优先股　　　　20 000
2. 发放股票股利与发放现金股利相比,其优点是( )。
　　A. 可提高每股价格　　　　　　　　B. 有利于改善公司资本结构
　　C. 提高公司的每股收益　　　　　　D. 避免公司现金流出
3. 下列各项股利支付形式中,不会改变企业资本结构的是( )。
　　A. 股票股利　　B. 财产股利　　C. 负债股利　　D. 现金股利
4. 甲公司 2017 年度实现利润总额为 5 000 万元,所得税费用为 1 300 万元,当年计入其他综合收益的金额为 200 万元,扣除所得税影响后的净额为 150 万元,则当年甲公司实现的综合收益总额为( )万元。
　　A. 3 700　　　B. 3 900　　　C. 3 850　　　D. 5 150
5. 下列有关每股收益说法中,正确的是( )。
　　A. 每股收益是衡量上市公司盈利能力的财务指标
　　B. 每股收益多,反映股票所蕴含的风险大
　　C. 每股收益多的公司市盈率高
　　D. 每股收益多,则意味着每股股利高
6. 若一家公司流通在外的股份既有普通股,亦有优先股,则( )。
　　A. 当且仅当优先股为可累积优先股时,需要同时报告基本和稀释的每股收益
　　B. 每种类型的流通在外股份均需报告每股收益
　　C. 每股收益的计算与每年优先股股利的金额无关
　　D. 每股收益的计算与普通股宣告发放的股利无关
7. 下列关于股票股利的说法中,不正确的是( )。
　　A. 股票股利并不增加股东的财富
　　B. 股票股利不会导致公司资产的流出或负债的增加
　　C. 股票股利会引起所有者权益各项目的结构发生变化
　　D. 一般在发放少量股票股利后,大体不会引起股价的立即变化,这可使股东得到股票价值相对上升的好处
8. 股利分配中的除息日是指( )。
　　A. 股利权与股票互相分离的日期　　B. 股利发放日期
　　C. 领取股利的登记日期　　　　　　D. 股利权从属于股票的日期
9. 上市公司发放现金股利的主要原因不包括( )。
　　A. 投资者偏好　　　　　　　　　　B. 减少代理成本
　　C. 传递公司的未来信息　　　　　　D. 公司现金充裕
10. 下列项目不能用于股利分配的是( )。
　　A. 盈余公积　　　　　　　　　　　B. 税后净利润
　　C. 资本公积　　　　　　　　　　　D. 上年度未分配利润

B. 概念回顾与思考

1. 利润表在结构安排上区分来自持续经营活动的利润和来自终止经营项目的利润，其目的是什么？
2. 基本和稀释的每股收益分别是如何计算的？
3. 什么是综合收益？其与净利润有何区别？
4. 如何编制留存收益表？
5. 为了提升公司的竞争力，金信公司采取了裁撤冗员、合并办公设施、处置资产等措施，发生了大量的费用。请阐明这些费用如何在公司财务报表中予以反映，并指出投资者在预测公司未来盈利时如何看待这些费用。
6. 什么是前期调整？其在财务报表中如何反映？
7. 财务分析师观察到康利公司的EPS近五年稳步增长。他预测该公司的EPS还会按照过去的增速继续增长。如果康利公司的基本每股收益显著高于稀释的每股收益，分析师在预测该公司未来基本每股收益时应关注哪些特定风险？
8. 现金股利和股票股利有何区别？
9. 股票分割与股票股利有何区别？为什么二者的会计处理会有所不同？
10. 什么是清算股利？其与常规股利有何不同？

C. 业务处理

1. 不考虑以下项目损失及其税收效应，福来公司2017年度盈利75 000元。当年因飓风袭来公司仓储商店及货物毁损严重。飓风灾害在福来公司所在地极为罕见。此次风灾预计带来的损失达10万元。为简便起见，假定公司适用的所得税税率是40%。福来公司决定关闭其仓储商店的经营业务。请从持续经营项目产生的利润开始，编制福来公司利润表的最后一部分。

2. 东方公司目前资本结构为：总资本1 000万元，其中债务资本400万元（年利息40万元）；普通股资本600万元（600万股，面值1元，市价5元），适用的企业所得税税率是25%，当实现息税前利润100万元时，每股收益是多少？

3. 南江公司拥有发行在外的普通股10万股。2017年公司先派发了10%股票股利，稍后每股又支付了0.5元现金股利。请计算现金股利应派发的流通在外股数与金额。

4. 金山公司发行在外的股票均为普通股，每股面值1元。该公司2017年度部分业务资料如下：

2017年年初股东权益金额为24 500万元，其中股本10 000万元。2月18日，公司董事会制订2016年度的利润分配方案：分别按净利润的10%计提法定盈余公积；分配现金股利500万元，以期初发行在外的普通股股数为基础、每10股配送3股的形式分配股票股利。该分配方案于4月1日经股东大会审议通过。7月1日增发新股4 500万股。为实施员工激励计划，11月1日回购本公司1 500万股。2017年度公司可供股东分配的净利润为5 270万元。

[要求] 请计算金山公司2017年的基本每股收益。

5. 富思家具公司2017年净利润为192万元。

[要求]

(1) 计算在股本构成分别为以下情形时的每股收益：

① 面值1元的普通股40万股，无优先股；

② 面值100元的8%优先股10万股，面值5元普通股30万股。

(2) 第②种情形计算出来的每股收益是基本的每股收益，还是稀释的每股收益？

6. 梅岗公司2017年年初拥有股本10万元、留存收益59万元。2017年公司发生以下活动：

① 赚取利润88 000元；

② 待出售的投资因公允价值变动而产生利得25 000元；

③ 向5万股流通在外的普通股宣告并发放每股1.20元现金股利。

[要求] 以本年利润为起点编制利润与其他综合收益表。

7. 施洼公司在2017年年初拥有股本10万元、留存收益46万元。当年公司赚取了25万元利润，并宣告发放以下股利：

① 向流通在外的1万股优先股发放每股1元的当年股利；

② 向流通在外的1万股优先股补发上一年度欠发的每股1元股利；

③ 向流通在外的20万股普通股发放每股1元的当年股利。

除此之外，公司发现上一年度利润高估了65 000元，在2017年予以更正。

[要求] 编制2017年度所有者权益变动表。

8. 根据以下业务编制相关会计分录：

2007年3月1日，顺河公司董事会宣布向50万股流通在外的普通股每股发放1元的现金股利。此次股利支付给4月1日登记在册的股东，实际支付日为5月1日。

9. 2017年年初，天普公司资产负债表的股东权益部分资料如下(单位：元)：

股东权益	
股本：面值1元，授权发行50万股，已发行并流通在外38.2万股	382 000
股本溢价——股本	4 202 000
缴入资本总额	4 584 000
留存收益	2 704 600
股东权益总额	7 288 600

当年，与股东权益相关的交易如下：

1月3日，向股东宣告每股1元的股利，登记日为1月31日，支付日为2月15日。

2月15日，支付1月3日宣告的现金股利。

4月12日，公司以每股40元的价格购买本公司的股票6 000股。

5月9日，以每股44元的价格重新发行4 000股库存股。

6月1日，向股东宣告5%登记日为6月15日的股票股利，将于6月30日分配，6月1日的股票市场价格为每股42元。

6月30日，分配6月1日宣告的股票股利。

8月4日，以每股37元的价格出售2 000股剩余库存股中的600股。

12月31日,损益汇总账户显示当年的利润为192.8万元,结转到留存收益账户。

12月31日,股票股利账户38.2万元的余额结转至留存收益账户。

[要求]

(1) 编制日记账分录以记录以上交易。

(2) 编制2017年12月31日资产负债表中的股东权益部分,要求列出计算留存收益的表格。

(3) 计算在2017年12月31日可以合法宣告的最大每股现金股利,同时不使公司的缴入资本减少。(提示:股利中留存收益的可用性受持有库存股成本的限制)

10. 先科公司专事生产磁盘驱动器、打印机等计算机外围设备。2017年公司发生以下事项:

(1) 宣告每股发放1元现金股利;

(2) 支付现金股利;

(3) 以每股20元的价格购入本公司股票1 000股,形成库存股;

(4) 以每股18元的价格出售库存股500股;

(5) 宣告发放15%股票股利。

[要求] 逐一指出上述事项对以下四个财务指标的影响,在下表中填入适当的符号:I表示"增加"、D表示"减少"、NE表示"无影响"。

事项	流动资产	股东权益	净利润	净现金流量
(1)				
(2)				
(3)				
(4)				
(5)				

D. 案例分析

以下数据节选自信达公司最近年度年报的股东权益表(金额单位:百万元)

	普通股				库存股	
	股数	金额	股本溢价	留存收益	股数	金额
年初余额	82 550 000	425	29.5	950.2	4 562 500	(135.9)
本年利润				200		
普通股现金股利				(95.7)		
为实施股票期权计划再次发行的库存普通股			(1.4)		(601 300)	16.7
普通股回购					1 235 700	(78.6)
年末余额	82 550 000	425	28.1	1 054.5	5 196 900	(197.8)

第12章 利润和留存收益的变动

[要求]

利用以上信达公司的信息回答以下问题：

(1) 年初有多少发行在外的普通股？年末又有多少发行在外的普通股？

(2) 当期宣告的普通股股利总额是多少？信达公司年报披露当年的普通股股利是每股 1.23 元。当年大约有多少普通股有权取得每股 1.23 元的股利？这个答案是否与(1)相符？

(3) 报表显示本年有发行的和回购的普通股，但是，普通股的数量和金额从年初到年末都没有变化。解释说明原因。

(4) 期初信达公司获取库存股所支付的平均每股股价是多少？

(5) 本年为股票期权计划发行的 601 300 库存股的总发行价格，比信达公司获得这些库存股花费的费用是高还是低？（提示：分析其对股本溢价的影响）

(6) 本年信达公司获取库存股支付的平均每股购买价格是多少？

(7) 在年报中，信达公司披露当年发行在外的普通股的加权平均数量是 77 500 000 股。在(1)中，确定了年末发行在外的普通股的数量。应该用哪个数据计算每股收益？哪个数据用来计算每股的账面价值？

第 13 章 现金流量表

学习目标

1. 理解现金流量表的编制目的和作用。
2. 识别现金流量表中现金交易的分类。
3. 运用直接法和间接法计算经营活动现金流量。
4. 理解工作底稿对于编制现金流量表的作用。

引导案例

苹果公司的巨额现金流

现金是企业的生命。没有现金流,企业将无法生存。拥有更多现金的企业,抗风险的能力就更强。现金的获得能力甚至决定了企业未来的竞争力。

苹果(NASDAQ：AAPL)坐拥巨额现金流,其中大部分都在海外。截至2018年3月底的财年第二季度,苹果总计销售了5 220万部iPhone手机。虽然销售增速不及预期,但营收(当季营收611亿美元)和盈利(净利润138亿美元)均好于预期。当季苹果持有现金及权益头寸2 672亿美元。特朗普税改政策通过后,将对海外资产征收一次性较低的汇回税,汇回税率低至15%,这对苹果无疑是重大利好。苹果应该如何使用因汇回税率降低而省下来的现金引发了市场热议。

(资料来源:苹果公司官网,https://www.apple.com。)

13.1 现金流量表概述

13.1.1 现金流量表的含义及作用

美国财务会计准则委员会(FASB)于1987年发布现金流量表会计准则,并于1988

年起开始施行。该表取代了企业以前编制的财务状况变动表。国际会计准则委员会(IASC)也于1989年发布《国际会计准则第7号——现金流量表》,要求企业编制现金流量表。可以看出,现金流量表产生的时间远远落后于资产负债表、利润表。现金流量表是反映企业在一定会计期间现金和现金等价物流入和流出情况的会计报表,同利润表和所有者权益变动表一样,是一个期间报表。编制现金流量表的主要目的是为财务报表使用者提供企业一定时期内经营活动、投资活动和筹资活动产生的现金和现金等价物流入和流出的信息,以便于财务报表使用者了解和评价企业获取现金和现金等价物的能力,并据以预测企业未来现金流量。现金流量表的作用主要有以下几个方面:

(1) 有助于会计信息使用者对企业全面财务状况做出合理评价。
(2) 有助于评价企业取得和运用现金的能力。
(3) 有助于评价企业的偿债能力和支付股利的能力。
(4) 有助于评价企业投资和筹资活动对经营成果和财务状况的影响。
(5) 有助于分析企业净利润与现金净流量的关系。

13.1.2 现金流量表的编制基础

现金流量表是以现金及现金等价物为基础,按照收付实现制原则编制的。

1. 现金的含义

现金,是指企业库存现金以及可以随时用于支付的存款等,主要包括:库存现金、存放在银行的款项、其他货币资金等。

2. 现金等价物的含义

现金等价物,是指企业持有的同时满足以下四个条件的投资:一是期限短;二是流动性强;三是易于转换为已知金额的现金;四是价值变动风险很小。"期限短""流动性强",强调的是现金等价物的变现能力;"易于转换为已知金额的现金""价值变动风险较小"则强调了现金等价物支付能力的大小。现金等价物虽然不是现金,但其支付能力与现金差别不大,可等同于现金。

13.1.3 现金流量的分类

现金流量是指企业在某一期间内现金和现金等价物的流入和流出的数量。企业从各种经济业务中收到现金,称为现金流入;为各种经济业务支付现金,称为现金流出。现金流入与流出的差额,即为现金净流量。若为正数,则为净流入;若为负数,则为净流出。在现金流量表中,现金及现金等价物被视为一个整体,企业现金及现金等价物形式的转换不会产生现金的流入和流出。例如,企业从银行提取现金、企业用现金购买3个月内到期的国债等,不构成现金流量。根据企业业务活动的性质和现金流量的来源,可以将企业在一定期间产生的现金流量分为三类:经营活动产生的现金流量、投资活动产生的现金流量和筹资活动产生的现金流量。

1. 经营活动产生的现金流量

经营活动是指企业日常生产经营活动产生的现金流量,经营活动是指除投资活动和筹资活动以外的所有交易和事项。各类企业由于行业特点不同,对经营活动的认定存在一定的差异。就工商企业而言,经营活动产生的现金流量主要包括:

现金流入	现金流出
销售商品、提供劳务向客户收款	向提供商品和劳务的供应商付款
收取利息和股利	向员工的支付
其他经营收入	缴纳税款
	其他经营支出

特别强调的是,利息收入和股利收入与利息支出归类为经营活动,而不是投资或筹资活动。

2. 投资活动产生的现金流量

现金流量表中的投资活动,与我们通常所指的投资的概念不同。投资活动是指企业非流动资产的购建和不包括在现金等价物范围内的投资及其处置活动。长期资产是指固定资产、无形资产、在建工程、投资性房地产等持有期限在一年或一个营业周期以上的资产。投资活动既包括企业对外的投资,如长期股权投资、可供出售金融资产、持有至到期投资等;亦包括企业对内的投资,如购置固定资产、无形资产、投资性房地产等。不同企业由于行业特点不同,对投资活动的认定也存在差异。例如,以公允价值计量且其变动计入当期损益的金融资产所产生的现金流量,对于工商企业,属于投资活动产生的现金流量,而对于证券公司,则属于经营活动产生的现金流量。投资活动产生的现金流量主要包括:

现金流入	现金流出
出售投资、固定资产和无形资产的现金收款	购置投资、固定资产和无形资产的现金付款
收回贷款本金的现金收款	预付借款人的金额

3. 筹资活动产生的现金流量

筹资活动是指导致企业资本及债务规模和构成发生变化的活动。此处的资本是指实收资本(股本)、资本溢价(或股本溢价);此处的债务是指短期借款、长期借款、应付债券、长期应付款、应付利息和应付股利等。资产负债表的右边代表企业所有资产的来源,从某种意义上讲,资产负债表的右边都是企业的筹资活动。但是,应付账款、应付票据、应付职工薪酬等属于任何企业最为日常的经营活动,不属于筹资活动。筹资活动产生的现金流量主要包括:

现金流入	现金流出
收到的短期和长期借款	偿还借款(不包括利息支付)
从所有者处收取现金(如发行股票)	向所有者支付现金(如现金股利)

需要补充说明的是,在实际经济业务中,利息和股利收入与投资活动相关,利息支出与筹资活动相关。美国财务会计准则委员会考虑到这一点,仍决定将利息与股利收入和利息

支出归类为经营活动。财务会计准则委员会认为,经营活动现金流量应当反映利润表中确定净利润的收入与费用交易的现金影响。由于净利润的确定须考虑利息收入、股利收入和利息费用,故将其归类为经营活动。不过,因为股利支出不影响净利润的确定,所以将股利支出归类为筹资活动。但是,国际会计准则理事会允许将利息收入归类为经营活动现金流或者投资活动现金流,将利息费用归类为经营活动现金流或者筹资活动现金流。

13.2 现金流量表的编制

13.2.1 直接法

直接法,是指按照现金收入和现金支出的主要类别直接反映企业经营活动产生的现金流量的方法。

1. 经营活动的现金流量

假设 A 公司本年度发生如下经营活动:
(1) 销售收入总额 900 000 元,其中赊销金额 30 000 元。
(2) 本期产生利息收入 6 000 元。应收利息减少 1 000 元。收取股利 3 000 元。
(3) 期初存货为零,本期产品销售成本 500 000 元,期末存货 10 000 元,期末应付账款为 15 000 元。
(4) 本期经营过程中费用合计 300 000 元,其中折旧费用 40 000 元。
(5) 偿还应付账款 6 000 元。预付账款增加 3 000 元。
(6) 购买商品支付现金 495 000 元。
(7) 利息费用 35 000 元。应付利息增加 7 000 元。
(8) 所得税费用 36 000 元。同时,应付所得税负债减少了 2 000 元。

以上经营活动对现金流量的影响分别见以下表格:
(1) 销售商品或提供劳务收到的现金(见表 13-1)。

表 13-1 销售商品或提供劳务收到的现金　　单位:元

销售收入	900 000
减:应收账款增加	30 000
销售商品收到的现金	870 000

(2) 收取股利或利息(见表 13-2)。

表 13-2 收取股利或利息　　单位:元

利息收入	6 000
加:应收利息的减少	1 000
收取股利	3 000
收到的股利和利息	10 000

(3) 购买商品产生的现金流出(见表13-3)。

表13-3 购买商品产生的现金流出 单位:元

产品销售成本	500 000
加:存货增加	10 000
净采购增加额	510 000
减:应付账款的增加	15 000
购买商品产生的现金流出	495 000

(4) 费用产生的现金流出(见表13-4)。

表13-4 费用产生的现金流出 单位:元

经营费用	300 000
减:折旧费用(非现金费用)	40 000
小计	260 000
加:应付账款减少	6 000
预付账款增加	3 000
经营费用产生的现金流出	269 000

(5) 购买商品及支付给职工的现金(见表13-5)。

表13-5 购买商品及支付给职工的现金 单位:元

购买商品产生的现金流出	495 000
经营费用产生的现金流出	269 000
购买商品及支付给职工产生的现金流出	764 000

(6) 利息及所得税产生的现金流出(见表13-6)。

表13-6 利息及所得税产生的现金流出 单位:元

利息费用	35 000
减:应付利息增加额	7 000
利息支付产生的现金流出	28 000
所得税费用	36 000
加:应付所得税负债的减少	2 000
所得税支付产生的现金流出	38 000

以上经营活动产生的现金流量小结(见表13-7)。

表13-7 经营活动产生的现金流量 单位:元

销售商品收到的现金	870 000
收到的利息和股利	10 000

		续 表
经营活动产生的现金流入小计		880 000
购买商品及支付给职工的现金	(764 000)	
支付利息	(28 000)	
支付所得税	(38 000)	
经营活动产生的现金流出小计		(830 000)
经营活动产生的现金流量净额		50 000

2. 投资活动的现金流量

假设 A 公司本年度发生如下投资活动：

(1) 本年度购买有价证券共 65 000 元，出售有价证券 44 000 元，出售有价证券损失共计 4 000 元(见表 13-8)。

表 13-8 有价证券购买和销售产生的现金流量　　　单位：元

出售有价证券	44 000
出售有价证券损失	(4 000)
购买有价证券	(65 000)
有价证券购买和销售产生的净现金流量	(25 000)

(2) 本年度对客户提供投资性贷款 17 000 元，其中已收回 12 000 元(见表 13-9)。

表 13-9 贷款业务产生的现金流量　　　单位：元

对客户提供投资性贷款	(17 000)
收回贷款	12 000
投资性贷款产生的净现金流量	(5 000)

(3) 购买价值 200 000 元的厂房。其中，现金支付 160 000 元，企业 40 000 签发应付票据(见表 13-10)。

表 13-10 购置厂房产生的现金流量　　　单位：元

购置厂房产生的现金流出	(160 000)
购置厂房产生的净现金流量	(160 000)

(4) 出售一套账面价值为 44 000 元的设备，产生资产处置利得 31 000 元(见表 13-11)。

表 13-11 出售设备产生的现金流量　　　单位：元

出售设备的账面价值	44 000
出售设备的利得	31 000
出售设备产生的净现金流量	75 000

以上投资活动产生的现金流量小结(见表 13-12)。

表 13-12 投资活动产生的现金流量　　　　　　　　单位：元

购买有价证券	(65 000)
出售有价证券收款	40 000
投资性贷款	(17 000)
收回贷款	12 000
购置厂房	(160 000)
出售设备	75 000
投资活动产生的净现金流量	(115 000)

3. 筹资活动的现金流量

假设 A 公司本年度发生如下筹资活动（见表 13-13）：

（1）本年度新取得短期借款 45 000 元，至年底已经累计偿还 55 000 元。

（2）面值发行债券 100 000 元。发行普通股 10 000 股，每股面值 1 元，发行价 5 元。

（3）发放现金股利 40 000 元。

表 13-13 筹资活动产生的现金流量　　　　　　　　单位：元

取得短期借款	45 000
发行债券收款	100 000
发行股票收款	50 000
筹资活动产生的现金流入小计	195 000
偿还短期借款	(55 000)
支付股利	(40 000)
筹资活动产生的现金流出小计	(95 000)
筹资活动产生的净现金流量	100 000

13.2.2　间接法

所谓间接法，是指以净利润为起算点，通过调整不涉及现金收支的收入、费用、营业外收支等项目，计算确定经营活动产生的净现金流量。间接法下的数据一般作为现金流量表的补充资料。

经营活动产生的现金流量既包括经营活动中的净利润所产生的现金流量，也包括不影响利润，但是影响现金流量的非损益性经营性项目。而净利润既包括经营活动产生的损益，也包括投资活动和筹资活动产生的损益；再者，净利润是以权责发生制为基础确定的，经营活动产生的利润，既包括实际收到现金的收入和实际付出现金的费用，也包括不涉及现金流入、流出的收入和费用。

采用间接法将净利润调节为经营活动净现金流量时，主要需要调整以下四类事项：一是不属于经营活动的损益；二是没有收到现金的收益；三是没有支付现金的费用；四是经营性应收应付项目及存货项目的增减变动。具体调整可参照以下公式：

经营活动产生的净现金流量＝净利润＋不属于经营活动的费用和损失－不属于经营活动的收益＋经营活动中未支付现金的费用和损失－经营活动中未收到现金的收入＋经营性应收项目的减少数(－增加数)＋经营性应付项目的增加数(－减少数)＋存货的减少数(－增加数)±其他调整事项

假设根据本年度报表得到：净利润为 65 000 元。将净利润调节为经营活动现金流量，如表 13－14 所示。

表 13－14　将净利润调节为经营活动现金流量　　　　　　　　　单位：元

净利润	65 000
加：折旧费用	40 000
应收利息的减少	1 000
应付账款的增加	15 000
应付利息的增加	7 000
出售有价证券的损失	4 000
小计	132 000
减：应收账款的增加	30 000
存货增加	10 000
预付账款的增加	3 000
应付账款的减少	6 000
应交所得税的减少	2 000
出售设备的利得	31 000
小计	82 000
经营活动产生的净现金流量	50 000

13.2.3　直接法与间接法的比较

直接法与间接法都是基于相同的基本信息，即针对经营活动现金流量而言，将权责发生制下的财务报告信息转换为按照收付实现制口径的信息，投资活动和筹资活动的现金流量不存在用间接法编制的问题。两种编制方法产生相同的净现金流量。二者的区别在于编制的过程不同，对于经营活动产生的净现金流量，直接法提供了具体的流入、流出的项目和金额，间接法则解释了净利润与经营活动产生的净现金流量的差异。

13.2.4　工作底稿

企业在实际编制现金流量表时，经常采用工作底稿法。即以工作底稿为工具，以资产负债表和利润表数据为基础，对报表项目逐一分析并编制相应调整分录，从而编制出现金流量表。

工作底稿法的具体程序是：

第一步，将资产负债表的期初数和期末数过入工作底稿的期初数栏和期末数栏。

第二步,对当期业务进行分析并编制调整分录。
第三步,将调整分录过入工作底稿。
第四步,核对调整分录,根据资产负债表项目期初数加减调整分录中的借贷方金额,计算得出期末数。
第五步,根据工作底稿中的现金流量表项目部分编制正式的现金流量表。
现在,我们运用假设的A公司2017年度财务数据(见表13-15)来说明工作底稿法。

表13-15　A公司资产负债表

2017年12月31日　　　　　　　　　　　　　　　　　　单位:元

资产	期初数	期末数	负债和所有者权益	期初数	期末数
现金及现金等价物	50 000	45 000	应付账款	150 000	160 000
有价证券	40 000	25 000	应付利息	60 000	45 000
应收账款	320 000	330 000	应付票据	—	70 000
存货	240 000	235 000	应付债券	500 000	350 000
固定资产(减:累计折旧)	600 000	640 000	股本	160 000	160 000
			留存收益	380 000	490 000
资产总计	1 250 000	1 275 000	负债和所有者权益总计	1 250 000	1 275 000

用于编制工作底稿的有关信息及调整抵消分录如下:

(1) A公司净利润250 000元。

　借:经营活动产生的现金流量——净利润　　　　　　　　　250 000
　　　贷:留存收益　　　　　　　　　　　　　　　　　　　　　　　250 000

(2) A公司发放现金股利140 000元。

　借:留存收益　　　　　　　　　　　　　　　　　　　　　　140 000
　　　贷:筹资活动产生的现金流量——支付股利　　　　　　　　　140 000

(3) 公司仅有一项非现金费用——折旧,总计60 000元。

　借:经营活动产生的现金流量——折旧费用　　　　　　　　60 000
　　　贷:固定资产——累计折旧　　　　　　　　　　　　　　　　60 000

(4) 应收账款增加10 000元。

　借:应收账款　　　　　　　　　　　　　　　　　　　　　　10 000
　　　贷:经营活动产生的现金流量——应收账款增加　　　　　　　10 000

(5) 存货减少5 000元。

　借:经营活动产生的现金流量——存货减少　　　　　　　　5 000
　　　贷:存货　　　　　　　　　　　　　　　　　　　　　　　　5 000

(6) 应付账款增加10 000元。

　借:经营活动产生的现金流量——应付账款增加　　　　　　10 000
　　　贷:应付账款　　　　　　　　　　　　　　　　　　　　　　10 000

(7) 应付利息减少15 000元。

　借:应付利息　　　　　　　　　　　　　　　　　　　　　　15 000

贷:经营活动产生的现金流量——应付利息减少　　　　　　　　　　　15 000

（8）公司出售有价证券,成本15 000元,取得现金35 000元,产生20 000元投资收益。

　　借:投资活动产生的现金流量——出售有价证券　　　　　　　　　　　35 000
　　　贷:经营活动产生的现金流量——出售有价证券　　　　　　　　　　　20 000
　　　　　有价证券　　　　　　　　　　　　　　　　　　　　　　　　　　15 000

（9）公司购买固定资产,价款100 000元。其中支付现金30 000元,另外签发一张70 000元的应付票据。

　　借:固定资产　　　　　　　　　　　　　　　　　　　　　　　　　　100 000
　　　贷:应付票据　　　　　　　　　　　　　　　　　　　　　　　　　　70 000
　　　　　投资活动产生的现金流量——购买固定资产　　　　　　　　　　　30 000

（10）应付债券减少150 000元。

　　借:应付债券　　　　　　　　　　　　　　　　　　　　　　　　　　150 000
　　　贷:筹资活动产生的现金流量——偿付债券　　　　　　　　　　　　150 000

根据上述分录,汇总得出"现金来源"合计360 000元,"现金运用"合计365 000元,表明本期现金减少5 000元,与资产负债表中现金减少完全吻合。为了使工作底稿平衡,编制最后一笔补充调整分录。

　　借:现金净减少　　　　　　　　　　　　　　　　　　　　　　　　　　5 000
　　　贷:库存现金　　　　　　　　　　　　　　　　　　　　　　　　　　5 000

A公司现金流量表工作底稿,如表13-16、表13-17所示。

表13-16　A公司现金流量表工作底稿(一)

2017年度　　　　　　　　　　　　　　　　　　　　　　　　　　　　单位:元

资产负债表项目	期初余额	调整抵消分录 借方金额	调整抵消分录 贷方金额	期末余额
资产				
现金及现金等价物	50 000		(补)5 000	45 000
有价证券	40 000		(8) 15 000	25 000
应收账款	320 000	(4) 10 000		330 000
存货	240 000		(5) 5 000	235 000
固定资产(减:累计折旧)	600 000	(9) 100 000	(3) 60 000	640 000
总计	1 250 000			1 275 000
负债和所有者权益				
应付账款	150 000		(6) 10 000	160 000
应付利息	60 000	(7) 15 000		45 000
应付票据	—		(9) 70 000	70 000
应付债券	500 000	(10) 150 000		350 000

续 表

资产负债表项目	期初余额	调整抵消分录 借方金额	调整抵消分录 贷方金额	期末余额
股本	160 000			160 000
留存收益	380 000	(2) 140 000	(1) 250 000	490 000
总计	1 250 000	415 000	415 000	1 275 000

表 13-17 A公司现金流量表工作底稿(二)

项目现金影响	来源	运用	
经营活动			
净利润	(1) 250 000		
折旧费用	(3) 60 000		
应收账款增加		(4) 10 000	经营活动净现金流量 280 000 元
存货减少	(5) 5 000		
应付账款增加	(6) 10 000		
应付利息减少		(7) 15 000	
出售有价证券收益		(8) 20 000	
投资活动			
出售有价证券收款	(8) 35 000		投资活动净现金流量 5 000 元
购买固定资产支付现金		(9) 30 000	
筹资活动			
支付股利		(2) 140 000	筹资活动净现金流量 290 000 元
偿还应付债券付款		(10) 150 000	
小计	360 000	365 000	
现金净减少	(补) 5 000		
总计	365 000	365 000	

根据工作底稿,可以编制 A 公司 2017 年度现金流量表(见表 13-18)。

表 13-18 A公司 2017 年度现金流量表

经营活动现金流量	
净利润	250 000
加:折旧费用	60 000
存货减少	5 000
应付账款增加	10 000
小计	325 000

续　表

减：应收账款增加	10 000
应付利息减少	15 000
出售有价证券收益	20 000
小计	45 000
经营活动产生的净现金流量	280 000
投资活动现金流量	
出售有价证券收款	35 000
购买固定资产支付现金	(30 000)
投资活动产生的净现金流量	5 000
筹资活动现金流量	
支付股利	(140 000)
偿付应付债券	(150 000)
筹资活动产生的净现金流量	(290 000)
现金净减少	(5 000)
期初现金及现金等价物	50 000
期末现金及现金等价物	45 000
附表：非现金的投资和筹资活动	
购买固定资产	100 000
减：通过应付债券支付部分	70 000
购买固定资产的现金支出	30 000

课后习题

A. 自测选择题

1. 现金流量表旨在帮助投资者评估以下项目，除了（　　）。
   A. 公司保持流动性的能力
   B. 一定期间收到的现金的来源
   C. 公司的营利性
   D. 经营活动现金流量区别于当年利润的原因

2. 下列项目不包含在现金流量表中的是（　　）。
   A. 提供劳务收到的款项　　　　B. 偿还银行借款的款项
   C. 赊销的款项　　　　　　　　D. 所有者出资的款项

3. 现金流量表对现金的分类是（　　）。

A. 经营活动、投资活动和筹资活动 B. 现金收入、现金支出和非现金活动
C. 直接现金流量和间接现金流量 D. 经营活动、投资活动和收款活动

4. 现金流量表中的现金及现金等价物包括(　　)。
A. 库存现金 B. 其他货币资金
C. 三个月内到期的短期债券投资 D. 准备随时出售的股票投资

5. 直接法和间接法是在编制现金流量表中(　　)现金流量时使用。
A. 经营活动 B. 投资活动
C. 筹资活动 D. 以上三种均可使用

6. 以收付实现制为基础编制的财务报表是(　　)。
A. 利润表 B. 所有者权益变动表
C. 资产负债表 D. 现金流量表

7. 以下是有关现金收支的列表(单位:元):

支付给供应商和员工的现金	420 000
支付股利	18 000
支付利息	12 000
采购厂场设备	45 000
收到利息和股息	17 000
偿付短期银行贷款	29 000
支付所得税	23 000
收到客户货款	601 000

基于以上信息,可推知经营活动净现金流量为(　　)。
A. 138 000 B. 91 000
C. 120 000 D. 163 000

8. 以下(　　)商业策略最有可能在短期内增加软件开发商的净现金流量,但是从长期来看会减少其净现金流量。
A. 开发那种成本更高但是易于更新和优化的软件
B. 应客户的要求降价,降低现行版本软件产品的价格
C. 降低新产品开发支出
D. 购买公司运营所需的房产(目前办公地点系租赁)

B. 概念回顾与思考

1. 简要介绍现金流量表的编制目的。
2. 能够更好地反映一家财务处于正常状态的企业的盈利能力的报表是现金流量表,还是利润表?
3. 针对以下三类现金流量分类,试逐一列举现金收入和现金支出各二例。
(1) 经营活动;
(2) 投资活动;

(3) 筹资活动。

4. 为什么对于一家企业来说，从长远来看，经营活动、投资活动和筹资活动现金流量之和为正非常重要？

5. 对于一个成功的成长型企业来说，现金流量表中的三类活动现金流量哪一类最不可能为正？为什么？

6. 识别可能会导致当年利润与经营活动现金流量产生差异的三个因素。

7. 简要分析经营活动现金流量计算的直接法与间接法的差异。哪一种方法计算得到的净现金流量更高？

8. 某公司通过发行665 000元的股票置地一块。此交易并未导致现金易手。该交易是否应当在公司现金流量表中披露？请解释理由。

9. 解释为什么加速应收账款的回收只能带来现金收入的一次性、暂时性增加。

10. 在当年度，克孜公司以下科目的贷方分录被过账至"缴入资本"账户：

股本　　　　　12 000 000
股本溢价　　　43 500 000

解释可能引起上述贷方金额变动的现金交易类型是什么，并说明该交易在现金流量表中如何反映。

C. 业务处理

1. 上智公司当年净利润为4 300 000元，折旧费用合计670 000元。应收账款增加350 000元（皆为客户销售款），应付账款增加560 000元（皆为供应商货款）。请运用间接法计算经营活动现金流量的来源与使用。

2. 庆应公司当年发生以下现金流量：来自客户的现金收款7 500 000元；收到银行贷款350 000元；普通股发行收到现金1 450 000元。同年，现金支出用于购买存货3 350 000元；员工支出2 300 000元；购买厂场设备1 900 000元。请运用直接法计算经营活动现金流量的来源与使用。

3. 华龙公司当年购入有价证券450 000元、厂场设备1 270 000元。同期出售厂场设备660 000元，利得60 000元。公司还购入库存股780 000元，发行普通股新股5 230 000元。计算当年投资活动现金流量的来源与运用。

4. 永昌公司当年发行普通股5 600 000元、优先股360 000元。此外，公司回购自身股票350 000元，支付普通股和优先股股利240 000元。计算当年筹资活动现金流量的来源与使用。

5. 恒驰公司当年发生销售成本1 001 000元。以下是当年存货和应付账款的期初和期末余额（单位：元）。

	期　初	期　末
存货	350 000	430 000
应付账款	203 000	300 000

[要求]　计算当年采购现金支出的金额。

6. 朗力公司当年现金销售收入 2 850 000 元、赊销收入 4 600 000 元。当年应收账款账户余额减少 320 000 元。

(1) 计算当年以下项目的金额：

① 利润表中作为收入的销售净额；

② 应收账款收回的现金金额；

③ 来自客户的现金销售款。

(2) 简要分析来自客户的现金销售额与销售净额产生差异的原因。

7. 以下数据来自厚普机械公司的利润表和资产负债表(单位:万元)。

	2017 年 12 月 31 日	2017 年 1 月 1 日
利润表：		
当年利润	38 500	
折旧费用	12 500	
无形资产摊销	4 000	
厂场设备出售利得	9 000	
投资出售损失	3 500	
资产负债表：		
应收账款	33 500	38 000
存货	50 300	57 500
预付费用	2 200	1 000
应付账款(向供应商采购)	37 900	41 000
应计未付费用	18 000	15 500

[要求] 根据以上信息，编制当年的部分现金流量表，利用间接法计算经营活动现金流量。

8. 力佳公司 2017 年度利润表简表如下(单位:元)：

收入：	
净销售额	9 500 000
利息收入	320 000
出售有价证券收入	70 000
小计	9 890 000
成本费用：	
销售成本	4 860 000
经营费用(含折旧费用 700 000 元)	3 740 000
利息费用	270 000
所得税费用	300 000

		续 表
出售固定资产损失	90 000	
小计		9 260 000
净利润		630 000

本年度公司资产负债表账户变动情况汇总如下:

(1) 应收账款减少 85 000 元。

(2) 应收利息增加 15 000 元。

(3) 存货减少 280 000 元;应付账款减少 240 000 元。

(4) 经营费用中预付部分减少 18 000 元;经营费用中应计负债增加 35 000 元。

(5) 应付利息负债减少 16 000 元。

(6) 应交所得税负债增加 25 000 元。

(7) 其他有关账户本年度发生额汇总如下表:

账户名称	借方发生额	贷方发生额
有价证券	120 000	210 000
投资性应收票据	250 000	190 000
固定资产	3 800 000	360 000
短期借款	620 000	740 000
应付债券		1 100 000
股本		50 000
发行股票追加投资		840 000
留存收益	320 000	630 000

其中,固定资产贷记 360 000 元是本期出售固定资产的账面价值。留存收益借记 320 000 元是本年度已发放的股利,贷记 630 000 元是本年度的净利润。

(8) 本年度所有的投资和筹资活动都是现金交易。

(9) 期初和期末现金及现金等价物的余额分别为 448 000 元和 330 000 元。

[要求] 计算出下列项目金额并编制现金流量表。

(1) 收到客户的现金。

(2) 收取的利息。

(3) 支付给供应商和经营费用的现金。

(4) 支付的利息。

(5) 支付的所得税。

(6) 出售有价证券收款。

(7) 出售固定资产收款。

(8) 发行股票募集股本收款。

9. 通过对汉雅进出口集团的利润表和资产负债表进行分析得到以下信息(单位:元):

利润表项目:	
厂场设备出售利得	120 000
权益证券出售损失	160 000
资产负债表账户分析:	
权益证券账户:	
借方发生额	780 000
贷方发生额	620 000
应收票据账户:	
借方发生额	550 000
贷方发生额	600 000
厂场设备账户:	
厂场设备借方发生额	1 500 000
厂场设备贷方发生额	1 400 000
累计折旧借方发生额	1 000 000

其他信息:

(1) 权益证券不属于现金等价物;

(2) 应收票据是因向借款人贷款而产生,不是来自客户的应收款项;

(3) 累计折旧的借方发生额来自厂场设备被出售或使用寿命到限。当年被出售或到限的厂场设备账面价值为 400 000 元(＝1 400 000－1 000 000)。

(4) 当年新设备采购(1 500 000 元)的融资方式是现金支付 500 000 元,加上长期应付票据发行 1 000 000 元(除此之外,其他投资活动的收支均为现金交易)。

[要求]

(1) 编制现金流量表的投资活动部分。列明权益证券出售所得、厂场设备出售所得的计算过程。现金流出用括号内数字表示。

(2) 编制现金流量表附表,披露公司投资和筹资活动涉及的非现金交易。

(3) 较之于经营活动,管理层对投资活动的现金支出具有更强,抑或更弱的控制力?为什么?

10. 中胜公司的主营业务为钢材的生产和销售。本年度发生如下业务:

(1) 为了扩大销售,公司放宽了信用条件,应收账款的平均收款期由原来的 45 天放宽至 120 天。由此带来销售收入与去年同比增长了 30%,但同时,坏账也迅速增加。至年底,坏账占应收账款余额比例为 15%。但公司依然按以前年度标准,即应收账款余额的 5%计提坏账准备。

(2) 为了增加利润来源,公司五年前开始介入房地产的开发和销售。但由于公司管理水平及房地产市场的国家宏观调控政策影响,公司的房地产投入成本至今无法收回。迫于巨大的资金压力,公司只能不断增加贷款资金以维持日常运营,导致筹资活动现金流入和流出金额都很大,但现金净流量很小。

(3) 公司的原材料采购主要来自关联方单位,应付账款的平均付款期在 15 天以内。

(4) 公司将大量资金拆借给关联方单位,合同利率显著高于同期银行贷款利率,但关联方单位从未实际支付过利息。

2017年公司利润表上的净利润很高,但现金流量表中经营活动净现金流量为负数、现金净流量亦为负数。

[要求] 根据上述表述,分析中胜公司净利润与经营活动净现金流量之间差异的原因。

D. 案例分析

协利公司是一家汽车制造商,陷入了财务危机。大量应付债券将于明年3月到期,公司只能发行新股或新债筹资以偿还到期旧债。不幸的是,公司近几年的利润和现金流量一直在下滑。管理层担心如果近期利润和现金流量得不到改善,公司将无法筹集资金以偿还到期债务。因此,为了改善截至今年12月31日财务报表中的现金流量和盈利状况,管理层提出了以下几个方案。

(1) 将存货核算方法由加权平均成本法改为先进先出法(FIFO)。管理层预计FIFO将降低销售成本,但会导致多缴所得税。然而需要多缴的所得税实际支付要延迟至下一年年初。

(2) 将折旧计提方法由150%余额递减法改为直线法,并且延长资产的折旧期(此举措仅仅服务于财务报告之目的,不影响所得税申报)。

(3) 向客户交易商施压,要求其增加库存——采购更多的汽车。管理层预计此举措能够增加5%的当年销售额,但是当年的销售增量几乎肯定被下一年度的销售缩减被抵消。

(4) 要求交易商更快地支付采购货款。目前,交易商的汽车采购付款期为60天,管理层考虑将付款期缩短至30天。

(5) 放弃购货的现金折扣(如2/10, n/30),不到信用期不付款。

(6) 按照目前的短期利率(10%左右)借款,以偿付利率为13%的长期负债。

(7) 以股票股利替代向普通股支付的现金股利。

[要求] 编制四列表格。第1列抬头为"方案",此列填入上述7种方案的序号。其余三列抬头分别为"净利润""经营活动现金净流量"和"现金"。表格中的每一单元格填写对应的方案对三个报表项目的影响是"增加""减少",还是"无影响"。表格填完之后,请解释理由。

第14章 财务报表分析

学习目标

1. 掌握财务分析的几种基本方法。
2. 了解财务分析涵盖的基本内容以及对应的分析指标。
3. 理解财务综合分析的意义。
4. 掌握杜邦分析方法的核心指标体系及其与财务报表之间的关联。
5. 了解财务分析的局限性以及如何规避这些问题。

引导案例

格力电器

前面章节关注的是如何收集和生产财务数据,如何编制财务报表。本章将对财务数据做出分析与解释,以便利益相关者更多地了解公司运作背后的故事。

每一份上市公司的年度报告均须列示"主要会计数据和财务指标"这一栏目。以下是格力电器近三年的主要会计数据和财务指标。表14-1中的数据和指标代表什么含义?近几年,公司无论是资产规模、净利润,还是每股收益、净资产收益率等指标均取得大幅度增长。那么,驱动公司增长的内部与外部因素是什么?

归属于上市公司股东的净利润和扣除非经常性损益的净利润有何区别?利用每股收益和净资产收益率两个指标是否可以充分评价一家上市公司的盈利能力?如何判断经营活动产生的现金流量净额是否充足?这些问题均涉及盈利质量的分析技术。掌握了这些技术,才能做到全面客观地评价一家公司的盈利能力。

表 14-1　格力电器 2015—2017 年主要会计数据与财务指标　　　单位：万元

	2017年	2016年 调整前	2016年 调整后	2017年比2016年增减 调整后	2015年 调整前	2015年 调整后
营业收入	14 828 645	10 830 257	10 830 257	36.92%	9 774 514	9 774 514
归属于上市公司股东的净利润	2 240 158	1 542 096	1 546 363	44.87%	1 253 244	1 247 670
归属于上市公司股东的扣除非经常性损益的净利润	2 117 046	1 560 052	1 564 318	35.33%	1 231 358	1 225 784
经营活动产生的现金流量净额	1 635 854	1 485 995	1 485 995	10.08%	4 437 838	4 437 838
基本每股收益（元/股）	3.72	2.56	2.57	44.75%	2.08	2.07
稀释每股收益（元/股）	3.72	2.56	2.57	44.75%	2.08	2.07
加权平均净资产收益率	37.44%	30.41%	30.44%	7.00%	27.31%	27.24%
总资产	21 496 800	18 236 971	18 237 399	17.87%	16 169 802	16 138 685
归属于上市公司股东的净资产	6 559 501	5 386 395	5 397 219	21.53%	4 752 138	4 762 408

（资料来源：格力电器 2017 年年报。）

14.1　财务分析方法

财务报表分析，是以企业财务报告为主要依据，运用定性分析和定量分析方法，系统分析评价企业的财务状况、经营成果及未来的发展前景，以期揭示企业经营活动的未来发展趋势，从而为企业提高管理水平、优化决策服务。财务分析方法即根据分析对象、企业实际情况和分析者的不同，采用不同的分析方法。

14.1.1　比较分析法

比较分析法是财务分析最常用，也是最基本的方法。它是通过主要项目或指标数值变化的对比，计算差异额，分析和判断企业财务状况及经营成果的一种方法。

通过比较分析，可以发现差距，找出产生差异的原因，进一步判定企业的财务状况和经营成果；通过比较分析，可以确定企业生产经营活动的收益性和资金投向的安全性。

1. 根据财务报表分析的要求与目的不同

（1）实际指标与本公司以前多期历史指标比较。可以把握公司前后不同历史时期有关指标的变动情况，了解公司财务活动的发展趋势和管理水平的提高情况。最典型的形式是本期实际与上期实际或历史最好水平的比较。

（2）实际指标与计划或预算指标比较。主要揭示实际与计划或预算之间的差异,掌握该项指标的计划或预算的完成情况。

（3）本公司指标与国内外行业先进公司指标或同行业平均水平相比较。能够找出本公司与国内外先进公司、行业平均水平的差距,明确本公司财务管理水平或财务效益在行业中的地位,推动本公司努力赶超先进水平。

2. 根据指标数据形式的不同

（1）绝对数分析法。

绝对数分析是将不同时期、相同项目的绝对金额进行比较,以观察其绝对额的变化趋势。

（2）相对数分析法。利用两个或两个以上的相对数指标进行对比,以解释这些相对数指标之间的数量差异。

在财务分析中,最常用的比较分析法是趋势分析法。

14.1.2 趋势分析法

趋势分析法是通过对比两期或连续几期财务报告中的相同指标,确定其增减变动的方向、数额和幅度,来说明企业财务状况或经营成果的变动趋势的一种方法。此种方法,可以分析引起变化的主要原因、变动的性质,并预测企业未来的发展前景。趋势分析法主要有以下三种方式。

1. 重要财务指标比较

重要财务指标比较是将不同时期财务报告中的相同指标或比率进行比较,直接观察其增减变动情况及变动幅度,考察其发展趋势,预测其发展前景。对不同时期财务指标的比较,可以采用以下两种方法：

（1）定基动态比率。用某一时期的数值作为固定的基期指标数值,将其他的各期数值与其对比来分析,其计算公式为：

$$定基动态比率＝分析期数值÷固定基期数值$$

（2）环比动态比率。以每一分析期的前期数值为基期数值而计算出来的动态比率,其计算公式为：

$$环比动态比率＝分析期数值÷前期数值$$

2. 报表比较

会计报表的比较是将连续数期的会计报表金额并列起来,比较其相同指标的增减变动金额和幅度,据以判断企业财务状况和经营成果发展变化的一种方法。运用该方法进行比较分析时,最好是既计算有关指标增减变动的绝对值,又计算其增减变动的相对值。这样可以有效地避免分析结果的片面性。

3. 会计报表项目构成比较

这种方式是在会计报表比较的基础上发展而来的,它是以会计报表中的某个总体指标为100%,计算其各组成项目占该总体指标的百分比,从而比较各个项目百分比的增减变动,以此判断有关财务活动的变化趋势。这种方式较前两种更能准确地分析企业财务活动的发展趋势。它既可用于同一企业不同时期财务状况的纵向比较,亦可用于不同企业之间的横向比较。同时,该方法还能消除不同时期(不同企业)之间业务规模差异的影响,有利于分析企业的耗费和盈利水平,但计算较为复杂。

在采用比较分析法时,必须注意以下问题:① 用于进行对比的各个时期的指标,在计算口径上必须一致;② 必须剔除偶发性项目的影响,使作为分析的数据能反映正常的经营状况;③ 应用例外原则,对某项有显著变动的指标作重点分析,研究其产生的原因,以便采取对策,趋利避害。

14.1.3 比率分析法

比率分析法是利用两个指标之间的某种关联关系,通过计算经济指标的比率来考察、计量和评价经济活动变动程度的一种分析方法。比率指标的类型主要分为三类。

1. 构成比率分析

构成比率是某项财务指标的各组成部分数值占总体数值的百分比,反映了部分与总体的关系。其计算公式为:

$$构成比率 = 某个组成部分的数值 \div 总体数值$$

财务分析中常用的构成比率有:市场占有率;某类商品销售额占企业总销售额的比率;流动资产、固定资产、无形资产占总资产的比率形成的企业资产构成比率;长期负债与流动负债占全部负债的比率;财务费用、销售费用和管理费用占费用总额的比率;营业利润、投资收益和营业外收支净额占利润总额的百分比构成的利润构成比率等。

2. 相关比率分析

相关比率是以某个项目和与其有关,但又不同的项目加以对比所得的比率,反映有关经济活动的相互关系。利用相关比率指标,可以考察企业相互关联的业务安排是否合理,以保障经营活动顺畅进行。常用的相关比率包括流动比率、速动比率、流动资产周转率、资产利润率等。

3. 效率比率分析

效率比率是某项财务中所费与所得的比率,反映投入与产出的关系。利用效率比率可以考察经营成果,评价经济效益。例如,将利润项目与销售成本、销售收入、资本等项目加以对比,可计算出成本利润率、销售利润率及资本利润率等指标,可以从不同角度观察比较企业获利能力的高低以及增减变化情况。

比率分析法的优点是计算简便,计算结果容易判断,而且可以使某些指标在不同规模的企业之间进行比较,甚至也能在一定程度上超越行业间的差别进行比较。采用这一方法应注意对比项目的相关性,对比口径的一致性和衡量标准的科学性。

14.1.4 因素分析法

因素分析法是依据分析指标与其影响因素的关系,从数量上确定各因素对分析指标影响方向和影响程度的一种方法。该分析法既可以全面分析各因素对某一经济指标的影响,亦可以单独分析某个因素对经济指标的影响,在财务分析中应用颇为广泛。因素分析法适用于多种因素构成的综合性指标的分析,如成本、利润、资金周转率等方面的指标。当若干因素对分析指标产生影响时,假定其他各个因素均无变化,依次确定每一因素单独变化所产生的影响。

因素分析法是财务分析方法中非常重要的一种方法。运用因素分析法,准确计算各个影响因素对分析指标的影响方向和影响程度,有利于企业进行事前计划、事中控制和事后监督,促进企业实施目标管理,提高企业经营管理水平。因素分析法的使用需要注意几个问题,即因素分解的相关性、分析前提的假定性、因素替代的顺序性以及顺序替代的连环性。

14.2 财务分析内容

财务分析的不同主体考虑的利益不同,在对企业进行财务分析时有着各自不同的要求,这使得其财务分析内容既有共性,亦有不同的侧重点。尽管侧重点不同,但就企业总体来看,财务分析的内容可归纳为偿债能力分析、营运能力分析、盈利能力分析和发展能力分析四个方面。

14.2.1 偿债能力分析

偿债能力是指企业偿还本身所欠债务的能力。对企业偿债能力进行分析,可以评价企业的财务状况,控制企业的财务风险,预测企业的筹资前景,把握企业的财务活动。偿债能力的衡量方法有两种:一种是比较可供偿债资产与债务的存量,资产存量超过债务存量较多,则认为偿债能力较强;另一种是比较经营活动现金流量和偿债所需现金,如果产生的现金超过需要的现金较多,则认为偿债能力较强。债务一般按到期时间分为短期债务和长期债务,偿债能力分析因此分为短期偿债能力分析和长期偿债能力分析。

1. 短期偿债能力分析

短期偿债能力是指企业在短期筹措资金的能力,在不变卖或处置固定资产的前提下偿还到期债务的能力,主要分析企业债务能否及时偿还。企业在短期(一年或一个营业周期)需要偿还的负债主要包括流动负债和一年内到期的长期负债,因此短期偿债能力衡量的是对流动负债的清偿能力。企业的短期偿债能力取决于短期内企业现金转化的能力,即在短期内能够转化为现金的流动资产的多少。短期偿债能力比率亦称为变现能力比率或流动比率,主要考察的是流动资产对流动负债的清偿能力,其衡量指标主要有营运资金、流动比率、速动比率和现金比率。

(1) 营运资金。

营运资金是指流动资产超过流动负债的部分,计算公式如下:

$$营运资金 = 流动资产 - 流动负债$$

表 14-2　格力电器 2016—2017 年营运资金计算　　　　　　　　　单位：亿元

项　目	2016-12-31	2017-12-31	变化幅度
流动资产①	1 429.15	1 715.35	20.03%
流动负债②	1 268.52	1 474.91	16.27%
营运资金①-②	160.63	240.44	49.69%

当流动资产大于流动负债时，营运资金为正，说明企业财务状况稳定，不能偿债的风险较小，但也有可能说明企业的闲置资金过多，资金未得到充分利用；反之，当流动资产小于流动负债时，营运资金为负，企业部分非流动资产以流动负债作为资金来源，企业不能偿债的风险很大。营运资金是绝对数，不便于不同企业之间的比较。例如，当两个不同公司营运资金相同时，我们如何判定其偿债能力优劣呢？一般是按营运资金占流动资产的比例，比例较高者偿债能力相对好一些。

(2) 流动比率。

流动比率是企业流动资产与流动负债之比，计算公式如下：

$$流动比率 = \frac{流动资产}{流动负债}$$

表 14-3　格力电器 2016—2017 年流动比率计算　　　　　　　　　单位：亿元

项　目	2016-12-31	2017-12-31	变化幅度
流动资产①	1 429.15	1 715.35	20.03%
流动负债②	1 268.52	1 474.91	16.27%
流动比率①÷②	1.13	1.16	—

流动比率表明每一元流动负债有多少流动资产可以作为偿还的保障，流动比率越大通常短期偿债能力越强。一般认为，制造企业合理的最低流动比率为 2。这是因为流动资产中变现能力最差的存货金额约占流动资产总额的一半，剩下的流动性较大的流动资产至少要等于流动负债，企业短期偿债能力才会有保证。流动比率的使用须注意以下几个问题：

① 流动比率高不意味着短期偿债能力一定很强。因为，流动比率假设全部流动资产可变现清偿流动负债。实际上，各项流动资产的变现能力并不相同而且变现金额可能与账面金额存在较大差异。因此，流动比率是对短期偿债能力的粗略估计，还需要进一步分析流动资产的构成项目。

② 计算出来的流动比率，只有与同行业平均流动比率、本企业历史流动比率进行比较，才知道该比率是高还是低。这种比较通常并不能说明流动比率为什么这么高或低，要找出过高或过低的原因还必须分析流动资产和流动负债所包括的内容及经营上的因素。一般情况下，营业周期、流动资产中的应收账款和存货的周转速度是影响流动比率的主要因素。营业周期短、应收账款和存货的周转速度快的企业即使流动比率低一些也是可以接受的。

③ 流动比率的缺点是易被人为操纵，并且未揭示流动资产的构成内容，只能大致反映流动资产整体的变现能力。但流动资产中包含存货这类变现能力较差的资产，如能将

其剔除,其所反映的短期偿债能力更可信,这个指标就是速动比率。

(3) 速动比率。

速动比率是企业速动资产与流动负债之比,计算公式为:

$$速动比率 = \frac{速动资产}{流动负债}$$

表 14-4 格力电器 2016—2017 年速动比率计算　　　　单位:亿元

项　目	2016-12-31	2017-12-31	变化幅度
流动资产①	1 429.15	1 715.35	20.03%
存货②	90.25	165.68	83.58%
速动资产①-②	1 338.90	1 549.67	15.74%
流动负债③	1 268.52	1 474.91	16.27%
速动比率(①-②)/③	1.06	1.05	—

构成流动资产的各项目,流动性差别很大。其中货币资金、交易性金融资产和应收款项,可以在较短时间内变现,称为速动资产;流动资产,包括存货、预付款项、一年内到期的非流动资产等,属于非速动资产。速动资产主要剔除了存货,原因是存货变现速度最慢;部分存货可能已抵押;存货成本和价格可能存在差异。因剔除了存货等变现能力较差的资产,速动比率比流动比率能更准确、可靠地评价企业资产的流动性及偿还短期债务的能力。速动比率表明每1元流动负债有多少速动资产作为偿债保障。一般情况下,速动比率越大,短期偿债能力越强。由于通常认为存货占流动资产的一半左右,因此剔除存货影响的速动比率至少是1。速动比率过低,企业面临偿债风险;但速动比率过高,会因占用现金及应收账款过多而增加企业的机会成本。影响此比率可信性的重要因素是应收账款的变现能力。因为,应收账款的账面金额不一定都能转化为现金,而且对于季节性生产的企业,其应收账款金额存在着季节性波动,根据某一时点计算的速动比率不能客观反映其短期偿债能力。此外,使用该指标应考虑行业的差异性。大量使用现金结算的企业其速动比率大大低于1是正常现象。

在对企业短期偿债能力分析时,还要注意一些非报表数据对短期偿债能力的影响。这些数据有的来自财务报表附注,有的来源于企业日常的经营管理活动所反映的信息。特别要关注一些能够增强短期偿债能力的因素,如未用完的银行贷款指标、准备很快变现的非流动资产和公司良好的信誉等。同时关注一些可能会减弱短期偿债能力的因素,如与担保有关的或有负债和合同中承诺的付款事项等。

(4) 现金比率。

现金比率是指企业现金类资产对流动负债的比率,反映流动资产中有多少现金能够用于偿债。现金资产包括货币资金、交易性金融资产等。其计算公式为:

$$现金比率 = \frac{货币资金 + 交易性金融资产}{流动负债}$$

表 14-5　格力电器 2016—2017 年现金比率计算　　　　　单位：亿元

项目	2016-12-31	2017-12-31	变化幅度
货币资金①	957.54	996.1	4.03%
交易性金融资产②	—	6.02	
流动负债③	1 268.52	1 474.91	16.27%
速动比率(①+②)/③	0.75	0.68	—

现金比率是流动比率和速动比率的进一步分析，较之于流动比率和速动比率而言更加严格，因为现金流量是企业偿还债务的最终手段。如果企业缺乏现金就可能发生支付困难，将面临财务危机。现金比率高，说明企业有较好的支付能力，对短期债权人的保障程度高。但如果该比率过高，可能是由于企业拥有大量不能盈利的现金和银行存款所致，企业的资产未能得到有效利用。一般而言，现金比率在 0.2 以上较好。

2. 长期偿债能力分析

长期偿债能力分析主要分析企业资产对债务本金的支持程度和对债务利息的偿付能力。长期偿债能力是指企业在较长的期间偿还债务的能力。企业在长期，不仅要偿还流动负债，还需要偿还非流动负债。因此，长期偿债能力衡量的是对企业所有负债的清偿能力。企业对所有负债的清偿能力取决于其总资产水平，因此长期偿债能力比率考察的是企业资产、负债和所有者权益之间的关系。其财务指标主要有资产负债率、产权比率、权益乘数和利息保障倍数。

(1) 资产负债率。

资产负债率是企业负债总额与资产总额之比，它表明企业资产总额中债权人提供资金所占的比重，以及企业资产对债权人权益的保障程度。其计算公式如下：

$$资产负债率=\frac{负债总额}{资产总额}$$

表 14-6　格力电器 2016—2017 年资产负债率计算　　　　　单位：亿元

项目	2016-12-31	2017-12-31	变化幅度
负债总额①	1 274.22	1 481.33	20.03%
资产总额②	1 823.74	2 149.68	16.27%
资产负债率 ①÷②	69.87%	68.91%	—

资产负债率反映总额资产中有多大比例是通过负债取得的，可以衡量企业清算时资产对债权人权益的保障程度。当资产负债率高于 50% 时，表明企业资产来源主要依靠的是负债，财务风险大；当资产负债率低于 50% 时，表明企业资产的主要来源是所有者权益，财务较稳健。该比率越低，表明企业资产对负债的保障能力越高，企业的长期偿债能力越强。事实上，利益主体不同，看待该指标的立场也不同。从债权人的立场看，债务比率越低越好，企业偿债有保证，贷款不会有太大风险；从股东立场看，其关心的是举债的效益。在全部资本利润率高于借款利息率时，负债比率越大越好，因为股东所得到的利润就会加大。从经营者的角度看，其进行负债决策时，更关注如何实现风险和收益的平衡。资产负债率较低表明财

务风险较低,但同时也意味着可能没有充分发挥财务杠杆的作用,盈利能力也较低;而较高的资产负债率表明较大的财务风险和较高的盈利能力。只有当负债增加的收益能够涵盖其增加的风险时,经营者才能考虑借入负债。而在风险和收益实现平衡的条件下,是选择较高的负债水平还是较低的负债水平,则取决于经营者的风险偏好等多种因素。

分析资产负债比率时,一般要考虑以下几个方面问题:① 结合营业周期,营业周期短的企业,资产周转速度快,可以适当提高资产负债率;② 结合资产构成,流动资产占的比率比较大的企业可以适当提高资产负债率;③ 结合企业经营状况,营利性好的企业可适当提高资产负债率;④ 结合客观经济环境,如利率和通货膨胀率水平,当利率提高时,会加大企业负债的实际利率水平,增加企业的偿债压力,应降低资产负债率;⑤ 结合资产质量和行业差异等。

(2) 产权比率。

产权比率又称负债权益比率,是负债总额与所有者权益总额之比,反映的是债权人所提供的资金与所有者提供的资金之间的比例及企业投资者承担风险的大小。它是企业财务结构稳健与否的重要标志。其计算公式如下:

$$产权比率 = \frac{负债总额}{所有者权益总额}$$

表 14-7 格力电器 2016—2017 年产权比率计算　　　　　　　单位:亿元

项　目	2016-12-31	2017-12-31	变化幅度
负债总额①	1 274.22	1 481.33	20.03%
所有者权益总额②	549.52	668.35	21.62%
产权比率 ①÷②	2.32	2.22	—

该指标描述由债务人提供的资本与所有者提供资本的相对关系,即企业财务结构是否稳定。该指标反映债权人资本受股东权益保障的程度,或者企业清算时对债权人利益的保障程度。一般来说,这一比率越低,表明企业长期偿债能力越强,债权人权益保障程度越高。分析时同样需要考虑企业的具体情况,如当企业的资产收益率大于负债成本率时,负债经营有利于提高资金收益率,获得额外的利润,这时的产权比率可适当高些。产权比率高,是高风险高报酬的财务结构;产权比率低,是低风险低报酬的财务结构。

(3) 权益乘数。

权益乘数是总资产与股东权益的比值。其计算公式如下:

$$权益乘数 = \frac{总资产}{股东权益}$$

表 14-8 格力电器 2016 与 2017 年权益乘数计算　　　　　　　单位:亿元

项　目	2016-12-31	2017-12-31	变化幅度
总资产①	1 823.74	2 149.68	17.87%
股东权益总额②	549.52	668.35	21.62%
权益乘数①÷②	3.32	3.22	—

权益乘数表明股东每投入1元钱可实际拥有的控制的金额。在企业存在负债的情况下,权益乘数大于1。企业负债比例越高,权益乘数越大。产权比率和权益乘数是资产负债率的另外两种表现形式,是常用的反映财务杠杆的指标。

(4) 利息保障倍数。

利息保障倍数是指企业息税前利润与全部利息费用之比,又称已获利息倍数,用以衡量偿付借款利息的能力。其计算公式如下:

$$利息保障倍数=\frac{息税前利润}{全部利息费用}$$

表 14-9　格力电器 2016—2017 年利息保障倍数计算　　　　单位:亿元

项　目	2016-12-31	2017-12-31	变化幅度
息税前利润①	173.58	252.31	45.36%
利息费用②	−48.45	4.31	—
利息保障倍数①÷②	—	58.54	—

利息保障倍数反映支付利息的利润来源(息税前利润)与利息支出之间的关系。该比率越高,长期偿债能力越强。从长期来看,利息保障倍数至少要大于1(国际公认标准为3),换言之,息税前利润至少要大于利息费用,企业才具有负债的可能性。如果利息保障倍数过低,企业将面临亏损、偿债的安全性与稳定性下降的风险。

14.2.2　营运能力分析

营运能力主要指资产运用、循环的效率高低。一般而言,资金周转速度越快,说明企业的资金管理水平越高,资金利用效率越高,企业可以以较少的投入获得较多的收益。因此,营运能力指标反映投入与产出之间的关系。企业营运能力分析包括流动资产营运能力分析、固定资产营运能力分析和总资产营运能力分析三个方面。

1. 流动资产营运能力分析

反映流动资产营运能力的指标主要有应收账款周转率、存货周转率和流动资产周转率。

(1) 应收账款周转率。

应收账款在流动资产中有着举足轻重的地位,及时收回应收账款,不仅增强了企业的短期偿债能力,也反映企业管理应收账款的效率。反映应收账款周转情况的指标有应收账款周转次数和应收账款周转天数。

应收账款周转次数是指一定时间内商品或产品销售收入净额与应收账款平均余额的比值,表明一定时间内应收账款平均收回的次数。其计算公式如下:

$$应收账款周转次数=\frac{销售收入净额}{应收账款平均余额}$$

应收账款周转天数是指应收账款周转一次所需要的时间。其计算公式如下:

$$应收账款周转天数=\frac{计算期天数}{应收账款周转次数}$$

表 14-10　格力电器 2016—2017 年应收账款周转率计算　　　　单位：亿元

项　目	2016-12-31	2017-12-31	变化幅度
销售收入净额①	1 083.03	1 482.86	36.92%
应收项目期初余额②	177.59	329.24	85.39%
应收项目期末余额③	329.24	380.7	15.63%
应收项目平均余额④＝(②＋③)/2	253.42	354.97	40.07%
应收账款周转次数⑤＝①/④	4.3 次	4.2 次	—
应收账款周转天数 360/⑤	84 天	86 天	—

通常，应收账款周转率越高，周转天数越短，说明应收账款管理效率越高。

在计算和使用应收账款周转率指标时应注意：① 销售收入指扣除销售折扣和折让后的销售净额。从理论上讲，应收账款是由赊销引起的，其对应的收入应为赊销收入，而非全部销售收入，但是赊销数据难以取得，且可以假设现金销售是收账时间为零的应收账款，因此只要保持计算口径的历史一致性，使用销售净额不影响分析。销售收入数据使用利润表中的"营业收入"。② 应收账款包括会计报表中"应收账款"和"应收票据"等全部赊销款在内，因为应收票据是销售形成的应收款项的另一种形式。③ 应收账款应为未扣除坏账准备的金额。应收账款在财务报表上按净额列示，计提坏账准备会使财务报表上列示的应收账款金额减少，而销售收入不变。其结果是，计提坏账准备越多，应收账款周转率越高，周转天数越少，对应收账款实际管理欠佳的企业反而会得出应收账款周转情况更好的错误结论。④ 应收账款余额的可靠性问题。应收账款是特定时点的存量，容易受季节性、偶然性和人为因素的影响，在用应收账款周转率进行业绩评价时，最好使用多个时点的平均数，以减少这些因素的影响。

应收账款周转率反映了企业应收账款周转速度的快慢及管理效率的高低。一定时期内应收账款周转次数多、周转天数少表明：企业收账迅速，信用销售管理严格；应收账款流动性强，从而增强企业的短期偿债能力；可以减少收账费用和坏账损失，相对增加企业流动资产的投资收益；或者可以用来评价客户的信用程度，来调整企业信用政策。

(2) 存货周转率。

在流动资产中，存货所占比重较大，存货的流动性将直接影响企业的流动比率。存货周转率包括存货周转次数和存货周转天数。

存货周转次数是指一定时期内企业销售成本与存货平均资金占用额的比率，是衡量和评价企业购入存货、投入生产、销售收回等各环节管理效率的综合性指标。其计算公式如下：

$$存货周转次数 = \frac{销售成本}{存货平均余额}$$

存货周转天数是指存货周转一次所需要的时间。其计算公式如下：

$$存货周转天数 = \frac{计算期天数}{存货周转次数}$$

表14-11 格力电器2016—2017年存货周转天数计算　　　　　　　单位:亿元

项　目	2016-12-31	2017-12-31	变化幅度
销售成本①	728.86	995.63	36.6%
存货期初余额②	94.74	90.25	-4.74%
存货期末余额③	90.25	165.68	83.58%
存货平均余额④=(②+③)/2	92.5	127.94	38.31%
存货周转次数⑤=①/④	7.9次	7.8次	—
应收账款周转天数360/⑤	46天	46天	—

一般来说,存货周转速度越快,存货占用水平越低,流动性越强,存货转化为现金或应收账款的速度越快。这样会增强企业的短期偿债能力及盈余能力。通过存货周转速度分析,有利于找出存货管理中存在的问题,尽可能降低资金占用水平。但在具体分析时,应该注意:① 存货周转率的高低与企业的经营特点有密切联系,应注意行业的可比性;② 该比率反映的是存货整体的周转情况,不能说明企业经营各环节的存货周转情况和管理水平;③ 应结合应收账款周转情况和信用政策进行分析。

(3)流动资产周转率。

流动资产周转率是反映企业流动资产周转速度的指标。其计算公式如下:

$$流动资产周转率 = \frac{销售收入净额}{流动资产平均余额}$$

流动资产周转天数是指流动资产周转一次所需要的时间。其计算公式如下:

$$流动资产周转天数 = \frac{计算期天数}{流动资产周转次数}$$

表14-12 格力电器2016—2017年流动资产周转天数计算　　　　　单位:亿元

项　目	2016-12-31	2017-12-31	变化幅度
销售收入净额①	1 083.03	1 482.86	36.92%
流动资产期初余额②	1 209.49	1 429.11	18.16%
流动资产期末余额③	1 429.11	1 715.35	20.03%
流动资产平均余额④=(②+③)/2	1 319.3	1 572.23	19.17%
流动资产周转率⑤=①/④	0.8次	0.9次	—
流动资产周转天数360/⑤	439天	382天	—

在一定时期内,流动资产周转次数越多,表明以相同的流动资产完成的周转次数越多,流动资产利用效率越高。流动资产周转天数越少,表明流动资产在经历生产销售各个阶段所占用的时间越短,可相对节约流动资产,增强企业盈利能力。因此,用天数表示流动资产周转率能更直接地反映生产经营状况的改善,便于比较不同时期的流动资产周转率。

2. 固定资产营运能力分析

反映固定资产营运能力的指标是固定资产周转率。该指标是指企业销售收入与固定

资产平均净值的比率,它是反映企业固定资产周转情况,从而衡量固定资产利用效率的一项指标。其计算公式为:

$$固定资产周转率 = \frac{销售收入净额}{固定资产平均净值}$$

表 14-13　格力电器 2016—2017 年固定资产周转率计算　　　　单位:亿元

项　目	2016-12-31	2017-12-31	变化幅度
销售收入净额①	1 083.03	1 482.86	36.92%
固定资产期初净额②	154.32	176.82	14.58%
固定资产期末净额③	176.82	174.67	-1.22%
固定资产平均净额④=(②+③)/2	165.57	175.75	6.15%
固定资产周转率⑤=①/④	6.5 次	8.4 次	—
固定资产周转天数 360/⑤	55 天	43 天	—

固定资产周转率高,表明企业固定资产投资得当,结构合理,利用充分;反之,如果固定资产周转率不高,则表明固定资产使用效率不高,提供的生产成果不多,企业的营运能力不强。

运用固定资产周转率时,需要考虑固定资产净值因计提折旧而逐年减少,因更新重置而突然增加的影响。在不同企业间进行分析比较时,还要考虑不同折旧方法对净值的影响等。

3. 总资产营运能力分析

反映总资产营运能力的指标是总资产周转率,它是企业销售收入净额与平均资产总额的比率。其计算公式如下:

$$总资产周转率 = \frac{销售收入净额}{平均资产总额}$$

表 14-14　格力电器 2016—2017 年总资产周转率计算　　　　单位:亿元

项　目	2016-12-31	2017-12-31	变化幅度
销售收入净额①	1 083.03	1 482.86	36.92%
总资产期初余额②	1 616.98	1 823.7	12.78%
总资产期末余额③	1 823.7	2 149.68	17.87%
总资产平均余额④=(②+③)/2	1 720.34	1 986.69	15.48%
总资产周转率⑤=①/④	0.63 次	0.75 次	—
总资产周转天数 360/⑤	572 天	482 天	—

总资产周转率可用来分析企业全部资产的使用效率。如果该比率较低,则说明企业利用全部资产进行经营的效率较差,最终会影响企业的获利能力。该比率越高,表明企业总资产周转速度越快,销售能力越强,资产利用效率越高。

14.2.3 盈利能力分析

盈利能力是指企业获取利润的能力。利润是企业内外有关各方都关心的中心问题,是投资者取得投资收益、债权人收取本息的资金来源,是经营者经营业绩和管理效能的集中表现,也是员工福利的重要保障。因此,企业盈利能力分析十分重要。

一般而言,企业的盈利能力分析仅涉及企业正常的生产经营活动,不涉及非正常的经营活动。这是因为一些非正常、特殊的经营活动虽然也会给企业带来收益,但它不是经常的和持久的,不能将其作为企业的盈利能力的组成部分加以评价。

反映企业盈利能力的指标有很多,一般企业采用的有销售毛利率、销售净利率、总资产净利率、净资产收益率。股份公司一般使用的主要有每股收益、每股股利、市盈率、每股净资产、市净率等指标。

1. 一般企业盈利能力指标

(1) 销售毛利率。

销售毛利率是销售毛利与销售收入之比,反映产品每销售一元所包含的毛利润是多少,即销售收入扣除销售成本后还有多少剩余可用于各期费用,形成利润。其计算公式为:

$$销售毛利率 = \frac{销售收入 - 销售成本}{销售收入}$$

表 14-15　格力电器 2016—2017 年销售毛利率计算　　　　单位:亿元

项　目	2016-12-31	2017-12-31	变化幅度
销售收入①	1 083.03	1 482.86	36.92%
销售成本②	728.86	995.63	36.6%
销售毛利率(①-②)/①	32.7%	32.86%	—

一般销售毛利越高,产品的盈利能力越强。该指数与行业水平进行比较,可以反映企业产品的市场竞争能力。销售毛利率高于行业水平的企业意味着其实现一定的收入占用了更少的成本,表明其在资源、技术或劳动生产率方面具有竞争优势。

(2) 销售净利率。

销售净利率是净利润与销售收入之比,反映每一元销售收入最终赚取了多少利润,用于反映产品最终的盈利能力。该比率越高,企业通过扩大销售获得收益的能力越强。其计算公式如下:

$$销售净利率 = \frac{净利润}{销售收入}$$

表 14-16　格力电器 2016—2017 年销售净利率计算　　　　单位:亿元

项　目	2016-12-31	2017-12-31	变化幅度
净利润①	155.66	225.09	44.6%
销售收入②	1 083.03	1 482.86	36.92%
销售净利率①/②	14.37%	15.18%	—

通过分析销售净利率的升降变动,可以促使企业在扩大销售的同时,注意改进经营管理,提高盈利水平。评价企业的销售净利率时,应比较企业历年的指标,从而判断企业销售净利率的变化趋势。销售净利率受行业特点的影响较大,因此还须结合不同行业的具体情况进行分析。

（3）总资产净利率。

总资产净利率是指净利润与平均总资产的比率,反映每一元资产创造的净利润,衡量企业资产的盈利能力。该指标越高,表明企业资产的利用效果越好。其计算公式如下：

$$总资产净利率=\frac{净利润}{平均总资产}$$

表 14-17　格力电器 2016—2017 年总资产净利率计算　　　　　单位：亿元

项　目	2016-12-31	2017-12-31	变化幅度
净利润①	155.66	225.09	44.6%
总资产期初余额②	1 616.98	1 823.7	12.78%
总资产期末余额③	1 823.7	2 149.68	17.87%
总资产平均余额④=(②+③)/2	1 720.34	1 986.69	15.48%
总资产净利率①/④	9.05%	11.33%	—

影响总资产净利率的因素是销售净利率和总资产周转率。

（4）净资产收益率。

净资产收益率又称权益报酬率,是净利润与平均所有者权益的比值,表示每一元股东资本赚取的净利润,反映资本经营的盈利能力。它是企业盈利能力的核心指标,也是杜邦财务指标体系的核心,更是投资者关注的重点。一般来说,净资产收益率越高,股东和债权人的利益保障程度越高。其计算公式如下：

$$\frac{净资产}{收益率}=\frac{净利润}{平均净资产}=\frac{净利润}{平均总资产}\times\frac{平均总资产}{平均净资产}=\frac{资产}{净利率}\times\frac{权益}{乘数}$$

通过对净资产收益率的分析发现可以通过改善资产盈利能力和增加企业负债都可以提高净资产收益率。当然不改善资产的盈利能力,单纯通过加大负债提高权益乘数是非常危险的。因为企业负债经营的前提是要有足够的盈利能力保障偿还债务本息,如果只是徒然增加权益乘数,会短期改善净资产报酬率,但企业会因为没有足够的盈利能力而陷入财务危机。因此,只有当企业净资产收益率上升的同时,财务风险没有明显加大,才能说明企业财务状况良好。

2. 股份公司盈利能力指标

（1）每股收益。

每股收益即每股盈利,又称每股利润或每股盈余,是股份公司普通股每股税后净利润。该指标是净利润扣除优先股股利后的余额,除以发行在外的普通股平均股数。其计算公式如下：

$$每股收益=\frac{净利润-优先股股利}{发行在外的普通股平均股数}$$

表14-18 格力电器2016—2017年每股收益计算 单位:亿元

项 目	2016-12-31	2017-12-31
净利润①	155.66	225.09
优先股股利②	0	0
发行在外的普通股平均股数③	5 970 602 400	5 969 568 300
每股收益(①-②)/③	2.61元	3.77元

如果年度内普通股股数未发生变化,则发行在外的普通股平均股数就是年末普通股总数;如果年度内普通股股数发生了变化,则发行在外的普通股平均股数应当使用按月计算的加权平均发行在外的普通股股数。

每股收益是股份公司发行在外的普通股每股所能取得的利润,它可以反映股份公司获利能力的大小。每股收益越高,说明股份公司的获利能力越强。

虽然每股收益可以直观反映股份公司的获利能力以及股东的报酬,但它是一个绝对指标,在分析时还应结合流通在外的股数。如果股份公司采用股本扩张的政策,大量配股或以股票股利的方式分配股利,这样必然摊薄每股收益,使每股收益减少。同时还应注意到每股股价的高低,如果甲乙两个公司的每股收益都是0.98元,但乙公司股价为25元,甲公司股价为16元,则投资于甲乙公司的风险和报酬显然不同。因此投资者不能片面分析每股收益,应结合净资产收益率来分析公司的获利能力。

(2) 每股股利。

每股股利是企业股利总额与流通股数的比值。股利总额是用于对普通股分配现金股利的总额,流通股数是企业发行在外的普通股股数。其计算公式如下:

$$每股股利 = \frac{现金股利总额 - 优先股股利}{发行在外的普通股股数}$$

表14-19 格力电器2016年每股股利计算 单位:元

项 目	2016-12-31
现金股利总额①	10 828 315 580.40
优先股股利②	—
发行在外的普通股平均股数③	5 970 602 400 股
每股股利(①-②)/③	1.8

每股股利是反映股份公司每一普通股获得股利多少的一个指标。每股股利的高低,一方面取决于企业获利能力的强弱,同时,还受企业股利发放政策与利润分配需要的影响。如果企业为扩大再生产,增强企业的后劲而多留,则每股股利就少,反之,则多。倾向于分配现金股利的投资者应该比较分析公司历年的每股股利,从而了解公司的股利政策。

(3) 市盈率。

市盈率,也称价格盈余比率或价格与收益比率,是指普通股每股市价与每股收益的比率,反映普通股股东为获取一元净利润所愿意支付的股票价格。其计算公式如下:

$$市盈率 = \frac{每股市价}{每股收益}$$

表 14-20　格力电器 2016—2017 年市盈率计算　　　　　　　　单位：元

项目	2016-12-31	2017-12-31
每股市价①	22.82	43.7
每股收益②	2.61	3.77
市盈率①/②	8.74	11.59

市盈率是反映股票投资价值的重要指标，也是投资者对从某种股票获得一元利润所愿支付的价格，投资者对这个指标十分重视，是投资者做出投资决策的重要参考因素之一。该项比率越高，表明企业获利的潜力越大，投资者对该公司的发展前景看好。反之，则表明企业的前景并不乐观。但是也应注意，如果某股票的市盈率过高，意味着这种股票具有较高的投资风险。

(4) 每股净资产。

每股净资产，也称每股账面价值，是指企业期末净资产除以发行在外的股票股数。其计算公式为：

$$每股净资产 = \frac{期末净资产}{发行在外的股票股数}$$

表 14-21　格力电器 2016—2017 年每股净资产计算　　　　　　　单位：元

项目	2016 年	2017 年
期末净资产①	54 952 155 255.1	66 834 797 763.19
发行在外的普通股平均股数②	5 970 602 400 股	5 969 568 300 股
每股净资产①/②	9.2	11.2

每股净资产指标反映在会计期末每一股份在企业账面价值上到底值多少钱，是理论上股票的最低价值。每股净资产并没有一个确定的标准，但是投资者可以比较公司历年的每股净资产的变动趋势，来了解公司的发展趋势和获利能力。

(5) 市净率。

市净率是每股市价与每股净资产的比率，是投资者用来衡量、分析个股是否具有投资价值的工具之一。其计算公式为：

$$市净率 = \frac{每股市价}{每股净资产}$$

表 14-22　格力电器 2016—2017 年市净率计算　　　　　　　　单位：元

项目	2016-12-31	2017-12-31
每股市价①	22.82	43.7
每股净资产②	9.2	11.2
市净率①/②	2.5	3.9

一般来说，市净率较低的股票，投资价值较高；反之，则投资价值较低。但有时较低的市净率反映的可能是投资者对公司前景的不良预期，而较高的市净率则相反。因此，在判

断某只股票的投资价值时,还要综合考虑当时的市场环境,以及公司经营情况、资产质量和盈利能力等因素。

14.2.4 发展能力分析

企业的发展能力,也称企业的成长性,是指企业通过自身的生产经营活动,不断扩大积累而形成的发展潜能。反映企业发展能力的指标主要有销售(营业)增长率、营业利润增长率、资本积累率、总资产增长率。

1. 销售(营业)增长率

销售增长率是指企业本年销售增长额与上年销售额之间的比率,反映销售的增减变动情况,是评价企业成长状况和发展能力的重要指标。通常销售收入增长率越高,代表公司产品销售量增加,市场占有率扩大,未来成长也乐观。其计算公式为:

$$销售收入增长率 = \frac{本年销售收入增长额}{上年销售收入总额}$$

表 14-23 格力电器 2016—2017 年销售收入增长率计算　　　　　单位:亿元

项　目	2016 年	2017 年
销售收入	1 083.03	1 482.86
2017 年销售收入增长额	1 482.86 − 1 083.03 = 399.83	
销售收入增长率	(399.83/1 083.03) × 100% = 36.92%	

利用该指标分析企业发展能力时应注意:

(1) 销售增长率是衡量企业经营状况和市场占有能力、预测企业经营业务拓展趋势的重要指标,也是企业扩张增量资本和存量资本的重要前提。不断增加的销售收入,是企业生存的基础和发展条件。

(2) 该指标越大,表明其增长速度越快,企业市场前景越好。

(3) 在实际分析时应结合企业历年的销售水平、企业市场占有情况、行业未来发展及其他影响企业发展的潜在因素进行潜在性预测或结合企业前三年的销售收入增长率做出趋势性分析判断。

(4) 分析中可以其他类似企业、企业历史水平及行业平均水平作为比较标准。

2. 营业利润增长率

营业利润增长率是企业本年营业利润增长额与上年营业利润总额的比率,反映企业营业利润的增减变动情况。其计算公式为:

$$营业利润增长率 = \frac{本年营业利润增长额}{上年营业利润总额}$$

表 14-24 格力电器 2016—2017 年营业利润增长率计算　　　　　单位:亿元

项　目	2016 年	2017 年
营业利润	1 750.36	2 612.67

续 表

项目	2016年	2017年
2017年营业利润增长额	2 612.67－1 750.36＝862.31	
营业利润增长率	(862.31/1 750.36)×100%＝49.26%	

其中,本年营业利润增长额＝本年营业利润－上年营业利润。

3. 资本积累率

资本积累率是指企业本年所有者权益增长额同年初所有者权益的比率。资本积累率表示企业当年资本的积累能力,是评价企业发展潜力的重要指标。其计算公式为:

$$资本积累率=\frac{本年所有者权益增长额}{年初所有者权益}$$

表14-25 格力电器2016—2017年资本积累率计算　　　　单位:亿元

项目	2016年	2017年
所有者权益	549.52	668.35
2017年所有者权益增长额	668.35－549.52＝118.83	
资本积累率	(118.83/549.52)×100%＝21.62%	

其中,本年所有者权益增长额＝所有者权益年末数－所有者权益年初数。

该指标体现了企业资本的保全和增长情况。若该指标越大于零,表明企业资本积累越多,应付风险和持续发展的能力越强;若该指标为负值,说明企业资本受到侵蚀,所有者权益受到损害,要予以重视。

4. 总资产增长率

总资产增长率又称总资产扩张率,是企业本年总资产增长额同年初资产总额的比率,反映企业本期资产规模的增长情况。其计算公式为:

$$总资产增长率=\frac{本年总资产增长额}{年初资产总额}$$

表14-26 格力电器2016—2017年总资产增长率计算　　　　单位:亿元

项目	2016年	2017年
总资产	1 823.74	2 149.68
2017年总资产增长额	2 149.68－1 823.74＝325.94	
总资产增长率	(325.94/1 823.74)×100%＝17.87%	

其中,本年总资产增长额＝年末资产总额－年初资产总额。

总资产增长率越高,表明企业一定时期内资产经营规模扩张的速度越快。在分析时,需要关注资产规模扩张的质和量的关系以及企业的后续发展能力,避免盲目扩张。

14.3 财务综合分析

财务分析的一个重要目的就是要全方位地分析企业经营管理状况,进而对企业的经济效益做出正确合理的判断,为企业资金的筹集、投资、运用、分配等一系列的财务活动决策提供有力的支持。仅仅测算孤立的财务指标,很难全面评价企业财务状况和经营成果,有时甚至会得出错误的结论。为了从整体的角度去评价企业的财务状况,可以使用杜邦分析法和沃尔比重模型分析法。

14.3.1 杜邦分析法

杜邦分析法(DuPont Analysis)是利用几种主要财务比率之间的关系来综合分析企业的财务状况。具体来说,它是一种用来评价公司赢利能力和股东权益回报水平,从财务角度评价企业绩效的一种经典方法。其基本思想是将企业净资产收益率逐级分解为多项财务比率乘积,这样有助于深入分析比较企业经营业绩。由于该分析方法最早由美国杜邦公司使用,故名杜邦分析法。

杜邦分析法最显著的特点是将若干个用以评价企业经营效率和财务状况的比率按其内在联系有机地结合起来,形成一个完整的指标体系,并最终通过权益收益率来综合反映。

1. 杜邦分析法分析指标

(1) 净资产收益率,也称权益报酬率,是一个综合性最强的财务分析指标,是杜邦分析系统的核心。

(2) 资产净利率是影响净资产收益率的最重要指标,具有很强的综合性,而资产净利率又取决于销售净利率和总资产周转率的高低。总资产周转率是反映总资产的周转速度。对资产周转率的分析,需要对影响资金周转的各因素进行分析,以判明影响公司资金周转的主要问题在哪里。销售净利率反映销售收入的收益水平。扩大销售收入,降低成本费用是提高企业销售利润率的根本途径,而扩大销售,同时也是提高资产周转率的必要条件和途径。

(3) 权益乘数表示企业的负债程度,反映公司利用财务杠杆进行经营活动的程度。资产负债率高,权益乘数就大,这说明公司负债程度高,公司会有较多的杠杆利益,但风险也高;反之,资产负债率低,权益乘数就小,这说明公司负债程度低,公司会有较少的杠杆利益,但相应所承担的风险也低。

杜邦分析法中几种主要财务指标的关系为:

$$净资产收益率 = 资产净利率 \times 权益乘数$$

$$资产净利率 = 销售净利率 \times 资产周转率$$

$$净资产收益率 = 销售净利率 \times 资产周转率 \times 权益乘数$$

$$权益乘数 = 资产总额 \div 股东权益总额 = 1 \div (1 - 资产负债率) = 1 + 产权比率$$

图 14-1 为杜邦分析图。

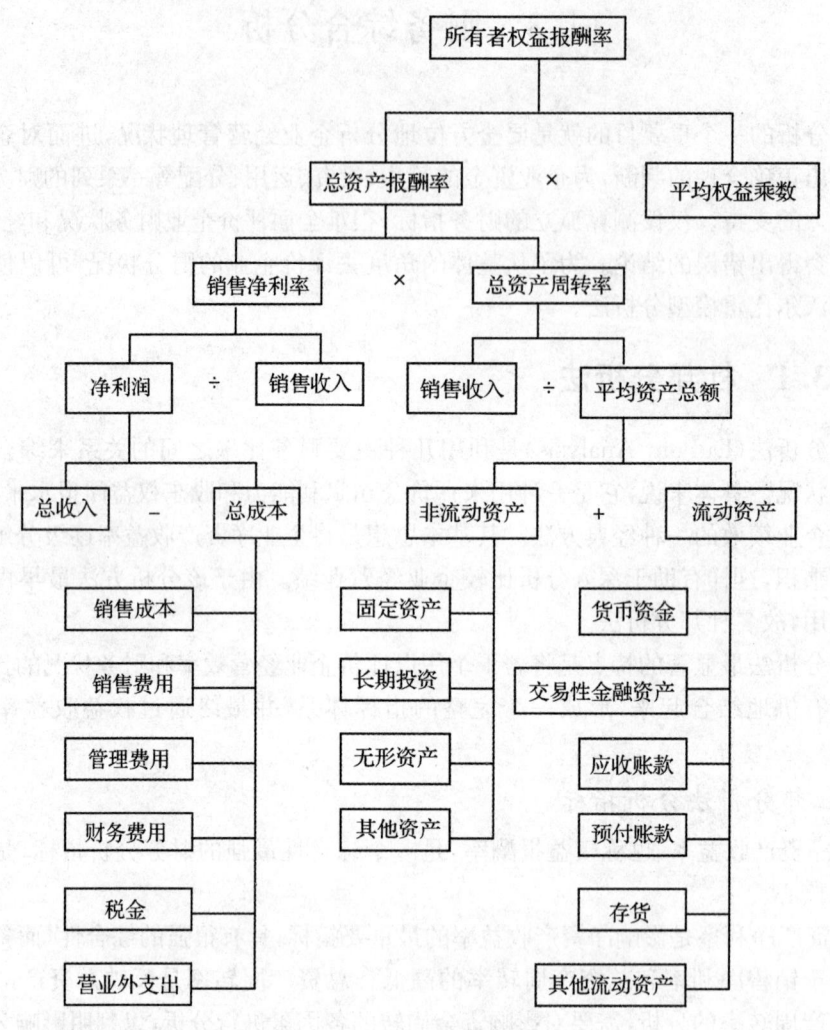

图 14-1 杜邦分析图

所有者权益报酬率 = 总资产报酬率 × 平均权益乘数

总资产报酬率 = 销售净利率 × 总资产周转率

销售净利率 = 净利润 ÷ 销售收入

总资产周转率 = 销售收入 ÷ 平均资产总额

净利润 = 总收入 − 总成本

平均资产总额 = 非流动资产 + 流动资产

总成本项目：销售成本、销售费用、管理费用、财务费用、税金、营业外支出

非流动资产项目：固定资产、长期投资、无形资产、其他资产

流动资产项目：货币资金、交易性金融资产、应收账款、预付账款、存货、其他流动资产

2. 杜邦分析法使用步骤

（1）从净资产收益率开始，根据会计资料（主要是资产负债表和利润表）逐步分解计算各指标；

（2）将计算出的指标填入杜邦分析图；

（3）逐步进行前后期对比分析，也可以进一步进行企业间的横向对比分析。

3. 杜邦分析法的局限性

从企业绩效评价的角度来看，杜邦分析法只包括财务方面的信息，不能全面反映企业的实力，有很大的局限性，在实际运用中需要加以注意，必须结合企业的其他信息加以分析，主要表现在以下三个方面：

（1）对短期财务结果过分重视，有可能助长公司管理层的短期行为，忽略企业长期的价值创造。

（2）财务指标反映的是企业过去的经营业绩，在新经济时代，顾客、供应商、雇员、技术创新等因素对企业经营业绩的影响越来越大,而杜邦分析法在这些方面显得无能为力。

(3) 在目前的市场环境中,企业的无形知识资产对提高企业长期竞争力至关重要,杜邦分析法却无法解决无形资产的估值问题。

14.3.2 沃尔比重分析法

沃尔比重分析法是指将选定的财务比率用线性关系结合起来,并分别给定各自的分数比重,然后通过与标准比率进行比较,确定各项指标的得分及总体指标的累计分数,从而对企业的信用水平做出评价的方法。

选定的财务比率有七项,即流动比率、产权比率、固定资产比率、存货周转率、应收账款周转率、固定资产周转率和自有资金周转率,分别赋予各指标权重,然后确定标准比率(以行业平均数为基础),将实际比率与标准比率相比,得出相对比率,将此相对比率与各指标比重相乘,得出总评分。

沃尔比重评分析有两个缺陷:① 选择这七个比率及给定的权重缺乏说服力;② 如果某一个指标严重异常时,会对总评分产生不合逻辑的重大影响。尽管该方法在理论上还有待证明,在技术上也不够完善,但它还是在实践中被广泛应用,如用于高校分类与排名问题。

课后习题

A. 自测选择题

1. 作为短期流动性的度量指标,以下最不重要的是(　　)。
  A. 速动比率　　　　　　　　　　B. 资产负债率
  C. 流动比率　　　　　　　　　　D. 经营活动现金流量

2. 基于股东视角,以下关系最不重要的是(　　)。
  A. 资产报酬率一直高于行业平均水平
  B. 净资产收益率在过去的五年里持续增长
  C. 利润大于营运资本额
  D. 资产报酬率高于向债权人支付的利息率

3. 在计算总资产周转率时使用的收入指标是(　　)。
  A. 主营业务收入　　　　　　　　B. 其他业务收入
  C. 投资收入　　　　　　　　　　D. 补贴收入

4. 下列各项中能增强短期偿债能力的措施是(　　)。
  A. 提高生产能力　　　　　　　　B. 减少废品损失
  C. 加速货款的回收　　　　　　　D. 增加产品的库存

5. 可以分析评价长期偿债能力的指标是(　　)。
  A. 存货周转率　　　　　　　　　B. 资产负债率
  C. 总资产报酬率　　　　　　　　D. 流动比率

6. 某公司 2017 年的主营业务收入为 60 111 万元,其中年初资产总额为 6 810 万元,年末资产总额为 8 600 万元,该公司总资产周转率及周转天数分别是(　　)。
   A. 8.83 次,40.77 天　　　　　　　B. 6.99 次,51.5 天
   C. 8.83 次,51.5 天　　　　　　　　D. 7.8 次,46.15 天
7. 企业当年实现销售收入 3 800 万元,净利润 480 万元,资产周转率为 3,则总资产收益率是(　　)。
   A. 4.21%　　B. 12.63%　　C. 25.26%　　D. 37.89%
8. 下列指标中,(　　)属于企业发展能力分析指标。
   A. 存货周转率　　B. 流动比率　　C. 总资产增长率　　D. 净资产收益率
9. 关于流动比率,下列说法正确的有(　　)。
   A. 流动比率过低,说明企业可能有清偿到期债务的困难
   B. 流动比率过高,说明企业有较多不能盈利的闲置流动资产
   C. 是衡量短期偿债能力的唯一指标
   D. 流动比率以 2∶1 比较合适
10. 计算存货周转率时,应考虑的因素有(　　)。
    A. 主营业务收入　　B. 期初存货净额　　C. 期末存货净额　　D. 主营业务成本

B. 概念回顾与思考

1. 利用财务信息对企业财务状况进行分析的基本方法有哪几种?
2. 评价企业财务状况的财务比率主要有哪些?这些比率反映了企业财务状况的哪些方面?
3. 流动比率、速动比率和现金比率有何区别?
4. 为什么上市公司的股东对每股收益,而不是利润总额更敏感?
5. 杜邦分析的基本理念是什么?如何利用杜邦等式分析企业的产业政策和财务政策?

C. 业务处理

1. 以下是嘉兰公司的流动资产和流动负债信息(单位:元):

流动资产:	
存货	125 000
应收账款	75 000
库存现金	50 000
流动负债:	
应计费用	25 000
应付账款	110 000
一年内到期的长期负债	45 000

[要求] 根据以上信息,计算流动比率和速动比率。

2. 已知2017年年末福华公司简化资产负债表如下表所示(单位:万元):

资　　产		负债和所有者权益	
库存现金	30	应付票据	25
应收账款	60	应付账款	55
存货	80	应付工资	10
其他流动资产	30	长期借款	100
固定资产净值	300	实收资本	250
		未分配利润	60
总计	500	总计	500

该公司2017年度销售收入为1 500万元,净利润为75万元。

[要求] ①计算销售净利率;②计算总资产周转率(用期末数计算);③计算权益乘数;④计算净资产收益率。

3. 通达公司发行在外的普通股股数为256 000万股,每股股价为10元,当年实现的净利润为153 600万元,并按50%的股利发放率发放现金股利。

[要求] ①计算每股股利、股利收益率和市盈率指标;②确定公司的股利支付率的考虑因素。

4. 恒立公司近三年的主要财务数据和财务比率如下:

	2015年	2016年	2017年
销售额(万元)	4 000	4 300	3 800
总资产(万元)	1 430	1 560	1 695
普通股(万元)	100	100	100
留存收益(万元)	500	550	550
股东权益合计	600	650	650
流动比率	1.19	1.25	1.2
应收账款周转天数	18	22	27
存货周转天数	8	7.5	5.5
债务/股东权益	1.38	1.4	1.61
非流动负债/股东权益	0.5	0.46	0.46
销售毛利率	20%	16.3%	13.2%
销售净利率	7.5%	4.7%	2.6%
总资产周转次数	2.8	2.76	2.24
总资产净利率	21%	12.972%	5.824%

假设该公司所得税税率为30%,利润总额=毛利-期间费用。

[要求]

(1) 分析说明总资产净利率下降的原因；
(2) 分析说明总资产周转率下降的原因；
(3) 计算第2年和第3年的毛利、期间费用、利润总额和净利润，并说明销售净利率下降的原因；
(4) 假如你是该公司的财务经理，在今年应从哪些方面改善公司的财务状况和经营业绩；
(5) 思考单纯使用财务指标进行业绩评价存在的缺陷。

5. 以下是2017年年末A公司和B公司的部分财务数据(单位：元)：

	A	B
赊销净额	900 000	840 000
销售成本	700 000	640 000
库存现金	90 000	40 000
应收账款(净额)	100 000	90 000
存货	50 000	160 000
流动负债	120 000	110 000

假定应收账款和存货的年末余额与其全年平均余额相等。

[要求]

(1) 计算A公司和B公司的以下指标：
① 营运资本；
② 流动比率；
③ 速动比率；
④ 存货周转次数和存货周转天数；
⑤ 应收账款周转次数和应收账款周转天数；
⑥ 营业周期。
(2) 基于短期债权人的立场，对两家公司的营运资本质量做出评论。

D. 案例分析

美华公司是一家专门从事服装设计、制造和加工的企业，2016—2017年度的资产负债表、损益表和现金流量表(单位：万美元)如下。请你解读美华公司的资产负债表、损益表和现金流量表，并简述其财务特征。

2016—2017年资产负债表

资产	2017年	2016年	负债和所有者权益	2017年	2016年
库存现金	4 061	2 382	一年期借款	5 614	6 012
短期证券投资	5 272	8 004	应付账款	14 294	7 591
应收账款	8 960	8 350	预收款	6 512	5 948

续 表

资产	2017年	2016年	负债和所有者权益	2017年	2016年
预付款	512	759	到期的长期贷款	1 884	1 516
存货	47 041	36 769	流动负债小计	28 304	21 067
流动资产小计	65 846	56 264	长期负债	21 059	16 975
长期资产	29 452	19 645	权益资本	45 935	37 867
总资产	95 298	75 909	负债和所有者权益	95 298	75 909

2015—2017年损益表

项目	2017年	2016年	2015年
销售净收入	215 600	153 000	140 700
减:销售成本	129 364	91 879	81 606
毛利	86 236	61 121	59 094
减:管理费用	32 664	26 382	25 498
销售费用	14 258	10 792	9 541
租赁费用	13 058	7 111	7 267
折旧和摊销	3 998	2 984	2 501
维修费用	3 015	2 046	3 031
EBIT	19 243	11 806	11 256
加:利息收入	422	838	738
减:利息支出	2 585	2 277	1 274
营业利润	17 080	10 367	10 720
减:所得税	7 686	4 457	4 824
净利润	9 394	5 910	5 896

2015—2017年现金流量表

现金流量	2017年	2016年	2015年
经营净现金	10 024	−3 767	−5 629
投资净现金	−13 805	−4 773	3 982
筹资净现金	2 728	6 464	−111
现金和现金等价物(证券)增减	−1 053	−2 076	−1 758

参考文献

[1] Homgren, Charles T., Gary L. Sunden, John A. Elliott, and Donna R. Phibrick. Introduction to Financial Accounting[M]. 9th edition. Pearson Prentice Hall, 2005.

[2] Williams J. R, Haka S. F., Bettner M. S., Carcello J. V., Lam N. C. Y., and Lau P. T. Y. Financial Accounting[M]. 2nd Asia global edition. Mc Graw Hill Education, 2015.

[3] 迟旭升,陈国辉. 基础会计[M]. 大连:东北财经大学出版社,2012.

[4] 戴德明,林钢,赵西卜. 财务会计学[M]. 北京:中国人民大学出版社,2018.

[5] 黄迈. 基础会计[M]. 西安:西安电子科技大学出版社,2017.

[6] 简·R. 威廉姆斯,等. 会计学——企业决策的基础(财务会计分册)[M]. 赵银德,等,译. 北京:机械工业出版社,2017.

[7] 卡尔·S. 沃伦. 会计学:财务会计分册[M]. 北京:中国人民大学出版社,2015.

[8] 雷·H. 加里森. 管理会计[M]. 北京:机械工业出版社,2017.

[9] 刘萍,郑慧,于树彬. 管理会计[M]. 大连:东北财经大学出版社,2016.

[10] 路国平,黄中生,等. 中级财务会计[M]. 北京:高等教育出版社,2014.

[11] 邱道欣. 基础会计[M]. 北京:机械工业出版社,2017.

[12] 斯坎特·达塔. 管理会计:决策制定与业绩激励[M]. 北京:中国人民大学出版社,2015.

[13] 苏利平. 管理会计[M]. 北京:经济管理出版社,2017.

[14] 夏冬林. 会计学[M]. 北京:清华大学出版社,2014.

[15] 杨柳,佟爱琴,孙建良,张延洁. 会计学[M]. 北京:清华大学出版社,2017.

[16] 叶陈云. 管理会计:量化工具与方法[M]. 北京:机械工业出版社,2016.

[17] 约翰·J. 怀尔德,等. 会计学原理[M]. 第21版. 崔学刚,等,译. 北京:中国人民大学出版社,2013.

[18] 张加乐. 财务管理[M]. 大连:东北财经大学出版社,2017.

[19] 张新民,钱爱民. 财务报表分析[M]. 北京:中国人民大学出版社,2017.

[20] 刘永泽,陈立军. 中级财务会计[M]. 大连:东北财经大学出版社,2016.

[21] 胡磊. 基于哈佛分析框架的顺丰控股财务报表分析[D]. 重庆:重庆大学,2017.